إلى السيدة

كيكه

شندلر

المؤلف

Sharebn

GOTTES

UNVERFÄLSCHTE

WORTE

**Antwort auf Salman Rushdie's
satanische Verse**

**Abdul-Halim Khafagy
Dr. Gharieb M. Gharieb**

Revidiert durch: Harun Behr

GOTTES UNVERFÄLSCHTE WORTE
ABDUL-HALIM KHAFAGY / DR. GHARIEB M. GHARIEB / HARUN BEHR

S
K مؤسسة باثاريا للنشر والاعلام والخدمات س.ك.د
D Bavaria Verlag & Handel GmbH

Franz-Joseph-Straße 31, P. O. Box 43 03 29
D-8000 München 40, Tel. (089) 39 20 88-89
Telex 5 214 259 slm, Fax (0 89) 3 40 14 11

ISBN 3-926575-13-1

بسـم الله الرحمـن الرحيـم

كلمــة الناشـر

إن تخريفات سلمان رشدي ليست إساءة الى الاسلام فحسب بل هي إساءة الى الأديان السماوية جميعا...

● فإبراهيم عليه السلام الذي نال منه سلمان رشدي هو أبو الأنبياء جميعا وهو الذي أطلق إسم المسلمين على كل من يؤمن بالله واليوم الآخر من أتباع الرسل.

● ومكة المكرمة التي وصفها رشدي وصفا قبيحا توجد بها الكعبة المشرفة التي هي قبلة الأنبياء جميعا.. وقد حج اليها كثير من الأنبياء ورد ذكرهم في حديث شريف لرسول الله ﷺ

● والوحي السماوي الذي سخر منه رشدي هو سبيل الصلة بين الله وبين خلقه... نزل به جبريل الأمين عليه السلام على جميع الأنبياء عليهم السلام.. ولولا الوحي ما عرفنا الكتب السماوية، ولا شرائع السماء.

● وزوجات النبي الطاهرات رضي الله عنهن هن أمهات المؤمنين.. في طهارة مريم عليها السلام.. وقد تحملن المشاق وشظف الحياة مع رسول الله عن رضى واختيار وعن طريقهن عرفنا الكثير من أخلاق الاسلام وأحكام الدين. ولم يسلمن بدورهن من لسان سلمان رشدي الرجيم.

● والاسلام في عصوره الزاهرة هو الذي حافظ على الأديان جميعا وحمى أتباعها من إضطهاد بعضهم لبعض، وحفظ لهم حقوقهم بأن جعل لهم ما للمسلمين وعليهم ما عليهم.. برغم بعدهم الصريح عن أصول الرسالات التي نزلت على أنبيائهم. ولذا فلم تهدم في تاريخ الاسلام كنيسة، ولم يهدم حائط المبكى برغم وقوعه في بقعة مقدسة لدى المسلمين.

● وكان الاسلام عالميا حقا حين أعلن حمايته لجميع بيوت العبادة وذلك في قوله تعالى ﴿ ولولا دفع الله الناس بعضهم ببعض لهدمت صوامع وبيع وصلوات ومساجد يذكر فيها اسم الله كثيرا ﴾ .

● والاسلام هو الذي دعم أواصر الأخوة بين البشر وحض على المودة والتعاون متجاوزا أسباب الخلاف في قوله تعالى ﴿ قل يا أهل الكتاب تعالوا الى كلمة سواء بيننا وبينكم ألا نعبد إلا الله ولا نشرك به شيئا ولا يتخذ بعضنا بعضا أربابا من دون الله، فإن تولوا فقولوا اشهدوا بأنا مسلمون ﴾ . وقد وردت الآية الكريمة في خطاب رسول الله ﷺ الى هرقل إمبراطور الروم .

● وإذا كانت الطبيعة البشرية تهوى الجدل فإن الاسلام قد وضع للحوار مع الآخرين آدابا سامية تزيد من روابط القلوب في قوله تعالى ﴿ ولاتجادلوا أهل الكتاب إلا بالتي هي أحسن، إلا الذين ظلموا منهم، وقولوا آمنا بالذي أنزل الينا وأنزل اليكم وإلهنا وإلهكم واحد ونحن له مسلمون ﴾ .

● هذه القيم السامية في حياة البشر أولى بأن تراعى وأن يقوم بين أصحابها حلف للفضيلة والموضوعية والبحث الأمين والبعد عن التهريج.. وهو أهم وأجدى من جميع الأحلاف المصلحية والوقتية، ذلك أنه ما لم يكن الهدف الأخير للأحلاف جميعا هو سيادة الحق والخير فإن البشر سيتحولون الى غابة لا ضابط لها ولا وازع من ضمير أو دين..

● وقد وجد هذا الحلف الطيب والحمد لله من بعض أهل الفكر ورجال الكنيسة في الشرق والغرب الذين كانوا عند حسن الظن في أداء الأمانة فوقفوا ضد سخافات هذا الرجل المريض مثلما فعل الكاردينال الفرنسي دي كورت راي ؛ والصحفي الالماني بيتر شولّ-لاتور رئيس تحرير مجلة الـ " شتيرن" .

● لكن كثيرا من أجهزة الاعلام قد خانت الأمانة وسيطر عليها مغرضون ضللوا القارئ الأوربي وروجوا لهذا العبث الصبياني البعيد عن كل موازين العلم

والأخلاق.. ففي الوقت الذي تباكت فيه أجهزة الاعلام في بريطانيا على الديمقراطية وحرية الرأي بسبب مطالبة المسلمين في بريطانيا بمصادرة كتاب رشدي.. نجدها في نفس الوقت وقد خرست أمام رغبة القصر الملكي في بريطانيا بمنع نشر كتاب مالكوم باركر الخادم السابق في القصر والذي فضح فيه أسرار العائلة المالكة والذي شاءت المقادير أن يعلن عن موعد صدوره في أمريكا في نفس الوقت الذي اقترف فيه رشدي جريمته...

ولكن السلطة في بريطانيا قامت باتخاذ كافة الاجراءات لمنع تداول كتاب (مالكوم باركر) في بريطانيا بحجة الحفاظ على كرامة وهيبة الأسرة المالكة... كما أعلنت الملكة اليزابيث أنها تنوي أن تلجأ الى القضاء الأمريكي لمنع نشر الكتاب بحجة أن هذا الكتاب يتضمن وقائع غير صحيحة ويسيئ الى دولة صديقة .

ودخلت بعض الفئات المعركة وبروح شريرة أوقعت في حبائلها الدول والشعوب.

● ويقول الحق تبارك وتعالى ﴿ فأما الزبد فيذهب جفاء وأما ما ينفع الناس فيمكث في الأرض ﴾.. ولذلك نحن على يقين من أن زبد هذه الخرافات التي تضافرت على نشرها سبعون دار نشر ألمانية سيتبدد بعد قليل، ولن يبقى إلا ما جاء في هذا الكتاب لأنه الحق الذي سينفع الناس والذي يحتاج القارئ الألماني الى معرفته حول دور الوحي في حياة البشر.. ومقام إبراهيم عليه السلام.. وحكمة زواج الرسول الكريم بأكثر من واحدة.. وحقوق المرأة في الاسلام.. ومشروعية التعدد في حياة المسلم وغير ذلك من قضايا الاسلام الذي هو دين الأنبياء جميعا وليس لأتباع محمد ﷺ وحدهم لقوله تعالى ﴿ قولوا آمنا بالله وما أنزل الينا وما أنزل الى إبراهيم وإسماعيل وإسحاق ويعقوب والأسباط وما أوتي موسى وعيسى وما أوتي النبيون من ربهم لا نفرق بين أحد منهم ونحن له مسلمون ﴾ . صدق الله العظيم...

عبد الحليم خفاجي

INHALTSVERZEICHNIS

Vorwort des Verlegers

Im Namen Allahs, des Gnädigen, des Barmherzigen
Die „Satanischen Verse" Salman Rushdi's stellen nicht allein eine Kränkung
des Islams dar, sondern eine Kränkung aller Offenbarungsreligionen.

- Der Prophet Abraham (Gottes Gnade sei mit ihm), der Vater aller Propheten,
  war derjenige, der all die Anhänger der Propheten als Muslime bezeichnete, die
  an Gott und den Jüngsten Tag glauben.
- Im Heiligen Mekka, das Salman Rushdi in einer häßlichen Weise beschrieb,
  befindet sich die Heilige Kaaba, nach der alle Propheten ihr Gebet richteten. Zu
  ihr pilgerten viele Gesandte Gottes, die der Prophet (Gottes Gnade sei mit ihm)
  in seinen Hadithen* erwähnte.
- Die Offenbarung, die Rushdi verspottet und die das Verbindungsglied zwischen
  Gott und den Menschen darstellt, brachte der Erzengel Gabriel allen Gesandten. Ohne sie hätten wir weder die Offenbarungsreligionen noch die Himmli-
  schen Gesetze kennengelernt.
- Die ehrbaren Gattinnen des Propheten, die Mütter aller Gläubigen, ertrugen
  Schwierigkeit und Härte des Lebens aus eigener Entscheidung. Mit ihrer Hilfe
  erfuhren wir viel über die Verhaltensregeln und Normen im Islam. Doch auch
  sie verschonte Salman Rushdi nicht.
- In seiner Blütezeit wachte der Islam über die anderen Religionen und schützte
  deren Anhänger vor gegenseitiger Unterdrückung. Er erkannte ihre Rechte an,
  indem er ihnen über die Rechte der Muslime hinaus zusätzlich ihre eigenen
  Rechte gewährte, obwohl sie sich eindeutig von den Ursprüngen der an ihre
  Propheten gesandten Missionen entfernt hatten.
  Aus diesem Grund wurde seit Bestehen der islamischen Geschichte keine
  Kirche zerstört, auch wurde die Klagemauer nicht niedergerissen, obwohl sie
  sich auf für die Muslime Heiligem Boden befindet.
- Der Islam kommt von Gott und ist zu Recht eine menschenwürdige Religion:
  er kündet seinen Schutz für alle Gotteshäuser an. Dazu sagt Allah: „(. . .) Und
  würde Allah nicht die einen Menschen durch die anderen im Zaum halten, so
  wären gewiß Klöster und Kirchen und Synagogen und Moscheen niedergerissen worden, worin der Name Allahs oft genannt wird. (. . .)"
- Es war der Islam, der das Gefühl der Brüderlichkeit unter den Menschen
  bestärkte. Er beharrte auf Liebe und Beistand und rief dazu auf, die Gründe für
  Auseinandersetzungen zu umgehen. Dazu sagt Allah: „Sprich: O . . . ihr Besitzer des Buches, kommt herbei zu einem Wort, das uns und euch gemeinsam ist:

---

* Hadith: überlieferter Ausspruch Muhammads

7

daß wir niemandem dienen außer Gott, und daß wir neben ihm keine Götzen anbeten, und daß nicht die einen von uns sich die anderen zu Herren nehmen anstelle von Gott. Doch wenn sie sich abwenden, dann sprecht: Bezeugt, daß wir (Ihm) ergeben sind," (3:64).

Diesen Heiligen Vers schrieb der Prophet in einem Brief an Heraclius, dem byzantinischen Kaiser.

Und wenn sich der Mensch – durch seine Natur bedingt – auf die Diskussion einläßt, so hat der Islam für die Auseinandersetzung mit den anderen bereits seine beachtenswerten Verhaltensregeln gesetzt, die die Bindungen der Menschen zueinander verstärken. Dazu heißt es im Koran: „Und streitet nicht mit dem Volk der Schrift, es sei denn in der besten Art; doch (streitet überhaupt nicht) mit denen von ihnen, die ungerecht sind. Und sprecht: „Wir glauben an das, was zu uns herabgesandt ward und was zu euch herabgesandt ward; und unser Gott und euer Gott ist Einer; und Ihm sind wir ergeben!"

– Diese hohen Werte im Leben des Menschen müssen vorrangig beachtet werden. Sie bewegen die Menschen zu einem Bündnis, das wichtiger und nutzbringender ist als alle Interessenverbände und alle zeitlich gebundenen Verträge. Wären Wohltat und Gerechtigkeit nicht das eigentliche Ziel dieser Bündnisse, würde die Gesamtheit der Menschen zu einem unkontrollierbaren Haufen werden, ohne jegliches Gewissen oder Religion.

– Man fand Gott sei Dank dieses gute Bündnis, da einige große Denker und christliche Theologen im Osten wie im Westen sich nicht von ihren Grundsätzen abbringen ließen und sich – wie z. B. der französische Kardinal De Cortrais und der deutsche Journalist Peter Scholl-Latour, Chefredakteur der Zeitschrift Stern, – gegen den Schwachsinn stellten, den dieser kranke Mann geäußert hatte.

Viele Massenmedien verrieten jedoch die ihnen anvertraute Sache. Diejenigen, die ihre persönlichen Interessen in den Vordergrund stellten und großen Einfluß auf die Massenmedien hatten, führten den europäischen Leser aufs Glatteis und propagierten ein Spiel, das sich weit von allen wissenschaftlichen Werten und Verhaltensregeln entfernt.

Die Doppelmoral ist der Presse Englands nicht fremd. Sie beweint die Demokratie und die Meinungsfreiheit, welche – angeblich! – durch die Forderungen der Muslime Englands, das Buch des Salman Rushdi zu verbieten, verletzt und vergewaltigt wurden!

Dieselbe englische Presse schwieg aber, als die königliche Familie verlangte, das Buch des M. Parker zu verbieten. Jener Mr. M. Parker war ein Diener im Bukkingham Palast, der sich erlaubte, das schändlich unmoralische Leben der königlichen Familie zu entlarven. Dies dokumentierte er ausführlich in einem

Buch, welches zufällig zur selben Zeit mit dem Roman von Salman Rushdi erschien.

Der Roman von S. Rushdie fand, im Namen der vergewaltigten Demokratie, jede Unterstützung der Presse und der Zuständigen in Großbritannien! Das Gegenteil fand das Buch des M. Parker!

Königin Elisabeth selbst gab bekannt, daß sie sich persönlich an das amerikanische Gericht (das Buch ist in den USA erschienen) wenden wird, das Buch zu verbieten, weil es nicht die Wahrheit enthält. Außerdem beleidigt das Buch einen befreundeten Staat und zieht die königliche Familie in den Schmutz.

Einige der Gruppen, die ihre eigenen Interessen vertreten, traten in dieses Spiel ein und spielten Regierungen und Völker gegeneinander aus.

– Im Koran steht: „(. . .) Der Schaum, der vergeht wie Blasen; das aber, das dem Menschen nützt, es bleibt auf der Erde zurück. (. . .)" Wir sind davon überzeugt, daß dieser Schaum, den siebzig deutsche Verlage in Kooperation herausbrachten, sich in Nichts auflösen wird. Allein das, was im Koran steht, wird Bestand haben, weil es der Wahrheit entspricht, die den Menschen von Nutzen sein wird, und über die sich der deutsche Leser informieren muß: Über die Bedeutung der Offenbarung im Leben des Menschen, über die Rolle Abrahams (Gottes Segen sei mit Ihm), über den Grund, warum der Prophet (Gottes Segen sei mit Ihm) mehr als eine Frau geheiratet hat, über die Rechte der Frauen im Islam, über die Polygamie und vieles mehr über die Grundsätze des Islam, der Religion, die die Religion aller Propheten darstellt und nicht allein der Anhänger Muhammads (Allah segne ihn und schenke ihm Heil)*. Dazu sagt Allah: „Sprich: Wir glauben fest an Gott und an das, was Er uns herabgesandt hat und was Er Abraham, Ismael, Isaak, Jakob und dessen Nachkommen herabgesandt hat und (ebenso fest glauben wir an das) was Moses, Jesus und den (anderen) Propheten von ihrem Herrn offenbart worden ist. Wir machen zwischen keinem von ihnen einen Unterschied und sind Ihm vollkommen ergeben!"

A. Khafagy

---

* Der musilimische Leser wünscht dem Propheten Muhammad „Allahs Segen und Heil", wann immer sein Name erwähnt wird. Auf die wiederholte schriftliche Form und auf die gängigen Kürzel wie (s) oder (s.a.s.) haben wir verzichtet.

EINLEITUNG

Islam bedeutet: Hingabe an Gott bzw. Ergebung in Gottes Willen. Dies zeigt den IRRTUM derjenigen, die behaupten, Islam bedeutet Resignation. Irrtümlicherweise werden Muslime auch Mohammedaner genannt: „Der Mohammedanismus: besonders Fachsprache: Islam!" (Mannheim 1983, S. 849.) Um Muslim zu sein, muß man das Glaubensbekenntnis (Kalimat At-Tauhied; Schahaada) vor muslimischen Zeugen aussprechen. Jeder Muslim soll die fünf Säulen des Islams anerkennen und einhalten. Diese fünf Säulen sind:

(1) Schahaada: Man bezeugt: es gibt keinen Gott außer Allah (dem Einzigen) und Muhammad ist Sein Gesandter
Arabisch: Asch-hadu alla Ilaaha illa Allah
Asch-hadu anna Muhammadan Rassulullaah;

(2) Salaa (Gebet): Jeder Muslim soll täglich fünf Gebete zu festgesetzten Zeiten verrichten;

(3) Zakaa (vorgeschriebene besondere Steuer): ein gewisser Prozentsatz des Besitzes (ca. 2,5 %) für Wohltätigkeit;

(4) Saum (= Fasten im Monat Ramadan): Jeder Muslim, der fasten kann, ausgenommen Kranke, Reisende, Hochbetagte, Schwangere, Schwerarbeiter u. ä., soll von der Reifezeit an den ganzen neunten Monat des Kalenderjahres fasten. Tagsüber bis zum Sonnenuntergang ist Essen, Trinken, Rauchen und Geschlechtsverkehr streng verboten;

(5) Hadsch (Pilgerfahrt nach Mekka): Jeder Muslim, der gesundheitlich und finanziell in der Lage ist, diese Wallfahrt nach Mekka im 12. Monat des islam. Kalenderjahres zu unternehmen, soll diese Pflicht mindestens einmal im Leben erfüllen.

Ein richtiger Muslim ist gleichzeitig ein Mu'min (Gläubiger). Ein Mu'min muß Imaan (Glauben) haben:

Imaan (Glauben) bedeutet, daß der Muslim an folgendes glaubt: an den Einzigen (Allah), an die Existenz der Engel, an alle Propheten und Gesandten, an die offenbarten Schriften, an die Auferstehung nach dem Tode am Jüngsten Tag und an die Vorherbestimmung (Al-Qadar) des Guten und des Bösen, indem der Muslim sich dem Willen Gottes unterwirft.

Imaan ist in diesem Sinne eine Eigenschaft des richtigen Muslims.

Eine weitere Eigenschaft ist Al-Ihsaan:

Ihsaan bedeutet hier, daß der Muslim Allah treu dient, als sehe er IHN immer vor sich; denn ER sieht uns immer.

Der Muslim ist ein friedvoller und Gott ergebener Mensch.

Folgende Worte Muhammads überlieferte uns Abu Huraira: „Der Muslim ist derjenige, der die Muslime weder mit seiner Zunge noch mit seiner Hand angreift. Der Mu'min (der Gläubige) ist derjenige, welchem die Menschen ihr Hab und Gut anvertrauen können."

Sufyaan Ibn ᶜAbdillaah Ath-Thaqafi sagte zum Propheten: „Bitte sage mir etwas über den Islam, damit ich mich daran halte und keinen Menschen mehr fragen muß!" Er antwortete: „Du sollst sagen: Ich glaube an Allah; aber du sollst dieses Bekenntnis in Taten umsetzen und nicht sündigen."

Aus den verschiedenen, zahlreichen Überlieferungen ist folgendes zu erkennen: Der Islam ist mit sichtbaren Handlungen verbunden; z. B. Glaubensbekenntnis aussprechen – Gebete verrichten – Spenden (Zakaa) – im Ramadan fasten – die Wallfahrt erfüllen usw.

Der Imaan ist dagegen keine sichtbare Handlung. Er ist aber das Wesen bzw. der Sinn des Islam:

Gott sagt: „Die Beduinen sagen (zu Muhammad): „Wir sind gläubig geworden." Sage: „Ihr seid doch noch nicht gläubig! Ihr könnt höchstens sagen: Wir sind Muslime (= haben den Islam angenommen), denn der Glaube ist noch nicht in eure Herzen eingegangen," Sura 49, Vers 14.

Nicht nur das Dienen Gottes verlangt der Islam, sondern die Kenntnis von Seiner Anwesenheit, Gnade und Aufsicht.

Der Ihsaan (wörtlich: recht handeln) verlangt, daß der Muslim Gott aus Liebe und Überzeugung dient und gehorcht. Dies ist die Frucht des Imaan.

Teil I: Themarelevante Grundlagen des Islam

ISLAM IST RELIGION DER FITRA

Fitra bedeutet Natur, Veranlagung und Schöpfung. Jeder Mensch ist von Natur aus ein Gott-Ergebener. Gott-Ergebener heißt auf arabisch M U S L I M. Muhammad sagte: „Es gibt kein Neugeborenes, das nicht mit der Naturanlage (zum Islam) geboren wird, doch seine Eltern machen aus ihm (machen es zum) Juden, Christen, Mandäer usw," (laut Al-Buchari und Muslim).

Der Mensch ist der Veranlagung nach in der Lage, zwischen guten und schlechten Getränken und Speisen zu unterscheiden. Dies gilt auch für ideelle, moralische, abstrakte und geistige Dinge, vor allem Recht und Unrecht, Gutes und Böses, Wohltat und Sünde usw.

Er weiß Freiheit und Würde zu schätzen, wenn er erst das Gegenteil erlebt hat, und trotz seines Wissens entscheidet er sich oft n i c h t f ü r d a s R i c h t i g e.

Der Islam versucht, dem Menschen zu helfen, sich für das Richtige zu entscheiden. Er versucht, den Menschen ü b e r a l l von Bürden und Lasten zu befreien.

11

Diese Botschaft des Islam war auch einst die Botschaft des wahren J u d e n -
t u m s und des wahren C h r i s t e n t u m s.

Hätten Juden sich nicht für das Falsche entschieden, wäre Jesus – Friede sei
mit ihm – nicht zu ihnen gesandt worden; deshalb sprach Jesus zu ihnen:

„Ihr sollt nicht wähnen, daß ich gekommen sei, um das Gesetz oder die Propheten aufzulösen. Ich bin nicht gekommen aufzulösen, sondern zu erfüllen.
Denn ich sage euch wahrlich: Bis daß Himmel und Erde zergehen, wird nicht zergehen der kleinste Buchstabe noch ein Tüttel vom Gesetz, bis daß es alles
geschehe." Matthäus 5:17-18.

Dasselbe gilt für die Christen, die schon zur Zeit Muhammads sehr gespalten
waren.

Über die Gläubigen unter den Juden und den Christen wird gesagt: „Diejenigen, die dem Gesandten Allahs (d. h. dem Propheten Muhammad), dem unge-
lehrten Propheten folgen, den sie bei sich in der Thora und im Evangelium
erwähnt finden. Er gebietet ihnen was recht ist, und verbietet, was verwerflich ist.
Er erlaubt ihnen die guten Dinge und verwehrt ihnen die schlechten, und er
nimmt hinweg von ihnen ihre Last und die Fesseln, die auf ihnen lagen," Sura 7
Vers 157.

Die Bibel, meinen wir, bestätigt den vorigen Qur'ān-Vers: Laut dem 5. Buch
Moses 18:15 sprach Moses vom Berge Horeb zu den Israeliten:

„Einen Propheten wie mich wird der Herr, dein Gott, dir erwecken, aus dir und
aus deinen B r ü d e r n ; dem sollt ihr gehorchen"; und:

„Ich will ihnen einen Propheten, wie du bist, erwecken aus ihren B r ü d e r n
und meine Worte in seinen Mund geben; der soll zu ihnen reden alles, was ich
ihm gebieten werde. Und wer meine Worte nicht hören wird, die er in meinen
Namen reden wird, von dem will ich's fordern. Doch wenn ein Prophet vermes-
sen ist zu reden in meinem Namen, was ich ihm nicht geboten habe zu reden, und
wenn einer redet in dem Namen anderer Götter, derselbe Prophet soll sterben,"
(5. Moses 18:18-20).

Muhammad stammte aus dem Volk Quraisch in Makka (= Mekka). Dies ist
das einzige Volk, das seinen Ursprung auf Ismael (Abrahams Sohn) zurückführen
kann.

„Dazu um Ismael habe ich dich auch erhört. Siehe, ich habe ihn gesegnet und
will ihn fruchtbar machen und mehren gar sehr. Zwölf Fürsten wird er zeugen,
und ich will ihn zum großen Volk machen," (1. Buch Muses 17:20).

Jesus selbst betrachtete sich als Vorläufer des kommenden Proheten:

„Ich habe auch noch viel zu sagen; aber ihr könnt es jetzt nicht tragen. Wenn
aber jener, der Geist der Wahrheit, kommen wird, der wird euch in die ganze
Wahrheit leiten. Denn er wird nicht von sich selbst reden, sondern was er

hören wird, das wird er euch verkünden," (Johannes 16:12, 13).

Der Koran (Al-Qur'ān) bestätigt diese Worte Jesu Christi und Moses.

Muhammad war auch derjenige, der Abraham, dem Vater aller Propheten, folgte:

> „Sprich: Wahrlich, mich hat mein Herr auf einen geraden Weg geleitet; zu dem rechten Glauben, dem Glauben Abrahams, des Aufrechten. Und er war keiner der Götzendiener," Sura 6 Vers 161.

Die Israeliten handelten aber gegen Abrahams Glauben, daher sagte Jesus zu ihnen:

> „Ich weiß wohl, daß ihr Abrahams Samen seid; aber ihr sucht mich zu töten, denn meine Rede fängt nicht bei euch," Johannes 8:37.

> „Wenn ihr die Kinder Abrahams wäret, so tätet ihr Abrahams Werke!" Johannes 8:39.

Zu Muhammad sprach Allah:

> „Und Wir haben dich als einen Gesandten zu den Menschen entsandt. Und Allah genügt als Zeuge. Wer dem Gesandten gehorcht, der gehorcht Allah; und wer sich abkehrt – wohlan. Wir haben dich nicht gesandt zum Hüter über sie," Sura 4 Verse 79, 80.

Wir wissen die Gnade Allahs an uns zu schätzen. Wir beten fünfmal täglich, jedoch werden wir belohnt, als hätten wir fünfzig Gebete verrichtet.

Überall können wir beten, denn die ganze Erde ist die Moschee Gottes. Der Muslim muß nicht das Gebet in der Moschee verrichten. Er kann es sogar unterwegs tun: im Zug, im Flugzeug (= denn zur Zeit des Propheten durfte man dies auf seinem Reittier während der Reise machen), solange es keine andere Möglichkeit gibt.

Zwischen dem Menschen und seinem Schöpfer hat ein Geistlicher keinen Platz. Diese Vermittlung, Fürsprache oder „Vormundschaft" braucht der Muslim nicht.

Im Islam gibt es kein Mönchstum. Dies widerspricht der Natur des Mannes und der Frau (Mönchstum war nicht im Judentum und Christentum vorhanden. Erst im 3. Jahrhundert nach Chr. breitete sich das Mönchstum aus Ägypten aus: Anm. des Übersetzers).

Im Koran steht:

> „Und Wir ließen Jesus, den Sohn Mariams ihnen (d. h. Noah, Abraham u. a.) folgen. Und Wir gaben ihm das Evangelium, und in die Herzen derer, die ihm folgten, legten Wir Güte und Barmherzigkeit. Das Mönchstum jedoch, das sie sich erfanden, haben Wir ihnen nicht vorgeschrieben . . . Dennoch gaben Wir denen unter ihnen, die gläubig waren, ihren Lohn, aber viele unter ihnen sind Frevler," Sura 57, Vers 27.

Wir Muslime, die wir das Mönchstum ablehnen, folgen allen Propheten und glauben an sie:
„Sprich: Wir glauben an Allah, an das, was zu uns herabgesandt wurde (d. h. den Koran) und das herabgesandt ward zu Abraham und Ismael, Isaak, Jakob und den Nachfahren, und was gegeben ward Moses und Jesus und den (anderen) Propheten von ihrem Herrn. Wir (Muslime) machen keinen Unterschied zwischen ihnen, und Ihm (Allah) sind wir ergeben (wörtlich: Muslimūn),"
Sura 3, Vers 84.

ISLAM UND WISSENSCHAFT

Die Würde der Wissenschaftler im Islam ist von großer Bedeutung. Als Kind machte ich mir Gedanken wegen eines Satzes, welchen ich kaum lesen konnte, nämlich: „Wer mich einen Buchstaben gelehrt hat, ist mein Herr."

Als Erwachsener verstand ich, warum Gott mein Herr ist, warum ich Ihm allein dienen soll.

Er sprach zu Muhammad: „Der Gnadenreiche hat (dich) den Koran gelehrt. Er hat den Menschen erschaffen. Er hat ihn gelehrt, (einen Sachverhalt bzw. Beredsamkeit) darzulegen," Sura 55, Verse 1–4.

Zahlreiche Quar'ān-Verse und Hadithe (Überlieferungen von Taten und Aussprüchen des Propheten) schärfen den Muslimen ein, sich Wissen anzueignen.

Muhammad sagte: „Strebe nach Wissen, selbst wenn du zu diesem Zweck bis nach China gehen müßtest." Wir sollten bedenken, wie weit China von Arabien entfernt war. Die außergewöhnlichen Strapazen, Kosten und Gefahren, die mit solch einer Reise nach China verbunden waren, sollten die Muslime nicht hindern, sich Wissen anzueignen.

Im Qur'ān lesen wir z. B.: „Und sag: Herr, bereichere mich an Wissen," Sura 20, Vers 114.

„Allah bezeugt, daß es keinen Gott außer Ihm gibt. Ebenso die Engel und diejenigen, die Wissen (bzw. Bescheid) haben, wissen, es gibt keinen Gott außer Ihm, dem Allmächtigen, dem Allweisen," Sura 3, Vers 18.

„Diese Gleichnisse prägen Wir den Menschen ein, aber es verstehen sie nur jene, die Wissen (Verstand) haben," Sura 39, Vers 43.

„Gott erhöht diejenigen von euch, die glauben und denen das Wissen gegeben worden ist, in Rängen (Rangstufen)," Sura 58, Vers 11.

„Und damit die, denen das Wissen gegeben worden ist, erkennen, daß er (d. h. der Koran) die Wahrheit ist von Deinem Herrn, so daß sie daran glauben und ihre Herzen Ihm unterwürfig werden mögen," Sura 22, Vers 54.

„Sag: Sind solche, die wissen, denen gleich, die nicht wissen?" Sura 39, Vers 9.
„Nur die Gelehrten (Wissenden) unter Gottes Dienern fürchten Ihn," Sura 35, Vers 28.
„Und auf der Erde (wörtlich: in der Erde) sind Zeichen für jene, die fest im Glauben sind. Und in euch selber. Wollt ihr dies nicht sehen?" Sura 51, Verse 20–21.

Neben diesen Worten Gottes im Koran erwähnen wir die zahlreichen Hadîthe (Plural: Ahādieth), welche der Prophet Muhammad selbst sagte:
„Allah sandte mich als Lehrer;
Der Vorrang eines Gelehrten im Vergleich mit einem immer betenden Frommen ist wie der Vorrang des Vollmondes zu den Sternen. Der Vollmond leuchtet heller;
Derjenige, der auf der Suche nach Wissen ist (wörtlich: unterwegs ist, um sich Wissen anzueignen), handelt im Namen Gottes, bis er heimkehrt;
Der Lehrer und der Lernende sind Teilhaber des Guten;
Bemüht euch zu lernen, von der Wiege bis zum Grabe;
Ist ein Frommer nach Wissen bestrebt, dann erleichtert Allah ihm den Weg ins Paradies;
Ein frommer Gelehrter wiegt tausend Anbetende gegen Satan auf. Stirbt ein guter Frommer, dann wird nur seine Person vermißt. Stirbt ein Gelehrter, dann ist sein Tod ein Verlust für die ganze Nation. Der Tod eines solchen Gelehrten ist eine nicht zu schließende Lücke (ein unersetzlicher Verlust);
Die Tinte der Gelehrten schätzt Allah mehr als das Blut der Märtyrer;
Fügt jemand den Gelehrten Schäden zu, dann ist Allah sein Gegner."

Die Geschichte des Islam zeigt, daß die Wissenschaftler – sogar Christen und Juden unter der islamischen Herrschaft – große Achtung und Ehrung genossen hatten.

Es wurden auch keine Unterschiede zwischen den verschiedenen Wissenschaften gemacht. Man ist der Überzeugung, daß alle Wissenschaften, nach und nach, zur Erkenntnis Allahs führen.

ISLAM IST DER GLAUBE ALLER PROPHETEN VON ADAM BIS MUHAMMAD

Diejenigen, die einem Propheten folgten und ihn unterstützten, waren alle Muslime, solange sie Gott keinen Teilhaber an Seiner Gottheit beigesellt hatten. Gott ist der Einzige, der Ewige, der Unabhängige; Niemand zeugte Ihm; Er hat weder

15

Frau noch Kind von ihr und keiner ist Ihm gleich oder ähnlich.

Wie Gott eins ist, ist die islamische Gemeinschaft (Gemeinde arabisch: UMMA) auch eins.

Damit meinen wir, daß die Muslime seit der Entstehung der ersten islamischen Gemeinschaft nur eine Gemeinschaft bilden; so spricht Allah zu Muhammad: „Er verordnete für euch von der Religion, was Er Noah anbefohlen hatte, und was Er dir (d. h. Muhammad) offenbart, und was Er Abraham, Moses und Jesus anbefohlen hatte, nämlich bleibt standhaft im Gehorsam, und spaltet euch nicht darin," Sura 42, Vers 13.

Er spricht auch zu den Zeitgenossen Jesu:

„Und (weiter Maria) die sich keusch hielt. Da bliesen Wir ihr Geist von Uns ein und machten sie und ihren Sohn zu einem Zeichen für die Menschen in aller Welt.

Dies ist eure UMMA (= Gemeinschaft). Sie ist eine einheitliche Gemeinschaft. Und Ich bin euer Herr, (darum) dient Mir," Sura 21, Verse 91–92.

Diese Verse zeigen die Einheit der Religion. Deutlich lehnen sie den Fanatismus ab.

Die nichtislamische Welt ist heute in der Lage, sachlich zu sein. Die Christen sind vor allem gebeten, den Islam näher kennenzulernen, damit man irgendwann die Vorurteile und das Mißtrauen loswerden kann.

Von unserer Seite, als Muslime, fürchten wir nicht, daß diese Versuche des gegenseitigen Kennenlernens zu unüberlegten Konfrontationen führen werden, selbst wenn manche Anhänger des Islams fürchten, daß das überlegene Europa (technisch, wirtschaftlich, politisch und vor allem militärisch) die islamischen Länder umklammern könnte.

Die Zeiten haben sich geändert. Jeder weiß, daß die Erde heute – auf welcher Muslime und Nichtmuslime leben müssen – durch das zerstörerische Verhalten des Menschen sehr bedroht ist.

Dies kann nicht ungestraft bleiben, auch wenn der Mensch es nicht wahrhaben will.

Der Prophet Hūd – Friede Gottes mit ihm – sagte zu seinem ungehorsamen Volk:

„Ich aber vertraue auf Allah, meinen Herrn und euern Herrn. Es gibt kein Geschöpf (Tier), das Er nicht an seinem Schopf halten würde. Mein Herr ist auf dem geraden Weg. Wenn ihr euch abkehrt (nicht richtig handelt), so habe ich euch überbracht, womit ich zu euch gesandt worden bin. Mein Herr wird ein anderes Volk an eure Stelle setzen. Und ihr könnt Ihm keineswegs schaden. Wahrlich, mein Herr ist Hüter über alle Dinge," Sura 11, Verse 56–57.

Die echten Gläubigen wissen, daß es nur einen Gott gibt und daß es nur eine einzige Religion gibt, die man als Religion Gottes bezeichnen kann. Über diese echten Gläubigen unter den Christen und den Juden steht im Qur'ān: „Diejenigen, denen Wir die Heilige Schrift (wörtlich: das Buch, d. h. die Bibel) zuvor gegeben haben, glauben daran (den Koran). Und wenn er ihnen verlesen wird, sagen sie: Wir glauben daran. Wahrlich ist es die Wahrheit von unserem Herrn; wir hatten uns schon vor ihm Gott ergeben," Sura 28, Verse 52-53.

Allah offenbarte Muhammad, daß er den Muslimen ausrichten soll: „Der Vornehmste unter euch bei Allah ist derjenige, der am frömmsten ist," Sura 49, Vers 3.

Der Mensch bildet sich aber auf seine vornehme Abstammung viel ein. Daher zeigt Gott den Menschen am Jüngsten Tag, was vornehmer ist: die vornehme Abstammung oder die Frömmigkeit.

Der Prophet pflegte deshalb zu betonen, daß weder die Rasse noch die Farbe entscheiden, welcher besser ist. Nur die Frömmigkeit entscheidet: Ihr alle seid Kinder Adams, welcher selbst aus Erde geschaffen wurde.

Kein Mensch und kein Prophet ist für Salman Rushdi fromm, selbst Abraham nicht; so sagt Salman Rushdi auf Seite 101 der Satanischen Verse:

„Während Mahound (statt: Muhammad) auf den Coney (Berg) steigt, feiert Jahilia ein anderes Jubiläum. Vor langer Zeit kam der Patriarch Ibrahim (Abraham) mit Hagar und Ismail, ihrem gemeinsamen Sohn, in dieses Tal. Hier, in dieser wasserlosen Wildnis, verließ er sie. Sie fragte ihn, kann das Gottes Wille sein? Er antwortete ja, das ist er, und machte sich davon, der Dreckskerl.

Von allem Anfang an benützten die Menschen Gott, um das nicht zu Rechtfertigende zu rechtfertigen.

Seine Wege sind unerforschlich: sagen die Männer. Kein Wunder also, daß sich die Frauen mir zugewandt haben. Aber ich will nicht abschweifen; Hagar war keine Hexe. Sie baute auf ihn: dann . . . zeigte Gabriel ihr die Wasser von Zamzam. So überlebte Hagar; aber warum versammeln sich jetzt die Pilger? Um Hagars Errettung zu feiern?

Nein, nein. Sie feiern die Ehre, die dem Tal durch den Besuch von – Sie haben es erraten – Ibrahim zuteil wurde. Im Namen dieses liebevollen Gemahls versammeln sie sich, huldigen ihm und geben vor allem Geld aus."

Der Leser möge im 1. Buch Moses lesen, um zu wissen, wie Allah Abraham, Ismael und seine Kinder segnete. Er kann aber auch das Buch von Herrn SALMAN RUSHDI lesen, um diesen Schriftsteller zu verstehen.

Ist der Leser gläubig, dann sagen wir ihm, im Qur'ān steht:

„Ihr Besitzer des Buches (d. h. Juden und Christen), kommt herbei zu einem Wort, das uns und euch gemeinsam ist: daß wir keinem dienen außer Gott, und daß wir Ihm keine Götzen zur Seite stellen, und daß nicht die einen von uns sich die anderen zu Herren nehmen anstelle von Gott. Doch wenn sie sich abwenden, dann sprecht: Bezeugt, daß wir (Ihm) ergeben sind," Sura 3:64.

ISLAM DURCH DEN QUR'ĀN

Der Islam spricht von einem Gott. Er ist der Gott aller Menschen und aller Welten. Das arabische Wort „Allah" wird immer noch vor allem von vielen Europäern falsch verstanden. Es verstehen viele als Gott der Türken, Araber oder Muslime. Viele von ihnen wissen nicht, daß auch die arabische Übersetzung der Bibel das Wort „Allah" für Gott verwendet, weil die arabischen Christen wissen, daß Gott Allah ist. Er ist also nicht der Gott der Fremden.

Viele arabische Christen heißen auch ᶜAbd Allah = Diener Gottes, bzw. Diener des Einzigen.

Dieser Monotheismus schließt die Existenz „anderer" Götter aus. Der Muslim ist diesem Einen (Gott) ergeben. Dies ist auch der Sinn des Islam, welchen Goethe verstand:

„Närrisch, daß jeder in seinem Falle
seine besondere Meinung preist!
Wenn Islam Gott ergeben heißt,
Im Islam leben und sterben wir alle," (Buch der Sprüche).

Für uns Muslime gibt es nur einen Gott. Der Islam war von Anfang an die Religion aller Propheten.

Jesus versuchte, dies zu erklären, aber die Juden hörten nicht auf ihn:
„Nun aber sucht ihr mich zu töten, einen Menschen, der euch die Wahrheit gesagt hat, die ich von Gott gehört habe. Das hat Abraham nicht getan," Johannes 8:40;

„Wie kommt es, daß ihr nicht versteht, was ich rede? Weil ihr nicht auf mein Wort hören könnt," Joh. 8:43;

„Abraham, euer Vater, war froh, daß er meinen Tag sehen sollte; und er sah ihn und freute sich. (8:56) Da sprachen die Juden zu ihm: Du bist noch nicht fünfzig Jahre alt und hast Abraham gesehen; (8:57) Jesus sprach zu ihnen: Wahrlich! Wahrlich! Ich sage euch: Ehe denn Abraham war, bin ich. (8:58) Da hoben sie Steine auf, daß sie auf ihn würfen. Aber Jesus verbarg sich und ging zum Tempel hinaus," (8:59).

Jesus gab nicht auf, obwohl er hören mußte: „Da sprachen die Juden zu ihm: Nun erkennen wir, daß du den Teufel hast," John. 8:5.

Dasselbe mußte Muhammad sich anhören: „Sie sprachen (zu Muhammad): O du, zu dem die Ermahnung (= d. h. Koran) herabgesandt war. Du bist fürwahr ein Verrückter," Sura 15, Vers 6;
„Die Ungerechten (Frevler) sagen: Ihr folgt nur einem Mann, der vom Teufel besessen ist (dem Zauber zum Opfer gefallen ist)," 17–47.
Es ist deshalb nicht neu, solche Leute wird es immer wieder geben.

Wir können sogar behaupten, daß die Geschichte der Welt zeigt, daß die Anhänger von Religionen, die den Sinn der Religion nicht verstanden haben, schuld an vielen Kriegen sind. Hier brauchen wir nur an Irland und Libanon zu denken.

Die marxistische Theorie, die materielle Weltanschauung und ähnliche Erscheinungen sind für uns der Beweis für die Abwesenheit der Religion.

Die Religionen sprechen nicht vom Klassenkampf, denn es gibt keinen Platz für solche Krankheiten im Herzen des echten Gläubigen.

Der Islam betont folgendes:

- Die Existenz Gottes des Einzigen, als Schöpfer und Herr aller Welten;
- Die Existenz der Engel;
- Die Existenz der Beziehung zwischen Gott und Seiner Schöpfung, vor allem durch Seine Gesandten und Propheten, welche Seine Botschaft den Menschen als Vertreter Gottes auf der Erde überbracht haben;
- Die Existenz des Jüngsten Tages, der Auferstehung nach dem Tode, des Himmels und der Hölle;
- Muhammad, der uns die Worte Gottes (Qur'ān) überbrachte, ist das letzte Glied der Kette der Propheten, und daher enthält der Islam die vollkommene Botschaft der vorherigen Gesandten und Propheten, wie Abraham, Moses und Jesus, vor allem weil der Koran das einzige Buch ist, das nicht verfälscht wurde. Zu Muhammad sprach der Allerbarmer:
„Heute habe Ich eure Religion vervollständigt (so daß nichts daran fehlt) und Meine Gnade an euch vollendet und euch den ISLAM zum Bekenntnis erwählt," Sura 5, Vers 3;
„Wahrlich (O Muhammad), du leitest zum geraden Pfad, dem Pfad Allahs, dem alles gehört, was in den Himmeln und was auf der Erde ist. (Höret!) Zu Allah kehren alle Dinge zurück," Sura 42, Verse 52–53. Über den Koran steht u. a.:
„Falschheit kann nicht daran herankommen, weder von vorn noch von hinten. Es ist eine Offenbarung von einem Allweisen, Preiswürdigen," Sura 41, Vers 42.
Die andere Seite der Lehre behandelt die Gesetze des Islams (Scharicª). Im Islam kann man unterschiedlicher Meinung sein bezüglich Rechtsfragen inner-

halb der Schariᶜa. Dies ist auch verständlich, weil die Gesellschaften nicht tot sind. Sie ändern sich ständig, so daß man die Gesetze ändern muß.

Der Islam brachte der Menschheit neue Gesetze, damit Gerechtigkeit herrscht. Der Mensch trägt allein die Verantwortung auf der Erde:

„Wer sich recht leiten läßt, tut dies zu seinem eigenen Vorteil, und wer irre geht, tut dies zu seinem Nachteil. Und keine (Seele) wird bestraft für den Fehler anderer. Und wir hätten nie ein Volk bestraft, ohne vorher einen Gesandten (zu ihm) geschickt zu haben," Sura 17, Vers 15.

DIE DYNAMIK DER GESCHICHTE

Wir meinen, die Dynmaik der Geschichte wird von zwei Hauptfaktoren bestimmt. Der Mensch und die herrschenden Umstände bilden diese Faktoren:

1. Faktor: Der verantwortliche, aktive Mensch:

Orientiert sich dieser Mensch an der Lehre Gottes, dann bewegt er sich sicherlich in den richtigen Kreisen seiner Umwelt.

Als Herrscher auf Erden, oder als Vertreter Gottes, gelingt es ihm erst, diese Aufgabe zu erfüllen, wenn er sich an die Lehre Gottes und seine Gesetze hält. Nur dadurch kann er die Geschichte in die richtige Richtung steuern.

Hält er sich nicht daran, dann zerstört er sich und seine Umwelt. Es herrscht dann die Tyrannei eines Mannes, einer Frau oder einer Gruppe usw. Dies führt zu Spannung.

Ist das Gleichgewicht verloren oder zerstört, dann verliert der Mensch seine Würde.

Dies gilt für jede Zeit und jeden Ort, weil die Gefühle und das Wesen des Menschen seit Adam unveränderlich geblieben sind.

SALMAN RUSHDI ist ein aktuelles Beispiel dafür:

Er wiederholt, was die Feinde Muhammads einst sagten. Damals gab es keine Flugzeuge u. ä., was wir heute in dem Roman „Satanische Verse" allerdings finden.

Die Technik und der wissenschaftliche Fortschritt haben die Gefühle und das Wesen Rushdi's doch nicht geändert.

Um Gottes „Licht" zu sehen, braucht man nur die Augen zu öffnen. Auf Seite 25 des Buches „Zur Diskussion gestellt: Weltmacht Islam"; Bayerische Landeszentrale für politische Bildungsarbeit; München 1988, schreibt Dr. Rudolf Hilf:

„Könnte es also nicht sein, daß der Islam, der – von der Vielfalt seiner Formen, der Widersprüche und auch der erbitterten, fast chaotischen Auseinandersetzungen der Gegenwart ganz abgesehen – in einem eine ewige Idee des Menschen ernst nimmt, nämlich das Leben hier und jetzt (und zwar nicht nur sonntags sondern ganz), und das heißt, auch in Staat und Gesellschaft auf die Verantwortung vor Gott zu stellen, für uns gleichfalls die existentielle Herausforderung wird, auf die wir einmal zu antworten haben, unser eigenes Wort dazu finden müssen? Daß er genau das anspricht, was Martin Buber einst als die ‚Gottesfinsternis' unserer Zeit bezeichnete?

Keine Zeit dringt so tief wie die unsere in die Zeiten und in den Raum ein: Die historischen Wissenschaften bringen uns uralte Kulturen auf unserem eigenen Kontinent, im Orient, in Afrika, in Asien, in den beiden Amerikas plötzlich wieder ganz nahe; ungeheuer Vieles, was Menschen in Jahrtausenden geglaubt, gefühlt, gedacht, erlitten haben, liegt vor unseren Augen; die Technik, die den Globus hat schrumpfen lassen, zwingt nun alle Erdteile, Rassen, Kulturen, Religionen, Völker wie nie zuvor in unmittelbare Berührung.

Heißt das nur, daß wir in blinder Arroganz wie beim europäischen Ausgreifen vor 400 Jahren die Botschaft zu verkünden haben: Wir haben die Wahrheit (diesmal anstatt der damaligen christlichen die des Fortschritts, der Wissenschaft, dieser oder jener Ideologien), wir haben die Zukunft und wir allein wissen, was zu geschehen hat?!

Oder bedeutet es, daß diese erste wirklich allumfassende Kommunikation aller mit allen, ergo der Menschheit, der Auftrag an alle ist, von einander zu lernen, sie von uns, aber auch wir von ihnen, und auch unsere Zeit von anderen Zeiten, denn die Geschichte ist kein Bandwurm, der jeweils wie die Mode das neueste „fortschrittlichste" Glied ansetzt?! Gibt es nicht Zeiten, die vielleicht nicht technisch-naturwissenschaftlich (denn nur hier gibt es wirklich und unbezweifelbar ein Fortschreiten), aber geistig und sittlich zweifellos der unseren voraus waren?!

All das bedeutet, daß der Islam keine Sache ist, die uns überhaupt nicht betrifft, Sache einer fernen Region, „wo die Völker aufeinander schlagen", sondern daß es auch uns angeht, nostra res agitur, unser eigenes Selbstverständnis ebenso neu abgefragt werden wird wie das der Muslime heute."

Der Islam lehrt uns, daß die echte Freiheit des Menschen im Dienen Gottes und im Ausführen Seiner Anweisungen bzw. der Botschaft Seiner Gesandten liegt.

Der freie Mensch ist kein Slave des Vergänglichen, kein Sklave der Leidenschaften, die ihn von Gott fernhalten.

Weder die Anhänger des historischen Materialismus noch des heutigen Westens haben deshalb die Geschichte der Menschheit richtig bzw. sachlich schildern können.

Es wird behauptet, daß der Klassenkampf den Verlauf der Geschichte diktiert. Es wird auch behauptet, die Könige, die Staatsmänner, die Herrscher und die Führer bestimmen den Verlauf der Geschichte. Der Held steht im Mittelpunkt der Ereignisse.

Aber: Wer ist dieser starke Held?

Welche Weltanschauung hat er? Was sind seine Ziele? Welche Mittel verwendet er, um seine Ziele zu erreichen?

Für uns ist jeder Prophet ein Held. Um die Botschaft Gottes den Mitmenschen zu überbringen, mußten viele Propheten sehr leiden.

Diese Propheten sind für uns Vorbilder. Mit Hilfe Gottes setzten sie sich gegen die mächtigen Gegner durch; z. B. Moses gegen die hochentwickelte, aber verdorbene Gesellschaft. Es ist nicht wichtig zu wissen, wie der Pharao hieß oder wieviel die Israeliten waren.

Wichtig ist, daß das Wort Gottes am Ende siegte.

Dasselbe gilt für die anderen Helden, sprich: Propheten wie Abraham, Noah, Muhammad u. a.

2. Faktor: Die Raum- und Zeitumstände:

Diese Umstände beeinflussen das Verhalten des Menschen, welcher die Geschichte macht. Die Verhältnisse verändern sich ständig, vor allem wenn die Menschen sich stark vermehren. In diesem Falle entstehen neue Beziehungen und neue Probleme bzw. Erfahrungen. Die neuen Raum- und Zeitumstände beeinflussen die Denkweise des Menschen.

Auf vielen Gebieten hat der Muslim heute viel zu lernen. Nachholbedarf ist ein Hauptmerkmal unserer Gesellschaften; z. B. auf dem Gebiet der Technik. Dies ist mit der „neuen Herausforderung durch die westliche Welt" verbunden. Auf Seite 21 sagt Dr. Rudolf Hilf: „Als der siegende Islam vor ca. 1400 Jahren mit der byzantinisch-römischen und der persischen Zivilisation zusammenstieß, waren erstens die Herausforderungen qualitativ nicht so tiefreichend wie heute, und zweitens war ein siegreicher Islam innerlich so selbstsicher, daß er sich viel vom Gegner aneignen und daraus Wunderwerke einer eigenständigen Kultur schaffen konnte.

Heute ist es anders: Der Islam fühlt sich immer mehr so in die Ecke gedrängt, in Frage gestellt, im Lebenskern bedroht, daß er beginnt, wie ein verwundeter Löwe um sich zu beißen."

DIE ZWEI FAKTOREN DER GEGENWÄRTIGEN HERAUSFORDERUNG:

Worin liegt nun diese existentielle Bedrohung für den Islam? In der Kombination eines äußeren und eines inneren Faktors:

„Der äußere Faktor ist die unaufhaltsam vordringende, areligiöse, aus dem Westen stammende Weltzivilisation (Die marxistisch-sowjetische Form ist nur eine Spielart davon). Sie stellt den Islam als Lebensform, die integral auf die Existenz Gottes und dem Ihm geschuldeten Gehorsam des Geschöpfes gründet, total in Frage.

Der innere Faktor ist das bisherige und gegenwärtige Unvermögen der Muslime, darauf eine zureichende eigene und das heißt islamische Antwort zu finden." Dr. Rudolf Hilf bemüht sich ernsthaft und gründlich, die schwere Lage der Muslime zu schildern und hofft, wie ich glaube, die Muslime schaffen es, den richtigen Weg zu finden.

Er unterscheidet mit Recht zwischen zwei Konfrontationsformen: „statischem Islam und revolutionärem Islam". Dazwischen befindet sich ein reformistischer Islam, der zwar im vergangenen Jahrhundert und am Anfang unseres Jahrhunderts bedeutende Persönlichkeiten hervorbrachte, heute aber eher abwechselnd in eine der beiden Konfrontationsformen mündet, ohne ein wirklich großes neues Wort zu sagen.

Das islamische Ideal:

Der Qurʾān ist die Hauptquelle der Anweisungen Gottes bzw. der islamischen Gesetze (= Schariᶜa).

Erfüllen die Muslime diese Anweisungen, dann existiert wieder eine stabile, fortschrittliche und gesunde „islamische" Welt.

Will ein Mensch sich behaupten, dann muß er viel lernen. Der Qurʾān betont oft, daß der Muslim lernen soll. Selbst von Tieren kann er lernen.

Die Geschichte der Brüder Kain und Abel ist nur ein kleines Beispiel dafür. Der erste Mörder in der Geschichte wußte nicht, was er mit der Leiche seines Bruders machen soll:

„Da schickte Gott einen Raben, der in der Erde scharrte, um ihm zu zeigen, wie er die Leiche seines Bruders verbergen könne," Sura 5, Vers 31.

Schaffen wir es, die Gesetze des Himmels zu vollziehen, dann können wir die ständig wachsenden Probleme der Gegenwart und der Zukunft lösen. Es verschwinden dann die Unterschiede wieder zwischen den Reichen und den Armen, den Schwarzen und den Weißen usw.

Diese Unterschiede sind sichtbar und unter den menschgemachten Herrschaftsformen – sei es Feudalismus, Kapitalismus, Sozialismus oder Kommunismus – nicht abzuschaffen.

Der Islam aber leitet zum geraden Weg; deshalb sprach Gott zu Muhammad: „Wahrlich, du leitest zum geraden Pfad, dem Pfad Allahs, Dem alles gehört, was in den Himmeln und was auf der Erde ist. Gewiß (= Höret!) Zu Allah kehren alle Dinge zurück!" Sura 42, Verse 52–53.

MONOTHEISMUS UND POLYTHEISMUS:

Der Leser weiß, daß der Mensch sich verändern soll, damit Gott ihm hilft: „Gott verändert nichts an einem Volk, solange die Leute selbst sich nicht verändern," Sura 13, Vers 11.

Dies ist ein ewiges Gesetz, von ewiger Gültigkeit.

Der Kampf um wirtschaftlichen Erfolg, Eroberungen und das Erreichen des Wohlstandes, vor allem in den Wohlstandsgesellschaften auf Kosten vieler Opfer, ist ein Teil des gesamten Kampfes der unzufriedenen, falsch orientierten Gesellschaft.

Diese Unzufriedenheit bzw. falsche Orientierung ist mit der Abwesenheit der Religion verbunden. Mit Hilfe der Religion kann sich jede Gesellschaft ändern, wenn sie den Willen dazu hat.

Die positive Entwicklung (Änderung + Wandel) verlangt, daß sich jede(r) Muslim(in) ändert.

Der Islam ist eine von Gott erwiesene Gnade, damit sich die Gesellschaft positiv entwickelt.

Die Schariʿa ist in der Lage, die kranke Gesellschaft zu heilen, deren Gesetze hier scheitern.

KULTURELLER MASSTAB:

Die Größe einer Kultur bzw. einer Gesellschaft kann man nicht an der hochentwickelten Technik, den Hochhäusern, den vernichtenden Atomwaffen und anderen äußeren Erscheinungen messen.

Die Größe eines Volkes erkennt man durch den Wert und die Würde des einzelnen Menschen und durch die Haltung seiner Führer und Bürger gegenüber den Gesetzen Gottes.

Die Werke, zum Beispiel die Pyramiden, können ein Volk bzw. mehrere Generationen überleben. Dies bedeutet aber nicht, daß die Menschen, die jene Werke schufen, die Gesetze Gottes geachtet hätten.

An diese Sache erinnert der Koran (Qur'ān) an mehreren Stellen, z. B.: Sura 7:137, 28:76-83, 44:17-37, 50:13-14, 89:6-13, 54:34 u. a.

Dadurch kennen wir das unvermeidliche Ende derjenigen, die die Gesetze Gottes mißachten. Zahlreiche Herrscher und Persönlichkeiten mußten dafür teuer bezahlen, z. B. Pharaonen, Tababiʿa des Jemens, ʿĀd, Thamūd, die Völker der Al-Eika und Iram, das Volk Noahs und Lots, Qaruns (deutsch: Korah) u. a.

So sprach Gott z. B. über die Pharaonen: „Wieviel hinterließen sie: Gärten und Quellen, Getreidefelder, ehrenvolle Stätten, Wohlstand und Annehmlichkeiten, die sie genossen. Dies vererbten Wir einem anderen Volk. Himmel und Erde weinten nicht für sie, und ihnen wurde kein Aufschub gewährt," Sura 44:25-29.

Ein Gläubiger kann in der Waagschale Gottes mehr als ein Volk oder eine Armee aufwiegen; daher besiegte ein Mensch allein wie Moses oder Jesus oder Muhammad die Macht des Teufels.

Die Umma (= Islamische Gemeinde bzw. Nation):

Keine Gemeinde bzw. Nation ist besser als die andere; es sei denn, daß eine Gemeinde das Gute gebietet und das Böse bekämpft.

Die islamische Gemeinschaft zur Zeit Muhammads pflegte dies zu tun, deshalb spricht Gott:

„Ihr seid die beste Gemeinschaft, die zum Wohl der Menschen hervorgebracht worden ist, solange ihr das Gute gebietet und das Böse verwehrt," Sura 3, Vers 110;

zu Muhammad spricht Er:

„Wir entsandten dich nur als eine Barmherzigkeit für alle Welten," Sura 21, Vers 107;

„Und Wir entsandten dich nur als Bringer froher Botschaft und Warner für die ganze Menschheit; jedoch die meisten Menschen wissen es nicht," Sura 34, Vers 28.

Muhammad:

Der Prophet (ca. 569-632) hinterließ achtzig Sahabi (Schüler), die mit Gottes Hilfe dafür sorgten, daß seine Lehre weiter gelehrt wurde.

Der Text des Qur'ān besteht aus 114 Suren (Abschnitten bzw. Kapiteln) und wurde im Leben des Propheten schriftlich festgehalten, jedoch nicht in einem gebundenen Band.

In einem Band wurde der Standardtext aufgenommen auf die Anweisung des am 03.11.644 von dem persischen Sklaven Lu'lu'a erstochenen 2. Kalifen Umar (Omar), möge Allah Wohlgefallen an ihm haben.

Der 3. Kalif Uthman (Osman) (644–656) ließ das bis heute einzig vorhandene Original des Qur'ān-Textes als Standardtext in einem Band aufnehmen und sieben Abschriften davon anfertigen.

Die sieben Kopien wurden in die damaligen islamischen Länder gesandt.

(Es ist überliefert, daß Muhammad den Qur'ān auch lehrte. Er selbst bildete viele Lehrer aus, damit sie den Qur'ān weiter lehren, vor allem Lehrer aus Mekka, z. B, ʿAbdullah Ibn Masʿūd und Sālim, der ehemalige Sklave des Abu Hudhaifa und Lehrer aus Medina, z. B. Muʿādh Ibn Dschabal und Ubayy Ibn Kaʿb. Diese Lehrer, die vier Kalifen und die folgenden Gelehrten lernten den Qur'ān auswendig. Dies wird heute noch in allen islamischen Ländern weiter gepflegt; Anmerkung des Übersetzers.)

Es ist von großer Bedeutung zu erwähnen, daß der 1. Kalif Abu Bakr (632–634) schon den Gelehrten Zaid Ibn Thābit beauftragte, den Text des gesamten Qur'ān in einem Band zu sammeln.

Unter der persönlichen Aufsicht des 4. Kalifen wurden alle Fragmente von Gelehrten, die den Text des Koran auswendig wußten, geprüft und festgehalten.

Dies bedeutet, daß es keine Lücke gab, die es ermöglicht hätte, daß die Echtheit des festgehaltenen Textes im geringsten leiden würde.

Für jene Genauigkeit sorgten die Schreiber der Offenbarung, die Koran-Lehrer, die vier Kalifen und die vielen Männer und Frauen, die den Text des Qur'ān auswendig wußten.

Gott bestätigt es, daß der Qur'ān nicht gefälscht werden kann:

„Wahrlich Wir, Wir Selbst, haben adh-Dhikr (den Koran) hinabgesandt, und sicherlich sind Wir sein Hüter," Sura 15, Vers 9.

Es wird auch überliefert, daß z. Z. des Propheten schon mehr als 2.000 Leute die längste Sura des Qur'ān (Al-Baqara: 286 Verse) auswendig wußten. Als 500 von ihnen in der Schlacht gegen den falschen Propheten Musailima fielen, entschloß sich Umar, den Text des Qur'ān in einem Band zu sammeln. Der 2. Kalif Abu Bakr begrüßte den Vorschlag Umars.

Dies bedeutet auch, daß der Text des Qur'ān von jeder Abweichung ausgeschlossen ist.

Selbst die Schreibweise mancher Wörter ist bis heute unveränderlich geblieben, wie sie im Qur'ān festgehalten wurden.

Es blieb den unermüdlichen Gegnern des Islam nur übrig zuzugeben, daß der Text des Qur'āns, wie Muhammad ihn diktierte, unverändert geblieben ist (siehe: Enc. Britannica; Anmerkung des Übersetzers).

Es ist unsere Aufgabe, die Fragen unserer Mitmenschen bezüglich des Islams zu beantworten, denn jeder Mensch ist für seine Äußerungen und Handlungen vor Gott verantwortlich.

Gott sagt in Sura 2, Verse 285-286:

„Der Gesandte (d. h. Muhammad) glaubt an das, was von seinem Herrn zu ihm herabgesandt worden ist, und auch die Gläubigen: Alle glauben an Allah, an Seine Engel, an Seine Schriften und an Seine Gesandten. Wir machen keinen Unterschied zwischen Seinen Gesandten. (Die Gläubigen) sagen (dabei): „Wir hören und gehorchen, gib uns Deine Vergebung, unser Herr! Und zu Dir ist die Heimkehr. Gott belastet niemanden über sein Vermögen. Jedem gebührt, was er verdient, und über ihn kommt, was er gesündigt."

„Keine Seele wird die Last (die Sünden) einer anderen tragen," Sura 6, Vers 164.

Der Islam stimmt mit dem Christentum und dem Judentum insofern überein, als diese drei Religionen u. a. das Gute gebieten und das Böse verwehren. Im Islam ist jeder Mensch allerdings selbst verantwortlich für seine Taten bzw. Äußerungen, aber nicht für die Taten der Vorfahren.

Der Muslim greift nicht an, jedoch verteidigt er sich aufrichtig. Er weiß, daß der Qur'ān ihm verbietet, ungerecht zu sein.

Der Islam will keinen Krieg.

Er verteidigte sich und behauptete sich gegen Angreifer, solange sie aufrichtig und sachlich waren.

Der Islam hat denselben Gott und dieselben Propheten der Juden und der Christen.

Es ist eine Tatsache, daß der Islam sich verbreitet, aber nicht durch Kriege oder die bewußten Bemühungen seitens einer Mission.

Die Übernahme der Gesetze des Westens:

Die seit dem 19. und 20. Jahrhundert vom Westen übernommenen Gesetze konnten nicht die Probleme der islamischen Länder lösen. Vielleicht können die Nichtmuslime die Probleme einer islamischen Gesellschaft lösen, wenn sie sich vorstellen können, daß der Islam keine Trennung oder Teilung zwischen Politik und Religion kennt.

DIE RE-ISLAMISIERUNG:

Re-Islamisierung ist mit der Entstehung vieler islamischer Bewegungen verbunden.

Die Entstehung solcher Bewegungen ist meistens der Vernachlässigung der

islamischen Gesetze (Schari°a) und der Übernahme der Gesetze des Westens zu verdanken.
Der „echte" Muslim gehorcht Gott und betrachtet Ihn als Gesetzgeber.
Die Gesetze Gottes sind vor allem im Qur'ān enthalten.
Re-Islamisierung bedeutet das Vollziehen der Schari°a.

Die Hauptquellen der Schari°a sind:
1. Der Koran: Er ist die Hauptquelle und enthält nur die unverfälschten Worte Gottes.
2. Die Sunna: Die Äußerungen, Bestätigungen und Handlungen Muhammads. Die Sunna gilt als 2. Quelle der Schari°a, vorausgesetzt, daß sie echt bzw. nicht durch Fälschen verändert ist. Sie muß mit dem Qur'ān übereinstimmen bzw. darf ihm nicht widersprechen.
3. Der Idschmā° (Konsensus): Übereinstimmung der Gelehrten. Auf jeden Fall ist immer der folgenden Maxime zu folgen: Lā Darara wala Dirāra fil-Islam: Im Islam ist es untersagt, einem Dritten zu schaden, oder zu dulden, daß man Schaden von einem anderen auf sich nehmen muß.
4. Der Qiyās: Analogie(-schluß).
5. Der Idschtihād: Eigene Urteilsbildung über rechtlich-theologische Fragen.
Ist im Qur'ān keine Entscheidung, dann helfen hier die anderen vier Quellen (2–5) der Schari°a.

Die Gesetze Gottes sind da, um Freiheit, Gerechtigkeit und Würde aller Menschen zu garantieren.

Diese Gesetze verspottet Salman Rushdi in seinem Werk „Die Satanischen Verse".

Für die Münchner Abendzeitung (AZ) vom Montag, 8. Mai 1989, schreibt Klara Abend auf S. 17:

„GÖTTLICHE GENEHMIGUNG ZUR LIEBE? Der Verfolgungswahn des Ayatollah Khomeini nimmt kein Ende. Nach Literatur-Nobelpreisträger Nagib Mahfuz wird auch der bundesdeutsche Autor Jürgen Roth von iranischen Extremisten bedroht. Die Morddrohungen gegen Salman Rushdi machen Schule."

Die AZ zitiert inkriminierte Stellen:

„Die Offenbarung (der Vortrag) schrieb den Gläubigen vor, wieviel sie zu essen hätten, wie tief sie schlafen, und welche Liebesstellung göttliche Genehmigung erfahren hatte. So erfuhren sie, daß der Erzengel Sodomie und Missionarsstellung erlaubte, wohingegen zu den verbotenen Stellung all jene gehörten, bei denen die Frau oben lag."

Es wäre Unsinn, über diesen Unsinn zu sprechen, weil Salman Rushdi dies nur erfunden hat.

Die sexuelle Beziehung zwischen Mann und Frau ist im Qur'ān mit Liebe, Mitgefühl, Geborgenheit und Würde verbunden, z. B.:

„Und zu Seinen Zeichen gehört es, daß Er euch von euch selber Gattinnen schuf, damit ihr ihnen beiwohnt, und Er hat zwischen euch Liebe und Mitgefühl gesetzt," Sura 30, Vers 20;

„Eure Frauen sind euch ein Acker, geht zu eurem Acker, von wannen ihr wollt, aber schickt (etwas) voraus für eure Seelen," Sura 2, Vers 223.

Die Leser der AZ-München und anderer Zeitungen können sicher sein, daß Salman Rushdi's „Satanische Verse" alle Religionen beleidigt und Lügen verbreitet.

Wir zitieren einige Zeilen von Salman Rushdi:

„Gabriel war ein Lügner. Was blieb nun von diesem moralfürchtenden Gott? (der den Geschöpfen verbot, von dem verbotenen Baum zu essen)?

Wo war er (Gott) zu finden? – Nur dort unten, in englischen Herzen. Die er, Gibril (Gabriel) gekommen war zu wandeln. Abrakadabra! Hokuspokus!" Satanische Verse, Seiten: 354–355;

„Der Thatcherismus zeigt Wirkung." Seite 287:

„Assistentinnen gehen auf die Galerie der Haßfiguren zu, stürzen sich auf das Opfer des heutigen Abends, das, um die Wahrheit zu sagen, am häufigsten auserlesen wird; mindestens dreimal die Woche: Ihre dauergewellte Frisur, ihre Perlen, ihr blaues Kostüm. Maggie-Maggie-Maggie, bellt die Menge. Brenn-brenn-brenn. Die Puppe – die Schießbudenfigur – wird auf den Heißen Stuhl geschnallt. Und ach, wie schön sie dahinschmilzt, von innen nach außen, sich auflöst. Dann ist sie noch eine Lache, und ekstatisch seufzt die Menge: geschafft".

„Schluß für heute", ruft Pinkwalla. Musik erobert die Nacht zurück.

Mr. Gibril, so unzweifelhaft verwandelt in das Abbild eines Engels wie er selbst das Spiegelbild des Teufels war. Wen sollte der Teufel verantwortlich machen, wenn nicht Gibril, den Erzengel?" Seiten 295/6;

„Die Welt ist ein einziger Widerspruch, vergiß das niemals. Gaga, Gespenster, Nazis, Heilige, alle leben zu gleichen Zeiten; an einem Ort Glückseligkeit, und nur ein Stück weiter das Inferno. Einen unzivilisierteren Ort kann man sich nicht vorstellen," Seiten 298;

„Am Anfang war das Wort. Die Lust des Ziegenbocks ist der Lohn Gottes. Die alte Überlieferung, die Welt werde nach sechstausend Jahren im Feuer vergehen, ist richtig, wie ich aus der Hölle vernommen habe. Dies wird als Steigerung der Sinnenfreude angesehen werden. Er legte das Bild der nackten verstorbenen Elena Cohen neben das Bild des Wiedergeborenen, der nackt und im Schneidersitz auf einem Berg hockte, und die Sonne schien aus seinem Gesäß. (aus) Erschaffung der Welt gemäß Erzbischof Usher 4004 v. Chr., Apokalypse voraus.

1996 „Dann bleibt uns ja noch Zeit für die Steigerung der Sinnenfreude," Seite 307. Wir dürfen Salman Rushdi für diesen Unsinn nicht bestrafen, jedoch müssen wir betonen, daß dieser Unsinn weder mit dem Islam noch dem Christentum bzw. Judentum zu tun hat. In keinem Koranvers steht, was Salman Rushdi immer wieder wiederholt. Dem Leser möchten wir die folgenden Seiten (163–169) des Dr. Jusuf Al-Qaradawi: Erlaubtes und Verbotenes im Islam, Bavaria Verlag, München 1989, zitieren, damit er weiß, was der Islam über die Mehrehe sagt:

Die Mehrehe im Islam:

„Der Islam ist eine Lehre, die mit der Natur übereinstimmt und dem Menschen Lösungen für komplexe Probleme bietet und Extreme vermeidet.

Diese Besonderheit des Islam ist bei seiner Haltung gegenüber der Mehrehe am deutlichsten erkennbar. Der Islam erlaubt dem Muslim, mehr als eine Frau zu heiraten, um einige besondere drückende menschliche Probleme, individuelle wie gesellschaftliche, zu lösen.

Viele Völker und Religionen vor dem Islam erlaubten, eine Vielzahl von Frauen zu heiraten, deren Anzahl zehn und manchmal hundert erreichte, ohne daß Bedingungen oder eine Grenze gesetzt wurden.

Der Islam hat andererseits klare Begrenzungen und Bedingungen für die Mehrehe gesetzt. Die Begrenzung ist auf höchstens vier Frauen festgelegt, mit denen ein Mann verheiratet sein darf. Als Dschailan al-Thaqafi den Islam annahm, hatte er zehn Frauen. Der Prophet sagte:

„Wähle vier von ihnen und scheide dich von den übrigen."

Auch andere Männer, die acht oder fünf Frauen hatten, als sie den Islam annahmen, wurden vom Propheten angewiesen, nur vier zu behalten.

Der Prophet, der selbst neun Frauen hatte, wurde von Allah zu seinen Lebzeiten um der Sache der Daᶜwa (der Einladung zum Islam) willen und wegen der Bedürfnisse der muslimischen Umma nach seinem Tod zum Ausnahmefall gemacht.

Gerechtigkeit den Ehefrauen gegenüber ist Bedingung.

Die Bedingung, die der Islam setzt, um einem Mann mehr als eine Ehefrau zu erlauben ist, daß er sich zutraut, seinen beiden oder mehreren Frauen gegenüber Gerechtigkeit walten zu lassen, und zwar im Hinblick auf Essen, Trinken, Wohnung, Kleidung, Ausgaben und auch in der Verteilung seiner Zeit unter ihnen. Wer nicht die Zuversicht hat, daß er diese Verpflichtung mit Gerechtigkeit und Billigkeit erfüllt, dem ist von Allah, dem Erhabenen, verboten, mehr als eine Frau zu heiraten, denn Allah, der Erhabene, sagt:

„. . . und wenn ihr fürchtet, nicht gerecht zu sein, dann (heiratet) nur eine," (4:3).

Der Prophet hat gesagt:

„Wer zwei Frauen hat und sie nicht gleichermaßen behandelt, der wird am Tag der Auferstehung einen Teil seines Körpers hinter sich herschleifen."

Die Gleichbehandlung bezieht sich hier auf die Rechte der Frauen, nicht die Zuneigung, die der Gatte ihnen gegenüber fühlt, denn Gleichmäßigkeit in der Liebe übersteigt die menschliche Fähigkeit, und Unausgewogenheiten darin werden von Allah vergeben. Er sagt:

„Es ist euch nicht möglich, in Billigkeit gegen eure Frauen zu verfahren, auch wenn ihr danach streben würdet. Doch wendet euch nicht gänzlich (von der einen oder anderen) ab, (4:128).

Darum hat der Prophet seine Zeit gleichmäßig unter seinen Frauen aufgeteilt und gesagt:

„O Allah, das ist meine Aufteilung, so weit ich darüber Macht habe, also ziehe mich nicht zur Rechenschaft für das, worüber Du Macht hast und ich nicht," (Sunan), wobei er Bezug nahm auf die Hinwendung und Zuneigung, die er einer Frau gegenüber spürte. Wenn er auf eine Reise gehen wollte, loste der Prophet gewöhnlich aus, welche seiner Frauen ihn begleiten sollte.

Warum der Islam die Mehrehe erlaubt

Der Islam ist die letzte und abschließende Verkündigung Allahs des Erhabenen, und der Abschluß der Reihe Seiner Offenbarungen an die Menschheit. Darum brachte er ein allgemeines Gesetz, das für alle Orte und Zeiten anwendbar ist, für die gesamte Menschheit. Der Islam hat nicht gesetzliche Regeln allein für die Stadtbewohner, die den Nomaden vernachlässigen würden, und nicht nur für die kalten Regionen der Erde unter Ausschluß der warmen und nicht nur für eine bestimmte Epoche unter Ausschluß früherer oder späterer Generationen.

Der Islam erkennt die Bedürfnisse und Interessen aller Menschen an, von Einzelpersonen wie Gemeinschaften. Unter den Menschen gibt es auch solche, die sehr gern Kinder hätten, aber deren Ehefrau vielleicht unfruchtbar ist oder sonst ein Problem hat. Ist es nicht ihr gegenüber rücksichtsvoller und besser für ihn, daß er eine zweite Frau heiratet, die ihm Kinder schenkt, während er die erste Frau behält und all ihre Rechte gewährleistet sind?

Es kann auch den Fall des Mannes geben, der ein starkes sexuelles Bedürfnis hat, während seine Frau nur wenig Verlangen danach hat oder vielleicht krank ist, besonders lange Regelblutungen hat u. ä. m. und der Ehemann sein Bedürfnis nicht lange Zeit zügeln kann. Sollte es ihm nicht erlaubt sein, eine zweite Frau gesetzmäßig zu heiraten, statt „Freundinnen" nachzujagen?

Es gibt auch Zeiten, in denen es mehr Frauen als Männer gibt, wie z. B. nach Kriegen, in denen oft die Männer dezimiert werden. In einer solchen Lage ent-

31

spricht es den Interessen der Gesellschaft und der Frauen selbst, daß sie die zweite Ehefrau eines Mannes werden, statt ihr ganzes Leben ehelos zu leben und des Friedens, der Zuneigung und des Schutzes des Ehelebens und der Freuden der Mutterschaft beraubt zu sein, nach denen sie sich ganz natürlich sehnen. Bei einem solchen Überschuß von Frauen, die nicht mit einem Mann verheiratet sind, gibt es nur drei Möglichkeiten:

1. sie verbringen ihr ganzes Leben in bitterer Entbehrung,
2. sie werden zu Sexualobjekten und Spielzeugen von wollüstigen Männern,
3. sie werden die zweite Ehefrau von Männern, die mehr als eine Frau ernähren können und sie gut behandeln.

Zweifellos ist die dritte Alternative die richtige Lösung und ein Heilmittel für diese Situation. Das ist die Entscheidung des Islam:

„Wer aber entscheidet besser als Allah für verständige Leute?" (5:55).

Dies ist die islamische „Polygamie", die man im Westen so verabscheut, und auf die man mit so viel Feindschaft reagiert, während die Männer dort jede Anzahl von Freundinnen haben können, ohne Einschränkungen und ohne rechtliche oder moralische Verantwortung, weder gegenüber der Frau oder den Kindern, die sie vielleicht als Ergebnis einer solchen unreligiösen und unmoralischen Vielzahl von außerehelichen Beziehungen zur Welt bringt. Man möge die beiden Alternativen vergleichen – Mehrehe oder Vielzahl von unrechten Beziehungen – und frage die Leute, was der richtige Weg ist und welcher Personenkreis rechtgeleitet ist!

Die Beziehung zwischen den Ehegatten

Der Koran betont die geistigen Ziele der Ehe und macht sie zur Grundlage des Ehelebens. Diese Ziele verwirklichen sich im inneren Frieden, durch die erfüllte Sexualbeziehung mit dem Ehepartner, den man liebt, durch die Erweiterung des Kreises, in dem durch die Ehe zwischen zwei Familien Liebe und Zuneigung entsteht und durch die Zuneigung und Güte zwischen den Kindern in der liebevollen Zuwendung seitens ihrer Eltern. Das sind die Ziele, die Allah genannt hat:

„Und zu Seinen Zeichen gehört es, daß Er euch von euch selber Gattinnen schuf, damit ihr ihnen beiwohnt, und Er hat zwischen euch Liebe und Mitgefühl gesetzt. Siehe, hierin sind bestimmte Zeichen für nachdenkende Leute," (30:20).

Die sexuelle Beziehung

Der Koran vernachlässigt aber auch nicht die sinnliche Seite und die körperliche Beziehung zwischen Ehemann und Ehefrau. Er führt die Menschen zum besten Weg, das sexuelle Bedürfnis zu befriedigen und zugleich schädliche oder abartige Praktiken zu vermeiden. Es wird berichtet, daß die Juden und Zoroastrier bei der

Vermeidung des Kontaktes mit menstruierenden Frauen ins Extrem verfielen, während die Christen trotz der Blutung die sexuelle Beziehung aufrecht erhalten. Die Araber der Zeit der Dschahilijja aßen nicht, tranken nicht und saßen nicht mit menstruierenden Frauen zusammen, sondern schickten sie in besondere Behausungen wie die Juden und Zoroastrier.

Also fragten manche Muslime den Propheten, was im Hinblick auf menstruierende Frauen erlaubt ist. Da wurde der folgende Koranvers geoffenbart: „Und sie werden dich über die Reinigung befragen. Sag: Sie ist ein Schaden. Enthaltet euch daher eurer Frauen während der Reinigung und kommt ihnen nicht nahe, bis sie rein sind. Sind sie aber rein, dann kommt zu ihnen, wie Allah es euch geboten hat. Allah liebt die, die sich zu Ihm wenden und liebt die sich Reinigenden," 2:222.

Manche Leute haben den Satz „kommt ihnen nicht nahe" verstanden als während der Periode nicht im gleichen Haus leben. Der Prophet erläuterte darauf die richtige Bedeutung des Verses und sagte:

„Ich habe euch nur befohlenn, mit menstruierenden Frauen nicht Geschlechtsverkehr zu haben und habe euch nicht befohlen, sie aus dem Haus zu schicken, wie die Fremden das tun."

Als die Juden von Medina dies hörten, sagten sie: „Dieser Mann will nichts, was wir tun, unverändert lassen, sondern tut immer das Gegenteil."

Also darf der Muslim seine menstruierende Frau liebkosen und sich mit ihr erfreuen, wobei nur der eigentliche Bereich der Menstruation vermieden wird. Wie immer ist auch hier die islamische Einstellung ein Mittelweg zwischen den beiden Extremen des Verweisens der menstruierenden Frau aus dem Haus und dem Geschlechtsverkehr mit ihr.

Neuere medizinische Forschungsergebnisse zeigen, daß der Menstruationsfluß toxische Stoffe enthält, die dem Körper schaden, wenn sie nicht austreten. Ebenfalls hat man den Grund erkannt, weshalb Geschlechtsverkehr in dieser Zeit zu vermeiden ist: Durch die Ausscheidungen der inneren Drüsen werden die Geschlechtsorgane stark mit Blut gefüllt und die Nerven besonders empfindlich, so daß Geschlechtsverkehr zu Irritierungen führt, die den Menstruationsfluß behindern und Entzündungen der Geschlechtsorgane hervorrufen.

Verbotener Geschlechtsverkehr

Über die geschlechtliche Beziehung hat Allah der Erhabene folgende Worte geoffenbart:

„Eure Frauen sind euch ein Acker, geht zu eurem Acker, von wannen ihr wollt, aber schickt (etwas) voraus für eure Seelen und fürchtet Allah und wißt, daß ihr Ihm begegnen werdet, und verkünde Freude den Gläubigen," (2:223).

Der indische Gelehrte Waliullah Dehlevi hat über den Anlaß dieser Offenbarung und ihre Bedeutung gesagt:
„Die Juden hatten die Haltungen für den Geschlechtsverkehr ohne göttliche Erlaubnis unnötigerweise eingeschränkt. Die Ansar (aus Madina), ihre Freunde, folgten ihren Bräuchen und sagten: „Wenn ein Mann mit seiner Frau Vaginalverkehr hat und auf ihrem Rücken ist, wird das Kind schielen." Darauf wurde der Koranvers geoffenbart: „Geht zu eurem Acker, von wannen ihr wollt", d. h. es spielt keine Rolle, ob der Ehemann auf seiner Frau oder auf ihrem Rücken ist, so lange es sich um Vaginalverkehr handelt, was der Acker bedeutet. Diese Dinge haben nichts mit religiösen oder sozialen Regeln zu tun, sondern sind Angelegenheiten des persönlichen Geschmacks. Solche Redensarten gehörten zu den Absurditäten bei den Juden, und Allah der Erhabene hat sie abgeschafft."
Die Haltungen beim Geschlechtsverkehr zu bestimmen ist nicht Sache der Religion. Allerdings wird ein Muslim, der Allah fürchtet und gewiß ist, daß er Ihm begegnet, im Umgang mit seiner Frau den Analverkehr vermeiden, weil der Prophet gesagt hat: „Nähert euch den Frauen nicht anal."
Er bezeichnete dies auch als die „kleine Homosexualität".
Eine Frau von den Ansar erkundigte sich beim Propheten nach dem Vaginalverkehr von hinten, und er trug ihr den Koranvers vor:
„Geht zu eurem Acker, von wannen ihr wollt" als einziges Behältnis.
Einmal kam Umar zu ihm und sagte: „O Allahs Gesandter, ich bin ruiniert." Der Prophet fragte: „Was hat dich ruiniert?" Er antwortete: „Vergangene Nacht habe ich meine Frau umgedreht", und er meinte, daß er Vaginalverkehr mit ihr von hinten hatte. Der Prophet sagte nichts, bis der obige Vers geoffenbart war. Dann sagte er zu ihm: „Von vorn oder von hinten, aber hüte dich vor Verkehr während der Monatsblutung und Analverkehr."

Geheimnisse von Ehegatten bewahren
Der Koran preist tugendhafte Frauen, „die gehorsam sind und bewahren, was Allah bewahrt hat," (4:38).
Zu diesen Geheimnissen, die bewahrt werden müssen, gehört die intime Beziehung zwischen den Ehegatten, über die man nicht in der Öffentlichkeit oder mit Freunden spricht. Der Prophet hat gesagt:
„Zu denen, die vor Allah am Jüngsten Tag den schlechtesten Stand haben gehört der Mann, der mit seiner Frau Geschlechtsverkehr hat und sie mit ihm, und er verbreitet dann ihr Geheimnis."

Abu Huraira* berichtet:

---

* Abu Huraira war einer der engsten Gefährten Muhammads und ist einer der wichtigsten Überlieferer der Aussprüche des Propheten.

„Allahs Gesandter führte uns im Gebet, und als er fertig war, wandte er sich zu uns und sagte: „Bleibt sitzen. Ist unter euch der Mann, der zu seiner Frau kommt, die Tür schließt, den Vorhang zuzieht und dann herauskommt und darüber spricht und sagt: „Ich habe dies und das mit meiner Frau gemacht."? Sie blieben still. Dann wandte er sich zu den Frauen und sagte: „Ist jemand unter euch, der über so etwas spricht?" Ein Mädchen erhob sich auf die Knie, damit Allahs Gesandter sie sah und hören würde, was sie sagte. Sie sagte: „Ja, bei Allah, die Männer sprechen darüber und die Frauen auch." Da sagte der Prophet: „Wißt ihr, wem die gleichen, die das tun? Die das tun, sind wie ein männlicher und ein weiblicher Teufel, die sich auf der Straße begegnen und ihr Verlangen befriedigen, während die Leute zusehen."

Diese unverblümte Ausdrucksweise müßte genügen, den Muslim von solch schlechtem und niederem Benehmen abzuhalten, das ihn oder sie dem Teufel gleichmacht.

Vielleicht beantworten diese Seiten bezüglich der „Mehrehe" die Fragen einiger Menschen und zeigen, daß der Islam die Liebe weder fesselt noch erwürgt.

Nur das Unnatürliche ist im Islam verboten.

Wenn man es natürlich oder sogar fantastisch findet, mit einer Frau während ihrer Regel zu schlafen oder Analverkehr zu betreiben, dann bedeutet dies nicht, daß der Islam es auch für natürlich halten soll.

Unnatürlich ist z. B. das Mönchtum und seine Folgen. Dies verbietet der Islam.

Der Journalistin Klara Abend der AZ-Zeitung empfehlen wir, Salman Rushdi sachlich zu lesen, bevor sie angreift.

Sie möchte bitte über die verbotene Liebe lesen, z. B. in der Frauenzeitschrift „Cosmopolitan Nr. 05, Mai 1989", bevor sie behauptet, der Islam verbietet die Liebe!

Sie kann auch im 1. Korinther: Kapitel 7 und 11 lesen.

Wir Muslime, verurteilten den Scorsese-Film: „Die letzte Versuchung Christi" und sehen nicht ein, daß Jesus auf solche Art und Weise dargestellt wird.

Wir verurteilen auch die Lügen, die Salman Rushdi über Muhammad und seine Frauen und alle anderen Muslime verbreitet.

Die Doppelmoral bzw. „das andere Gesicht der Demokratie" kann sich nicht ewig durchsetzen.

Ibrahim Si⁽da, Chefredakteur der ägyptischen Zeitung Al-Akhbar, schrieb deshalb am 18.03.1989 folgendes:

„Alle westlichen Länder sind böse wegen der Reaktionen der islamischen Welt nach dem Erscheinen von „The Satanic Verses", des indischen Engländers Salman Rushdi. Die westliche Öffentlichkeit ist sehr aufgeregt wegen der „mittelalterlichen Haltung" der heutigen Muslime.

Der Westen lehnt jene Haltung (natürlich mit Recht) ab. Dies alles geschah, als

Ayatollah Khomeini, der iranische Revolutionsführer, im Februar 1989 Salman Rushdi öffentlich der Blasphemie bezichtigte und über ihn das Todesurteil verhängte, so daß Salman Rushdi bis heute noch an unbekanntem Ort leben muß."

Wir sollten ja glauben, daß der Westen nur demokratisch ist!

Was wissen die Meden über das andere (häßliche) Gesicht der Demokratie des Westens?

Warum unterstützen die westlichen Länder dieses schmutzige Buch, obwohl (oder vielleicht auch gerade deshalb) sein Verfasser Lügen über den Propheten des Islam verbreitet?

Der Chefredakteur des Al-Achbar Ibrahim Si°da fragt nach dieser Demokratie, die vermißt wurde, als England zwei Bücher bekämpft hat:

1. Das Buch „Spy Catcher", gegen welches Frau M. Thatcher persönlich einen Feldzug führte;
2. Das in den USA bekannte Buch des englischen Dieners Malcolm Parker, der während seiner Tätigkeit im Buckingham Palace erlebte, wie die königliche Familie wirklich ist.

Wir wollen nicht wiederholen bzw. übersetzen, was Mr. M. Parker über das unmoralische Leben der englischen Persönlichkeiten, vor allem Prince Andrew, die „königlichen" Huren, die den Buckingham Palace in ein Bordell verwandelten und ihre Streitereien mit der „Queen Mother" usw. schreibt, denn dies ist eine Sache der englischen Gesellschaft.

Es geht uns nur darum festzustellen, daß die Freiheit der Meinungsäußerung doch Grenzen hat bzw. keine Grenzen hat je nach Lust und Laune und Doppelmoral der westlichen Welt. Sonst müssen wir fragen:

Mit welchem Recht versucht England, das Buch des M. Parker zu verbieten?

Das in Großbritannien vorhandene Gesetz gegen Blasphemie und Gotteslästerung, ist also nur da, um das Christentum zu schützen.

Dieses Gesetz ist ein „Judge-made-law" oder ein Usus. Das bedeutet, Jesus (und wenn man will: der König, die Königin usw.!) darf nicht verspottet werden.

Das verstehen wir. Jedoch verstehen wir nicht und lehnen es ab, daß man unseren Propheten verspottet. Ist dies so schwer zu verstehen?

Wir verstecken uns nicht, sogar wenn manche die Beherrschung verlieren und falsch handeln.

Das Buch „The Rushdi File" enthält die verschiedenen Meinungen der Muslime und der verschiedenen Vertreter der Öffentlichkeit in der ganzen Welt.

Lesen wir dieses Buch (258 Seiten), dann stellen wir fest, daß die Vertreter der islamischen Welt mit dem Todesurteil nicht einverstanden sind, jedoch verlangen sie die berechtigte Achtung für ihre Religion.

Mehr als die Erklärungen der islamischen Welt, daß sie auf keinen Fall die

Rechte der Journalisten bzw. der Schriftsteller in ihren eigenen Ländern zu unterbinden versucht, kann man von ihr nicht verlangen. Keine islamische Macht hat das Recht, die Menschenrechte einzuschränken und darf dies auch nicht. Der Islam selbst verbietet dies, falls manche es nicht wissen.

Irrtum der westlichen Erklärung der Freiheit:

Täglich wird die Freiheit, selbst in den demokratischen Ländern, vergewaltigt.

Zigaretten-Automaten gibt es überall. Jeder Raucher nimmt sich die Freiheit, Menschen, Tieren, Pflanzen und Umwelt Schaden zuzufügen.

Der Kranke, welcher selbst an seiner Erkrankung schuld ist, z. B. durch Alkohol, Drogen u. a., ist eine Gefahr für unschuldige Mitmenschen.

Die Rasse, die sich als Herrenrasse betrachtet, beraubt andere Menschen, besonders wenn sie die Worte in Taten umsetzt.

Diese Betrachtung ist nicht nur dumm, sondern auch anti-demokratisch.

Dasselbe gilt für die einzelnen Personen, die sich erlauben, andere zu verletzen und zu beleidigen, vor allem wenn die Beleidigten dies nicht verdient haben.

Wir müssen uns bessern und die Fehler der Vergangenheit vermeiden.

Die Welt braucht keine Kreuzzüge, sondern Reformer.

Das Märchen der Herrenrasse ist schon veraltet, auch wenn manche unterentwickelte oder kranke Führer daran glaubten.

In seinem Buch „The Story of Civilization", New York Bd. 1, S. 54–55 schrieb Will Durant:

„Fast alle Gruppen stimmen darin überein, daß sie andere für unterlegen halten. Die amerikanischen Indianer hielten sich für das auserwählte Volk, vom großen Geist besonders erschaffen, um der Menschheit als vorbildliches Beispiel zu dienen.

Ein Indianerstamm nannte sich „Die einzigen Menschen", ein anderer „Menschen der Menschen".

Die Karibier sagten: „Wir allein sind Menschen."

Die Eskimos glaubten, die Europäer seien nach Grönland gekommen, um von ihnen gutes Benehmen und Tugenden zu lernen. Deshalb kam es dem primitiven Menschen kaum in den Sinn, die moralischen Schranken, die er im Umgang mit seinem eigenen Stamm anerkannte, auf andere auszudehen. Er ging vielmehr ganz offen davon aus, daß es die Funktion der Moral sei, seiner Gruppe gegenüber anderen Stärke und Zusammenhalt zu geben. Anweisungen und Tabus galten nur für die eigenen Stammesangehörigen, während er bei anderen so weit ging, wie er sich wagte, außer es handelte sich um Gäste."

Diese Gruppen und ähnliche sind frei, dies zu denken. Sie sind unschuldig, weil kein Gesandter Gottes ihnen erklärte, daß es keinen Unterschied zwischen den Menschen gibt.

Gott der Barmherzige macht sie nicht dafür verantwortlich. Wir meinen, wenn es einen Gott gibt, von Dem der Mensch weiß, dann hat die Freiheit eine andere Bedeutung. Gebote und Verbote markieren den Weg der Freiheit.

Man sollte sich fragen: „Habe ich das Recht, dies oder jenes zu tun?" bevor man sagt: „Ich bin frei und kann tun oder lassen, was mir gefällt oder nicht gefällt!"

Versteht man die Freiheit falsch, dann begeht man Fehler. Ist man bestrebt, Geld zu sparen, Häuser zu kaufen, Autos, Flugzeuge usw. zu erwerben, weil man frei ist, dann erreicht man das Gegenteil. Man ist Sklave der Materie.

Dadurch wird man abgelenkt, so daß man keine Zeit für seine Seele hat. Man kann das Leben genießen, ohne Sklave des Vergänglichen zu sein.

Gott sagt: „Sprich: Wer hat die schönen Dinge Allahs verboten, die Er für Seine Knechte hervorgebracht hat, und die guten Dinge Seiner Versorgung? Sag: „Was mein Herr wirklich verboten hat, sind die Schandtaten, offenbare oder insgeheime, Sünde und Übertretung ohne Recht, und daß ihr Allah beigesellt, wozu Er keine Ermächtigung herabgesandt hat, und daß ihr von Allah sagt, was ihr nicht wißt," Sura 7, Verse 32–33.

Allah heißt nicht Gott der Muslime oder der Türken usw.!

Allah in der arabischen Übersetzung der Bibel ist das Wort für Gott.

Gott in der deutschen Übersetzung ist das Wort für Allah. Das bedeutet, Allah ist Gott der Juden, der Christen, der Muslime und der Welten.

Es ist Gotteslästerung, was Salman Rushdi auf Seite 117 schreibt:

„Ist Allah so unbeugsam, daß er nicht weitere drei (Engel d. h. die Götzen Lat, Manat und Uzza, die Salman Rushdi als Engel schildern will) annehmen kann (neben Gariel und den anderen Engeln), um die Menschheit zu retten! – Ich weiß nichts. – Sollte Gott stolz oder demütig sein, majestätisch oder einfach, nachgiebig oder un-? WAS FÜR EINE ART IDEE IST ER? WAS FÜR EINE ART (IST GABRIEL?)!"

„Die Gläubigen lebten vom Gesetzesbruch, aber in jenen Jahren wurde Mahound (er meint Muhammad) oder soll man sagen der Erzengel Gibril (Gabriel) – soll man sagen Allah? – besessen vom Gesetz."

„Die menschliche Befindlichkeit, aber wie steht es mit den Engeln? Haben sie je Zweifel gehegt auf halbem Weg zwischen Allahgott und Homosap? Durchaus: Eines Tages forderten sie den Willen Gottes heraus, versteckten sich murrend unter seinem Thron, wagten es, verbotene Fragen zu stellen: Antifragen. Ist es richtig, daß. Könnte man nicht einwenden, daß. Freiheit, das alte Antistreben. Selbstverständlich beschwichtigte er sie, unter Einsatz von Managementtalent à la Gott. Schmeichelte ihnen: ihr werdet das Werkzeug meines Willens auf Erden sein, der Erlösungverdammung der Menschen, et cetera pp. Und Simsalabim, Einspruch, Ende, die Heiligenscheine wieder aufgesetzt, zurück an die Arbeit. Engel sind leicht zu besänftigen; man macht sie zu Werkzeugen, und sie tanzen einem nach der Pfeife. Der Mensch ist da eine härtere Nuß, imstande, alles zu bezweifeln, sogar das, was er mit eigenen Augen sieht. Das, was hinter geschlossenen Glotzern ausgebrütet wird, wenn sie schwerlidrig zufallen. Engel haben nicht gerade einen eisernen Willen. Einen Willen haben heißt widersprechen; sich nicht unterwerfen; anderer Meinung sein.

Ich weiß; hier spricht der Teufel. Schaitan (Satan) fällt Gibril (Gabriel) ins Wort. Mir?" Seite 98.

Danach gleich verspottet Salman Rushdi den Propheten Muhammad.

Das ändert nichts an der Tatsache, daß Muhammad eine Gnade für die Welt ist. Allah spricht zu Muhammad:

„Es ist keiner in dem Himmel noch auf der Erde, der dem Allerbarmer anders nahen dürfte denn als Diener. Er kennt sie gründlich und Er hat sie alle genau gezählt. Und jeder von ihnen wird am Tage der Auferstehung allein zu Ihm kommen. Diejenigen, die da glauben und gute Werke tun – ihnen wird Der Gnadenreiche Liebe bereiten. Darum haben Wir ihn (den Koran) leicht gemacht, in deiner Sprache, damit du durch ihn den Gottesfürchtigen frohe Botschaft verkündest und die Streitsüchtigen warnest," Sura 19, Verse 93–97.

Weder sind die Worte Gottes satanisch, noch enthält der Koran ein einziges Wort, das nicht von Gott, erhaben sei Er, stammt.

Der Satan hat keinen Platz im Herzen eines Gläubigen.

Der Satan wird im Koran sehr oft verdammt. Sehr oft warnt Gott die Menschen im Koran vor diesem verdammten Satan und vor seinen Dienern, dann kann der Koran doch nicht vom Satan stammen!

Man muß nicht sehr klug sein, um dies zu begreifen, jedoch der blinde Haß mancher unsachlichen Atheisten läßt sie nichts begreifen; Gott sagt:

„Sprich: „Er (der Koran) ist für diejenigen, die glauben, eine Rechtleitung und ein Quell der Heilung. Doch diejenigen, die nicht glauben, sind taub, und er bleibt ihrem Blick entzogen," Sura 41, Vers 44;

„Die Satane werden gewiß ihren Untertanen eingeben, mit euch zu streiten. Und wenn ihr ihnen gehorcht, so werdet ihr (auch wie sie)," Sura 6, Vers 121;

„Der Teufel ist dem Menschen fürwahr ein hartnäckiger (offenkundiger) Feind," Sura 17, Vers 53;

„Gott verfluchte ihn (den Satan), da sagte er: „Ich will wahrlich von Deinen Dienern einen (für mich von vornherein) festgesetzten Anteil nehmen. Und ich will, wahrlich, sie irreführen, und nichtige Wünsche in ihnen wecken und ihnen befehlen, die Schöpfung Gottes zu verunstalten, und wer sich den Satan an Gottes Statt zum Freund nimmt, der wird einen offenkundigen Verlust erleiden. Er (der Satan) macht ihnen Versprechungen und läßt sie Wünschen nachjagen. Und was der Satan ihnen verspricht, ist eitel Trug.

Diese (Gefolgsleute des Satans) haben die Hölle zur Heimstätte, und sie werden keinen Ausweg daraus finden," Sura 4, Verse 117–121.

Die Diener des Satans sind die ärmsten Sklaven. Sie denken, sie haben alles oder sie können alles haben, wobei sie sich schon verloren haben. Ihr Meister, der Satan, ist der größte Verlierer, jedoch glauben sie, er kann ihnen Gewinne bringen.

Der Gläubige ist der freie Mensch, der nur einen Herrn – Gott – hat. Seine Freiheit kann nicht durch äußere Umstände gelähmt werden, solange er innerlich Gott treu ist.

Warum ist der ungläubige Mensch heute, mehr als denn je, unzufrieden, unruhig und ängstlich geworden?

Die Menschen z. B. hier haben mehr und verdienen mehr als in den meisten islamischen Ländern.

Sie besuchen alle Länder, wobei die Bewohner einer Stadt oder eines Dorfes in jenen Ländern ihr eigenes Land nicht kennen. Viele von ihnen verlassen nicht die Stadt oder das Dorf, bis sie glücklich sterben.

Sie haben weder ein Auto noch ein Fahrrad. Trotzdem brauchen sie nicht, was viele Hausfrauen, Berufstätige (Männer wie Frauen) hier brauchen: Psychiater, Gruppentherapie usw.

Dies zeigt uns die Ratlosigkeit der klugen Menschen in dem technologisch hochentwickelten Westen.

Wer soll diese Menschen, die das Gleichgewicht verloren haben, von ihren Fesseln befreien?

FREUDE UND ZUFRIEDENHEIT:

Das Erfüllen aller Bedürfnisse des Körpers kann nicht einem Menschen auf die Dauer innere Ruhe, Frieden und Freiheit geben, weil der Mensch nicht nur aus Körper besteht.

Das Gleichgewicht erreicht der Mensch erst, wenn er den richtigen Weg zu Gott findet.

Hier erinnern wir an die Worte des Ibn Qaiyyim Al-Dschausiyya:

„In jedem Herzen ist eine Zerstreutheit (Chaos), welche nur durch Vertiefung im Beten zu Bott wieder in Ordnung zu bringen ist. In ihm ist eine Einsamkeit, welche nur durch Geselligkeit zu beseitigen ist. In ihm ist eine Betrübnis, welche nur durch die Freude, Ihn zu kennen und die Aufrichtigkeit zu Ihm zu zerstreuen ist. In ihm ist eine Unruhe, welche nur durch das Vertrauen auf Ihn und die Zuflucht zu Ihm zu besänftigen ist. In ihm sind verschiedene Arten des Feuers, der Schmerzen und der Leiden, welche nur durch das Akzeptieren Gottes Gebote und Verbote, des Schicksals und der grenzenlosen Geduld, bis man zu Ihm zurückkehrt, zu löschen sind. In ihm herrscht heftiges Verlangen, welches nie aufhört, es sei denn, Gott allein ist selbst das verlangte Ziel.

In ihm herrscht eine ewige Armut, welche nur durch die Liebe zu Ihm, das Vertrauen auf Ihn, an Ihn immer zu denken und den aufrichtigen Gehorsam zu Ihm zu beseitigen ist.

Würde ein Mensch die Reichtümer der Welt und die absolute Macht der Welt haben, dann reichte dies nicht, um ihn von dieser Armut zu befreien. Diese Armut isoliert den Menschen und fügt ihm Leiden zu. Diese Leiden sind wahrlich größer als jede Qual."

Mit anderen Worten meint Ibn Qayyim, daß der Mensch seinen Seelenfrieden erst erreicht, wenn er Gott von Herzen liebt und Ihm gehorcht.

GLAUBEN IST DER RICHTIGE WEG:

Wählt ein Mensch den Weg Gottes, dann hat er richtig gewählt. Er kann sich entfalten, sich frei bewegen, bis er zu Gott zurückkehrt.

Dies ist eine richtige Wahl, weil sie der Natur des Menschen und der Schöpfung entspricht.

Wir sind aber der Meinung, daß die Scharica uns die Rechte und die Pflichten deutlich erklärt und zeigt. Laut dieser Gesetze des Islam kann der Mensch mit seiner Umwelt, Mitmenschen und vor allem mit Gott zurechtkommen, z. B.:

Das Eigentumsrecht:

Der Islam betrachtet das Geld nicht so, wie manche Religionen es tun.

Er erlaubt, Kapital zu haben und zu vermehren innerhalb festgesetzter Prinzipien:

Ausbeutung und Betrug sind verboten.

Das Kaufen und Verkaufen der verbotenen Sachen; z. B. Schweinefleisch, Drogen, Gestohlenes u. ä., ist verboten.

Manipulation des Preises ist verboten.

Zwischenhandel ist erlaubt.

Zinsen, Hehlerei u. ä. sind verboten.

Kapital ist eine Waffe oder ein Mittel, das seinem Besitzer eine gewisse Macht verleiht. Im Islam unterscheidet sich das Kapital vom Kapital im Feudalismus und Kapitalismus.

Entstehung des Kapitals:

Das Kapital darf nicht durch Haram* verdient werden. Das verdiente Geld muß versteuert werden, indem der Verdiener 2,5 % als Zakaa an die islamische Gemeinschaft entrichten soll.

Jedem Muslim wird die Zakaa auferlegt, wenn er ein bestimmtes Minimum an Geld, Reichtum (z. B. Waren, Ackerland, Ernte, Vieh usw.) besitzt; z. B.: Hatte ein Muslim fünf bis neun Kamele, dann war ein Schaf oder eine Ziege zu entrichten, für je dreißig Rinder ein einjähriges Kalb usw.

Handelt es sich um Ackerfrüchte u. ä. dann beträgt die Abgabe zehn Prozent (10 %).

Kapital, Gewinne, Handelsware, Silber, Gold u. ä. werden mit 2,5 % ihres Wertes versteuert.

Der Islam unterscheidet nicht zwischen dem Handel mit Muslimen und Nichtmuslimen.

Für ihn ist das Verbotene verboten und das Erlaubte erlaubt, unabhängig von der Rasse, der Farbe und dem Glauben des Handelspartners.

Dies ist nicht der Fall z. B. im Judentum.

Laut dem Alten Testament ist folgendes erlaubt:

„Von den Fremden magst du Zinsen nehmen, aber nicht von deinem Bruder," 5. Moses 23:21, obwohl im 2. Moses 22:24 auch steht:

„Wenn du Geld leihst einem aus meinem Volk, der arm ist bei dir, sollst du ihn nicht zu Schaden bringen und keinen Wucher an ihm treiben."

Warum der Islam Zinsen verbietet:

Der Islam verbietet Zinsen, weil man sich sonst das Eigentum eines anderen aneignet, ohne ihm dafür etwas zu geben. Am meisten leiden darunter die Armen, die 110,- DM zurückzahlen müssen, wenn sie 100,- DM brauchen.

Die Systeme, die vom Klassenkampf sprechen, müssen sich fragen: Ist es möglich, daß „Klassenkampf" existiert in den Gesellschaften, die die Ausbeutung, Zinsen, Manipulation u. ä. verbieten?

Wir sind der Ansicht, daß die Gesetze allein für ein würdiges Leben nicht reichen, denn sobald ein Mann nicht „erwischt" werden kann, begeht er einen Fehler, ein Verbrechen oder er gerät in Versuchung, es sei denn, er ist innerlich überzeugt, daß er dies und jenes nicht macht:

entweder weil er an Gott, Der alles sieht, glaubt, oder weil er von Natur aus solche Sachen verabscheut.

---

* Haram: was Allah verboten hat
Halal: was Allah erlaubt hat

Die Würde eines Menschen ist vollkommen, wenn er keine Gesetze braucht, um seine Pflichten zu erfüllen. Die Zakaa-Steuer ist ein Beispiel dafür: Im Islam soll der Muslim von alleine und ohne Schreiben eines Finanzamtes die Zakaa-Steuer entrichten. Das Gesetz bestraft ihn nicht, wenn er dies nicht tut. Er tut dies aber aus eigener Überzeugung, weil er an Gott glaubt. Gott schreibt dem Muslim vor, diese Zakaa-Steuer zu entrichten.

Lebt ein Muslim in der Fremde, dann muß er zweimal Steuer entrichten:
– an das Finanzamt im Ausland, wo er lebt bzw. Geld verdient, wie jeder Mensch unter seinen Mitmenschen, was auch berechtigt ist, und:
– an die Bedürftigen, z. B. die Armen der „dritten" Welt, Opfer der Kriege usw.

Deshalb ist die Zakaa-Steuer im Islam die drittwichtigste Säule der fünf Säulen des Islams:

(1) Schahaada = Das Glaubensbekenntnis: Ich bezeuge, daß es keinen Gott gibt außer Allah, und daß Muhammad Sein Gesandter ist:
Asch-hadu allaa ilaaha illa-l-Laah
Asch-hadu anna Muhammadan Rassul-u-Laah.

(2) Salaa: Pflichtgebet (fünf Gebete täglich zu festgesetzten Zeiten).

(3) Zakaa: In vielen islam. Staaten ist die Zakaa-Steuer die einzige Steuer, die jeder Muslim von alleine entrichtet.

(4) Fasten (Saum) im Ramadan (9. Monat des islam. Kalenders).

(5) Al-Haddsch (Die Wallfahrt nach Mekka) in den ersten zwei Wochen des 12. Monats des islam. Kalenders.

Entrichtet jeder Muslim diese Steuer, dann gibt es keinen Grund, daß die „Arbeiterklasse" – die nicht ausgebeutet wird – Kriege entfacht.

Die Armen können nicht Himmel und Erde gegen die Herrscher in Bewegung setzen, wenn die Herrscher dafür sorgen, daß Gerechtigkeit herrscht. Der Herrscher ist ein Diener Gottes, der für die Durchführung der Gottesgesetze sorgt. Er muß also gläubig sein!

Er ist ein Verteiler der Gelder der Muslime, und er trägt die große Verantwortung vor Gott; deshalb sagte Muhammad:

„Die Verteilung der Zakaa-Gelder hat Allah selbst bestimmt. Weder einem Propheten noch Gesandten überließ Er, diese Verteilung zu bestimmen. Ich bin deshalb nur ein Verteiler, der den Befehl Gottes ausführen muß. Gott allein bestimmt, wem ich gebe und wieviel ich geben soll."

Damit schreibt der Islam jedem Herrscher vor, was er mit dem Geld der Muslime macht. Er ist verpflichtet, die Bewegung der Zakaa-Gelder zu kontrollieren.

Verschwendung, Ausgeben der Zakaa-Gelder und Ausbeutung der Muslime und der Nichtmuslime sind, laut der Schariᶜa, verboten. Nach dem Zusammen-

43

stoß mit dem Westen versuchten die Muslime, vor allem die Ägypter, durch Jamal Ad-Din Al-Afghani (1839–1897) und Muhammad Abduh (1849–1905), den Islam zu erneuern.

Sie haben festgestellt, daß die falsche Anwendung der islamischen Gesetze Ursache der Unterlegenheit der islamischen Länder war.

Der Islam braucht, ihrer Meinung nach, eine umfassende Reform auf allen Gebieten, sonst wird er nicht der Herausforderung des überlegenen Westens gewachsen sein.

Bis heute noch lehnen islamische „Klassiker", bzw. Anhänger der Muslimbruderschaft (gegründet 1928) u. a. die Trennung zwischen Religion und Politik ab, im Gegensatz zu Europa, welches dies seit der Aufklärung macht.

Wir Muslime wissen, daß die Lösung unserer Probleme nicht bedeutet, daß wir nach dem westlichen Muster leben müssen, jedoch sind wir überzeugt, daß die islamischen Länder die Wissenschaften und die hohe Technik des Westens lernen und beherrschen müssen, um zu überleben.

Wir wissen, daß die islamische Welt sehr viele Wunden hat: Armut, Analphabetismus, wirtschaftliche Probleme, politische Probleme usw., und wir wissen, daß Feinde des Islams auf die passende Gelegenheit warten, jedoch bestehen wir darauf, unsere fast unlösbaren Probleme zu lösen.

Die Lösung ist trotzdem nicht – betonen wir – durch Trennung zwischen Religion und Politik zu verwirklichen.

Dies war meine Antwort auch an einen jungen Mann, der mich fragte:

„Warum machen wir es nicht dem Westen nach? Was dem Diesseits gehört, überlassen wir den Politikern, Wissenschaftlern und den Fachleuten. Was dem Jenseits gehört, lassen wir dem Islam."

Ich sagte dem jungen Mann: „Es ist ja ein Glück, daß es im Westen Gläubige – unter den Christen – gibt. Diese Gläubigen wissen von Gottes Existenz. Sie wissen auch, daß Moses die Gesetze Gottes verkündete und daß Jesus betonte, er sei nicht gekommen, diese Gesetze zu ändern, sondern vielmehr sagte:

„Ihr sollt nicht wähnen, daß ich gekommen sei, das Gesetz oder die Propheten aufzulösen. Ich bin nicht gekommen, aufzulösen, sondern zu erfüllen. Denn ich sage euch wahrlich: Bis daß Himmel und Erde vergehen, wird nicht vergehen der kleinste Buchstabe, noch ein Tüttel vom Gesetz, bis daß es alles geschehe," Matthäus 5:17,18.

Durch Muhammad brachte der Islam aber neue Gesetze für die Gläubigen. Diese Gesetze beschränken sich nicht auf die religiöse Seite des Lebens allein. Sie bestimmen das tägliche Leben des Muslims.

Es ist ein Irrtum der wissenschaftlichen Methodik-Verkünder, wenn sie verlangen, daß der Laizismus das tägliche Leben der Muslime bestimmen soll.

Die Gegenstände nur können die Wissenschaftler nach bestimmter Logik und Methodik studieren, jedoch nicht die Menschen, denn der Mensch ist kein Gegenstand."

Dieser Unterschied zwischen der westlichen und der islamischen Denkweise beruht auf historischen Hintergründen.

Die großen Religionen Judentum, Christentum und Islam entstanden im Orient. Diese Religionen sind ein vertrautes Gut Gottes und eine erwiesene Gnade von Ihm für den Menschen. Diese Religionen prägen das Leben der Gläubigen im Orient.

Dank der Religion erreichte der Mensch im Orient seine Freiheit. Im Westen beschäftigte die Philosophie die Gelehrten und die Wissenschaftler sehr.

Die positive Seite der Philosophie ist sicherlich erstrebenswert.

Schließlich sollte der Mensch sich ernsthafte Gedanken über den Sinn des Lebens, das Wesen der Welt, die Stellung der Menschen in dieser Welt, über den Tod und was danach folgen könnte, machen.

Im Westen wurden viele Philosophien anerkannt; z. B. Idealismus und Materialismus, verbunden mit vielen Namen, z. B. Hegel, Kant, Marx, Nietzsche u. a.

Die Kirche mußte sich behaupten oder sogar verteidigen.

Der einfache Mensch glaubt an das, was die Kirche von den Heiden (den Römern) übernahm.

Selbst die Bibel-Exegesen blieben nicht von der Färbung der Philosophien verschont.

Viele einfache Christen, aber auch Muslime, haben die Bibel bzw. den Qur'ān nicht gelesen, und das ist nicht richtig.

Muslime und Christen, die zusammenleben, sollten sich gegenseitig bereichern. Dies geht nur durch Lesen und Diskutieren.

Ist dies vorhanden, dann hat der Aberglaube und der Unglaube keinen Spielraum bei ihnen.

Wir glauben, daß die Menschen, die nichts von anderen wissen wollen, viel verlieren.

Sie lassen sich von anderen beeinflussen.

Diese Beeinflussung ist manchmal unzulässig.

Hätten solche Menschen sich informiert und wären sie einer Sache gründlich nachgegangen, dann hätten sie keine Fehler gemacht.

Der Fall Salman Rushdi ist ein aktuelles Beispiel dafür.

Im Qur'ān steht:

„Hast du (Muhammad) nicht jene gesehen, die sich (gewissen) Leuten angeschlossen haben, denen Gott zürnt? Sie gehören weder zu euch noch zu ihnen, und sie beschwören wisssentlich eine Lüge. Gott hat für sie eine strenge Strafe bereitet. Schlimm ist, was sie verbrochen haben. Sie haben sich hinter ihren Eiden verschanzt und sie machen (die anderen Menschen) vom Pfad Allahs abwendig; damit verdienen sie eine erniedrigende Strafe. Weder ihre Reichtümer noch ihre Kinder werden ihnen im geringsten nützen gegen Allah. Sie sind die Bewohner des Feuers (der Hölle); darin weilen sie ewig. Am Tag des Gerichts, da Gott sie alle (vom Tod) erwecken wird, werden sie Ihm schwören, wie sie euch schwören, und meinen, sie stünden auf etwas (= ihr Standpunkt sei richtig). Dabei sind sie sicherlich die wahren Lügner. Satan hat völlig Macht über sie gewonnen und hat sie vergessen lassen, Gottes zu gedenken. Sie sind Satans Partei. Doch die Parteigänger Satans sind (am Ende) die Verlierer," Sura 58, Verse 14–19.

Es ist jedem Menschen klar, daß diese Verse, die den Satan verdammen, keine satanischen Verse sind.

NEUE PERSPEKTIVE:

Das Wiedererwachen der Muslime ist eine Tatsache, die ihnen ermöglicht, aus einer neuen Perspektive auf die Welt zu schauen.

Die sogenannte Re-Islamisierung ist in der ersten Linie eine notwendige Reaktion der islamischen Welt gegen die zunehmenden Versuche, die westlichen Muster auf allen, oder fast allen, Gebieten des Lebens blindlings zu importieren.

Das Urteil „vieler" Europäer dem Islam gegenüber ist nicht gerade ungefährlich.

Darüber schreibt Dr. Rudolf Hilf:

„Die islamische Welt, vergessen wir das nicht, flankiert Europa vom Südwesten über den gesamten Süden bis zum Südosten. Auch wenn diese islamische Welt nicht über die größten Ölvorräte der Welt und nicht über Seezugänge von Gibraltar (Dschabal Tariq) bis Suez, von den Dardanellen bis zum Arabischen Golf verfügen würde, diese strategische Flankierung allein wird zusammen mit dem Druck aus dem Osten auf Europa durch die sowjetische Weltmacht die Zukunft unseres Kontinents langfristig nicht nur beeinflussen, sondern vielleicht mitentscheiden.

Diese strategische Flankierung braucht nicht so verstanden zu werden, daß Europa bereits in naher Zukunft mit einem geeinigten Islamischen Raum an seinen Grenzen rechnen müßte. Die Schwierigkeiten, die solchen Einigungen entgegenstehen, sind immens, wie Europa aus eigener Erfahrung weiß. Möglicherweise ist sogar das Andauern der „Zerrissenheit" dieses Raumes die größere

Gefahr für uns selbst, denn sie bietet Ansatzpunkte für die politisch-strategische Unterwanderung und Ausbeutung durch gewaltigere außerregionale Mächte. Für keinen Europäer darf es daher unwesentlich sein, ob südwestlich, südlich und südöstlich von uns Feinde oder Freunde sitzen oder ob diese Regionen vor unserer Haustür innerlich stabil, geordnet und selbstbewußt oder zerrissen und bloß wie ein Pulverfaß sind.

Und sehr kurzsichtig von uns wäre es – wie das Israel aus vielleicht auch mißverstandenem Eigeninteresse tut – darauf zu setzen und zu hoffen (und dafür zu arbeiten), daß sich die islamische Welt niemals einigt. Wenn sie das trotzdem tut, dann geschieht das gegen uns mit den vorerwähnten Folgen.

Geschähe es aber mit uns, dann würde es in Europa jene „Raumtiefe" (zusammen mit ganz Afrika) in Partnerschaft wiedergeben, die es für sich allein in unserer globalen Zeit nicht mehr hat und die notwendig ist, wenn es eine eigenständige, auf den Frieden hin orientierte, ausgleichende Rolle übernehmen will, anstatt zu warten, bis es eines Tages wieder Schlachtfeld wird und zwischen West und Ost zerquetscht wird.

Natürlich soll diese Sicht nicht apodiktisch verstanden werden, aber sie ist im Guten wie im Bösen eine der Möglichkeiten unserer Zukunft, die mit von den Ereignissen in der islamischen Welt abhängen wird und die nicht zur Kenntnis nehmen zu wollen sträflicher Leichtsinn wäre," (Islam und der Westen e.V. Deutschland: Weltmacht Islam, Bayerische Landeszentrale für politische Bildungsarbeit, München 1988, S. 17).

Und wenn Salman Rushdi und seine Förderer denken, sie könnten der Beziehung zwischen dem Islam und der westlichen Welt Schaden zufügen, dann haben sie sich gewaltig geirrt, selbst wenn mehr als vierzig Menschen wegen dieses satanischen Werkes den Tod fanden, und sogar wenn auf dem Umschlag der deutschen Ausgabe steht:

„Salman Rushdi ist ein Geschichtenerzähler von gewaltiger Kraft, in der Lage, ganze Erdteile, Beziehungsgeflechte, Atmosphären, Geschöpfe, Sittenbilder heraufzubeschwören – aus dem Nichts," New York Times Book Review.

Teil II
DIE SATANISCHEN VERSE

Dieses Buch ist, laut dem englischen Original, der erste Roman Salman Rushdi's, welchen er 1983 schrieb und 1988 veröffentlichte.

„Ein Roman, welcher den ewigen Ringkampf zwischen Gott und dem Satan behandelt."

Auf dem, im Vergleich zum englischen Original oder der französischen Ausgabe, geschmacklosen Umschlag der deutschen Ausgabe steht:
„Die Satanischen Verse sind ein Buch, das man, als wäre man eine Phython als Ganzes verschlingen muß, mit Haut und Haaren, mit Hufen und Hörnern.
Salman Rushdi ist ein Geschichtenerzähler von gewaltiger Kraft, in der Lage, ganze Erdteile, Beziehungsgeflechte, Atmosphären, Geschöpfe, Sittenbilder heraufzubeschwören – aus dem Nichts: New York Times Book Review."
Am Ende des Romanes bedankt sich der Verfasser bei den zahlreichen Personen bzw. Autoren für ihre Unterstützung:

ACKNOWLEDGEMENTS

The quotations from the Quran in this book are composites of the English versions of N.J. Dawood in the Penguin edition and of Maulana Muhammad Ali (Lahore, 1973), with a few touches of my own; that from Faiz Ahmad Faiz is a variant of the translation by Mahmood Jamal in the Penguin Book of Modern Urdu Poetry. For the description of the Manticore, I'm indebted to Jorge Luis Borges's Book of Imaginary Beings, while the material on Argentina derives, in part, from the writings of W.H. Hudson, especially Far Away and Long Ago. I should like to thank Pauline Melville for untangling my plaits from my dreadlocks; and to confess that the ‚Gagari' poems of ‚Bhupen Gandhi' are, in fact, echoes of Arun Kolatkar's collection Jejuri. The verses from ‚Living Doll' are by Lionel Bart (copyright C 1959, reproduced by permission of Peter Maurice Music Co. Ltd. London WC2H OLD) and those by Kenneth Tynan in the novel's final section have been taken from Tynan Right and Left (copyright C Kenneth Tynan, 1967). The identities of many of the authors from whom I've learned will, I hope, be clear from the text; others must remain anonymous, but I thank them, too.

Die deutsche Ausgabe ist ebenfalls mit „Bibliographischer Notiz" beendet, in welcher erwähnt wird, daß „die in diesem Buch verwendeten Zitate aus dem Koran an die deutsche Übersetzung von Prof. Dr. Rudi Paret angelehnt sind".
Diese bibliographische Notiz läßt uns denken, daß Salman Rushdi ein ernsthafter Schriftsteller sei, der für die Echtheit seiner Zitate sorgt.
Bedeutet das, daß der Leser den Islam durch Herrn Salman Rushdi irgendwie näher kennenlernen kann?
Dies könnte stimmen, wenn er die Texte nicht entstellen würde oder sogar vollkommen erfinden würde, wie z.B. auf Seite 366 der Satanischen Verse:
„Als nächstes fiel Salman „Al-Farissi = dem Peser" auf, wie nützlich und zeitlich klug abgestimmt die Offenbarungen des Engels (Gabriels) zumeist waren. (Er

schlug sich immer auf die Seite Mahounds (gemeint ist Muhammad), erklärte mit
einer jeden Zweifel ausschließenden Bestimmtheit, daß der Mensch niemals den
Mond betreten werde."
Dieser Satz allein zeigt folgendes:
1. Salman Rushdi kennt den Koran (Qur'ān) nicht, sonst hätte er gewußt, daß der
   Qur'ān nie ausgeschlossen hat, daß die Menschen andere Planeten betreten
   können:
   In der 55. Sura (Ar-Rahman: Der Gnadenreiche), Vers 34 steht:
   „. . . Ihr seid nicht imstande, aus (den Regionen) der Himmel und der Erde
   herauszukommen, außer mit einer Ermächtigung."
   Das arabische Wort für Ermächtigung hier ist Sultān. Sultān bedeutet Macht. Dies
   kann auch die Macht der Wissenschaft bedeuten.
2. Die Übersetzung dieses Verses durch Prof. Dr. Rudi Paret zeigt uns, daß selbst
   der große Gelehrte den Vers anders versteht als ein arabischer Arabist;
   „. . . Wenn ihr durch die Regionen des Himmels und der Erde durchstoßen
   könnt, dann stoßt durch! (Aber) ihr werdet nicht durchstoßen, es sei denn auf
   Grund einer Vollmacht."
   Im Vers ist keine Rede von Vollmacht!
   Die Rede ist nur von einer unbestimmten Macht. Die Wissenschaft ist gewiß
   eine Macht.
   Der Gläubige mag sogar daran denken, daß diese Beschränkung im Qur'ān
   (d. h. außer mit einer Macht) eine Prophezeiung ist, die heute, nachdem der
   Mensch durch die Macht der Wissenschaft den Mond betreten hat, schon erfüllt
   ist.
   Der Verleger des Romanes betont, daß der Roman den „ewigen Ringkampf
   zwischen Gott und dem Teufel behandelt".
   Salman Rushdi vertritt die nichtislamische Ansicht, nämlich daß der Satan ein
   gefallener Engel bzw. Oberhaupt der Engel gewesen sei.
   Weder die engelhafte Natur des Teufels noch den „Dualismus" kennt der
   Islam. Der Satan war vom Beginn ein Dämon:
   „Als Wir einst zu den Engeln sagten: Werft euch vor Adam nieder! Da warfen
   sie sich nieder, außer Iblis; er war einer der Dschinn," Sura 18, Vers 50;
   „Er (= Satan) sagte (zu Gott): „Ich bin besser als er (Adam). Du hast mich
   aus Feuer erschaffen, ihn aber erschufst Du aus Lehm," Sura 7, Vers 12.
   Dualismus könnten bestimmte Sekten und Sektierer den alten Religionen und
   Mythen der Ägypter u. a. verdanken. Darüber sagt Prof. Dr. W. Beltz:
   „Mani, Manichäisch-Mani (215–273) war einer der größten gnostischen Sek-
   tengründer, der den altpersischen Dualismus mit judenchristlichen apokalyp-
   titschen Vorstellungen verband. Manichäische Einflüsse sind in Christentum

(Augustin war Manichäer) und Islam wirksam geworden": Mythen des Koran, Claassen Verlag 1980, S. 311.

Trotzdem möchten wir betonen, daß der Dualismus dem Koran fremd ist: „Die Fülle der mittelalterlichen Darstellungen von Weltgericht und Welterlösung, von Hölle und Paradies, die Darstellungen des vom Tode auferstanden Christus, der wie Osiris zum Segen der Menschen den Tod überwunden hat, läßt heute durch die Ergebnisse der Ägyptologie sichtbar werden, welche Lebenskraft die alten mythischen Bilder besitzen, die Ägyptens Dichter einst ersannen. Die von ägyptischer Poesie erdachte Trichotomie des Kosmos – Erde, Himmel und Hölle – erwies sich auch noch im 20. Jahrhundert als unentbehrliche poetische Metapher."

„Das Christentum Ägyptens erweist sich als die Mittlerin zwischen Altägypten und Europa in den Jahrhunderten der Zeitrechnung," Walter Beltz: Die Mythen der Ägypter, Claassen Verlag, 1982, S. 238.

Über solche wissenschaftliche Schriften sollte jeder Mensch sich freuen, weil sie versuchen, die Wahrheit zu finden.

Theologen der verschiedenen Religionen können behaupten, Walter Beltz habe sich geirrt. Darüber läßt sich diskutieren. Walter Beltz hat weder Religionen noch Menschen dadurch beleidigt. Er ist ein ernsthafter Sucher nach der Wahrheit.

Salman Rushdi dagegen schreibt seinen billigen Roman, um Menschen zu verletzen, politische Haltung zu betonen und anti-islamische Aktivitäten zu unterstützen!

Dient sein Roman etwa dem Frieden auf diesem ausgebeuteten bedrohten Planeten?

Mißverständnisse, gegenseitiges Mißtrauen und Konflikte prägten die Beziehungen zwischen der islamischen Welt und der christlichen Welt lange genug.

Wir brauchen nicht solche Schriften, die jenen Beziehungen schaden. Begreifen wir die Folgen solcher Schriften, die die Lage der Welt noch verschlechtern?

Die Satanischen Verse sind keine Einladung zum Dialog zwischen Muslimen und Atheisten.

Sie sind zum Teil gegen das Christentum gerichtet, da der Verfasser überhaupt keine Religion anerkennt:

„Erzengel? Gott mit weißem Bart und Engel mit Flügeln? Himmel und Hölle? Der Teufel mit einem spitzen Schwanz und gespaltenem Fuß? Wie weit willst du damit noch gehen? Haben Frauen eine Seele, was meinst du? Oder andersherum: Haben Seelen ein Geschlecht? Ist Gott schwarz oder weiß? Gibt es Wunder? Glaubst du ans Paradies?" S. 242.

Weder ein Bild Gottes noch des Teufels kennt der Koran, so wie es von Salman Rushdi dargestellt sind.

Die Frauen haben Seelen genau wie die Männer (im Islam). Darüber wollen wir hier nicht sprechen.

Was das Christentum dazu sagt ist nicht unsere Sache. Hier haben christliche Theologen das Wort.

Dasselbe gild für den Erzengel Gabriel. Für uns ist Gabriel, der Erzengel, heilig. Wir brauchen nicht die Eigenschaften Gabriels durch einen Atheisten kennenzulernen. Wir erwarten auch nicht, daß er uns belehren kann, denn für ihn gibt es keinen Engel namens Gabriel.

Der Erzengel Gabriel Salman Rushdi's begleitet uns vom Anfang des Romanes bis zum Ende.

Außerdem spricht S. Rushdi von ihm oder über ihn besonders auf den Seiten 13–93.

Merkt Salman Rushdi, daß er das Thema nicht beherrscht, dann flieht er woanders hin.

Er hat eine „krankhafte" Fantasie, die ihn rettet, wenn er merkt, daß er nicht mehr weiß, ob die Realität gegen seine Darstellung ist.

Das erste Kapitel gehört dem Engel Gabriel. Hier bemüht sich Salman R., die Gestalt Gabriels „darzustellen", genauer gesagt zu entstellen!

Der Erzengel Gabriel ist für ihn kein Engel. Er ist ein Satan. Die Seiten 91–126 u.a. behandeln diese satanischen Eigenschaften des Engels.

Auf Seite 9 der Satanischen Verse lesen wir:

„Satan, zu einem vagabundierenden, rastlosen, unsteten Dasein verurteilt, kennt keine feste Bleibe; denn obgleich er, infolge seiner engelhaften Natur, über ein Reich zerfließender Wüstenei und Luft herrscht, so ist es doch gewißlich Teil seiner Strafe, daß er ohne jeden angestammten Ort oder Raum ist, der es ihm gestatten würde, seinen Fuß darauf ruhen zu lassen," aus: Daniel Defoe: The History of the Devil.

Das englische Original und die deutsche Übersetzung sprechen von einem Roman. Das englische Original betont aber, dies wäre ein Buch:

In this great wheel of a book, where the past and the future chase each other furiously, Salman Rushdi takes us on an epic journey, a journey of tears and laughter, of wonderful stories and astonishing flights of the imagination, a journey towards the evil and the good that lie inseparably entwined within the hearts of women and of men.

In der Tat handelt es sich hier um ein Satanisches Werk, in welchem Salman Rushdi die Geschichte des Propheten absichtlich entstellt, seine „Jünger" (Sahaba), seine Frauen und alle Muslime beleidigt.

Seine Beleidigung anderer Religionen, Rassen (außer seinen indischen Vorfahren!) ist nicht das Hauptziel dieses satanischen Werkes.

51

Damit der Leser weiß, worum es geht, muß ich einige Seiten der Satanischen Verse (aus der deutschen Übersetzung: Artikel 19 Verlag, 1989) hier festhalten: Die Umschlagseite:

„An einem Wintermorgen kurz vor Tagesanbruch, so um den ersten Januar herum, fielen zwei leibhaftige, ausgewachsene, quicklebendige Männer aus einer Höhe von achttausendachthundertvierzig Metern in Richtung Ärmelkanal, und zwar ohne Hilfsmittel wie Fallschirme oder Flügel, aus heiterem Himmel. Der Jumbo-Jet Bostan, Flug AI-420, explodierte ohne Vorwarnung hoch über der großen, verrotteten, wunderschönen, schneeweißen, hellerleuchteten Stadt. Das Flugzeug brach mitten entzwei, eine Schote, die ihre Samen, ein Ei, das sein Geheimnis preisgibt. Zwei Schauspieler, der tänzelnde Gibril und der zugeknöpfte, steife Mr. Saladin Chamcha, fielen wie Tabakkrümel aus einer zerbrochenen alten Zigarre. Hinabhinab wirbelten sie." Und nach diesem Salto mortale begleiten wir sie auf einer bizarren und abenteuerlichen Reise durch Raum und Zeit. Vom heißen, subtropischen Bombay ihrer Kindheit bis ins kalte, unmenschliche London der Gegenwart und wieder zurück nach Bombay, über wirkliche und phantastische Orte bis nach Jahilia (Mekka) zur Zeit Mohammeds, wo wir Zeugen einer geträumten Begegnung Gibrils mit dem Propheten werden. Gibril und Saladin treffen auf eine Vielzahl mythischer Gestalten, kämpfen mit guten und bösen Geistern, aber auch sehr handfesten Menschen unsere Zeit, lieben und hassen. In dem Roman „Die satanischen Verse" sind Realität und Fiktion mit überbordender Phantasie und grotesker Komik untrennbar miteinander verknüpft, konfrontiert uns Salman Rushdi mit einem sich ständig wandelnden Blick auf Gegenwart und Vergangenheit, mit dem Problem der Geschichte in uns selbst: „Es war so, und es war nicht so."

Dazu sagen wir:

Das Wort Jahilia (Dschahiliyya) bezeichnet weder einen Ort noch eine Stadt, im Gegenteil zu der Behauptung des Salman Rushdi „über wirkliche und phantastische Orte bis nach Jahilia (Mekka) zur Zeit Mohammeds."

Dieses Wort allein zeigt, daß Salman Rushdi entweder nicht weiß, was Jahilia bedeutet, oder daß er absichtlich alles, was islamisch ist, entstellt.

Das Wort Jahilia bedeutet: „Vorislamisches Heidentum", abgeleitet von Torheit, Rücksichtslosigkeit und Unwissenheit.

Die heutige Jahilia ist überall verbreitet – in islamischen und nichtislamischen Gesellschaften.

Wo die Dschahiliyya herrscht, herrscht auch kein Frieden. Das bedeutet aber nicht, daß die Dschahiliten keine Kultur hatten!

„Zur Zeit Muhammads erreichte die vorislamische Dichtung ihren Höhepunkt. Die verschiedenen Stämme und Familienverbände u. a. Heiden, Juden
und Christen hatten ihre eigenen kultischen und religiösen Bräuche. Bei ihren
jährlich zweimal erfolgenden großen Weidewechseln oder auf den Reisen mit den
Karawanen, wo sie als Schutztruppen oder als Lastenträger verdingt waren, pflegten sie ihre mündlich tradierten Dichtungen (welche die Schüler der 10. Klase in
jedem arabischen Land heute noch zum Teil auswendig kennen und verstehen:
Anm. des Verfassers). Die bisher wenig erforschte präislamische arabische Literatur und Dichtung ist in arabischer, aramäischer, syrischer oder griechischer
Sprache geschrieben. Latinismen und Graecismen sind spärlich und zeugen für
die Bedeutungslosigkeit der einstmaligen amtlichen Reichssprachen der Eroberer
für die nationale Kultur; inhaltlich ist der Hellenismus den Bewohnern der arabischen Halbinsel fremd geblieben. Das Bewußtsein der Araber wurde durch die
Opferpraxis der Stammestraditionen bestimmt. Eine die Stämme übergreifende,
allgemein anerkannte Tradition gab es nicht. Das Traumreich von Saba war ver-
schollen, und das himjaritische Königreich war ein förderalistischer Staatsver-
band mit weitgehender Autonomie der Regionen. Jeder Stamm versuchte, sich
und seine Interessen so gut wie möglich durchzusetzen. Ein friedliches Bild bot
ARABIA FELIX im 6. Jahrhundert, als Mohammed (richtig ist: Muhammad)
geboren wurde, nicht," (Walter Beltz: Die Mythen des Koran; Classen, 1980, Seite
22–23).

Der Name Saladin ist genauso sorgfältig verwendet wie die anderen Namen
dieses Werkes und natürlich mißbraucht worden.

Salman Rushdi weiß, daß Saladin die nichtislamische Bezeichnung des großen
Helden des Islam (Salahud-Din Al-Ayuubi) ist. Saladin (um 1138–März 1193) gilt als
wichtigster Befreier der arabisch-islamischen Welt von den Kreuzrittern Europas.

Laut dem Brockhaus-Lexikon war Saladin großmütig, freigiebig, tapfer und
von lauterer Gesinnung. Er genoß hohe Achtung bei Freund und Feind. Er war
ein frommer Muslim.

Dies, gewiß, paßt Herrn Salman Rushdi nicht; deshalb verspottet er Saladin
genauso wie die großen Helden des Islam.

Am Ende des Romanes (S. 534–544) bringt der Engel Gabriel sich um, bevor
Salahud-Din ihn erschießt:

„Der alte Gabriel glaubt nicht mehr an die arabischen Märchen (Religion
meint er), die seine Kindheit verdarben. Er ist jetzt ein Erwachsener:

Salahuddin dachte daran, wie Sisodia mit seinem erstaunlichen Talent für
zufällige Begegnungen (Gibril, als dieser in London auf die Straße rannte, Salahuddin selbst, als er vor einer offenen Flugzeugtür in Panik geriet, und jetzt
anscheinend Alleluia Cone in ihrer Hotellobby) schließlich zufällig dem Tod über

53

den Weg gelaufen war; und er dachte auch an Allie, die weniger glücklich gefallen war als er, als sie (statt ihres ersehnten Alleinaufstiegs auf den Everest) ihren schmachvollen, tödlichen Abstieg machte; und er dachte daran, wie er selbst wohl für seine Verse sterben würde, und daß es ihm nicht möglich war, das Todesurteil ungerecht zu nennen.

Es klopfte an der Tür. Aufmachen, Polizei. Kasturba hatte sie also doch gerufen.

Gibril nahm den Deckel von der wunderbaren Lampe Changez Chamchawalas und ließ ihn scheppernd zu Boden fallen.

Er hatte eine Waffe darin versteckt, dachte Salahuddin. „Passen Sie auf", schrie er. „Der Mann ist bewaffnet." Das Klopfen verstummte, und Gibril rieb jetzt mit der Hand an der Seite der Wunderlampe: einmal, zweimal, dreimal.

Der Revolver sprang heraus, in seine andere Hand.

Ein furchterregender Dschinn von ungeheuerlicher Gestalt erschien, erinnerte sich Salahuddin. „Was ist dein Wunsch? Ich bin der Sklave dessen, der die Lampe hält." Was für ein einschränkendes Ding eine Waffe ist, dachte Salahuddin und fühlte sich seltsam distanziert von den Ereignissen. – Wie Gibril, als die Krankheit kam. – Ja, wirklich; ein höchst einschränkendes Ding. Denn wie wenig Möglichkeiten es gab, jetzt, da Gibril der Bewaffnete war und er der Unbewaffnete; wie das Universum geschrumpft war! Die wahren Dschinns der alten Zeit hatten die Macht, das Tor zur Unendlichkeit zu öffnen, alle Wünsche Wirklichkeit werden zu lassen, jegliches Wunder in den Bereich des Möglichen zu stellen; wie banal war im Vergleich dazu dieser moderne Spuk, dieser abgewrackte Abkömmling mächtiger Ahnen, dieser schwächliche Sklave einer Lampe aus dem zwanzigsten Jahrhundert.

„Ich habe dir vor langer Zeit gesagt", sagte Gibril Farishta ruhig, „daß ich die Krankheit, wenn ich glaubte, daß sie nie von mir weichen wird, daß sie immer wiederkehren wird, nicht ertragen könnte." Dann, sehr schnell, bevor Salahuddin einen Finger rühren konnte, steckte sich Gibril den Lauf des Revolvers in den Mund; und drückte ab; und war frei.

Er stand am Fenster seiner Kindheit und blickte hinaus auf das Arabische Meer. Der Mond war fast voll; das Mondlicht, das von den Felsen von Scandal Point hinaus zum weiten Horizont reichte, schuf die Illusion eines silbernen Wegs, wie ein Scheitel im schimmernden Haar des Wassers, wie eine Straße zu sagenhaften Ländern. Er schüttelte den Kopf, konnte nicht länger an Märchen glauben. Die Kindheit war vorüber, und die Aussicht aus diesem Fenster war nicht mehr als ein altes, sentimentales Echo. Zum Teufel damit! Sollten doch die Bulldozer kommen. Wenn das Alte sich weigerte zu sterben, konnte das Neue nicht geboren werden.

„Komm", sagte Zeenat Vakils Stimme an seiner Schulter. Es schien, als erhielte er trotz seiner Vergehen, seiner Schwäche, seiner Schuld – trotz seiner Menschennatur – eine zweite Chance. Es gab keine Erklärung für sein Glück, soviel stand fest. Es war einfach da, faßte ihn am Ellbogen. „Zu mir", bot Zeeny an. „Machen wir, daß wir hier wegkommen."
„Ich komme", antwortete er ihr und kehrte der Aussicht den Rücken."

Auf den Seiten 97–98 sagt er über den Erzengel Gabriel:
„In den ersten Träumen sieht er die Anfänge, Schaitan wird aus dem Himmel gestoßen, greift nach einem Zweig des Allerhöchsten, des Lotusbaums am äußersten Ende, der unterhalb des Throns steht, Schaitan verfehlt ihn, fällt wie ein Stein, patsch. Aber er lebte weiter, war nicht tot, konnte nicht tot sein, sang aus tiefster Hölle seine leisen, verführerischen Lieder. Ach, die lieblichen Lieder, die er sang. Mit seinen Töchtern als teuflischem Hintergrundchor, ja, mit den dreien, Lat Manat Uzza, mutterlosen Mädchen, die mit ihrem Abba in Gelächter ausbrechen, sich hinter vorgehaltener Hand über Gibril lustig machen, was für einen Streich wir dir spielen werden, kichern sie, dir und diesem Geschäftsmann auf dem Hügel. Aber vor der Geschichte mit dem Geschäftsmann gibt es noch andere Geschichten, da ist er, der Erzengel Gibril und zeigt Hagar, der Ägypterin, die Quelle von Zamzam, damit sie, vom Propheten Ibrahim mit ihrem gemeinsamen Kind in der Wüste sitzengelassen, von der kühlen Quelle trinken kann und so am Leben bleibt. Und später, nachdem der Jurhum Zamzam mit Lehm und goldenen Gazellen zugeschüttet hat, so daß sie eine Weile nicht zu finden war, erscheint er wieder und zeigt sie jenem anderen, Muttalib von den Scharlachroten Zelten, Vater des Kindes mit dem Silberhaar, das seinerseits den Geschäftsmann zeugte. Der Geschäftsmann: da kommt er.
Manchmal, wenn er schläft, wird sich Gibril, ohne den Traum zu träumen, bewußt, daß er schläft, daß er sein eigenes Bewußtsein von seinem Traum träumt, und dann überfällt ihn Panik, O Gott, ruft er, O allgütiger Allahgott, jetzt hab' ich ausgespielt, ich Ärmster. Hab' nicht alle Tassen im Schrank, bin vollkommen verrückt, irrer Gesang, Affenklang. Genau das gleiche Gefühl, das er, der Geschäftsmann, hatte, als er den Erzengel zum ersten Mal sah: er dachte, er sei übergeschnappt, wollte sich von einem Felsen stürzen, von einem hohen Felsen, von einem Felsen, auf dem ein verkrüppelter Lotusbaum wuchs, einem Felsen, der so hoch war wie das Dach der Welt.
Er kommt: auf dem Weg zum Gipfel des Cone Mountain, zur Höhle.
Alles Gute zum Geburtstag: heute wird er vierundvierzig. Aber obwohl die Stadt hinter und unter ihm von Festivitäten wimmelt, steigt er hinauf, allein. Kein neuer Geburtstagsanzug, sauber gebügelt und zusammengelegt am Fußende sei-

nes Bettes. Ein Mann mit asketischen Neigungen. (Was für ein merkwürdiger Geschäftsmann ist das?)

Frage: Was ist das Gegenteil von Glaube?

Nicht Unglaube. Zu endgültig, gewiß, hermetisch. Selbst eine Art Glaube. Zweifel.

Die menschliche Befindlichkeit, aber wie steht es mit den Engeln? Haben sie je Zweifel gehegt auf halbem Weg zwischen Allahgott und Homosap? Durchaus: Eines Tages forderten sie den Willen Gottes heraus, versteckten sich murrend unter seinem Thron, wagten es, verbotene Fragen zu stellen: Antifragen. Ist es richtig, daß. Könnte man nicht einwenden, daß. Freiheit, das alte Antistreben. Selbstverständlich beschwichtigte er sie, unter Einsatz von Managementtalent à la Gott. Schmeichelte ihnen: ihr werdet das Werkzeug meines Willens auf Erden sein, der Erlösungsverdammung der Menschen, et cetera pp. Und Simsalabim, Einspruch Ende, die Heiligenscheine wieder aufgesetzt, zurück an die Arbeit. Engel sind leicht zu besänftigen; man macht sie zu Werkzeugen, und sie tanzen einem nach der Pfeife. Der Mensch ist da eine härtere Nuß, imstande, alles zu bezweifeln, sogar das, was er mit eigenen Augen sieht. Das, was hinter den eigenen Augen vor sich geht. Das, was hinter geschlossenen Glotzern ausgebrütet wird, wenn sie schwerlidrig zufallen. Engel haben nicht gerade einen eisernen Willen. Einen Willen haben, heißt widersprechen; sich nicht unterwerfen; anderer Meinung sein.

Ich weiß; hier spricht der Teufel. Schaitan fällt Gibril ins Wort.

Mir?"

Auf den nächsten Seiten sagt der von „Schönheit" reichlich beschenkte Salman Rushdi über den Propheten Muhammad und sein Aussehen folgendes:

„Der Geschäftsmann: sieht aus, wie er soll, hohe Stirn, Adlernase, breite Schultern, schmale Hüften. Nicht zu groß, nicht zu klein, nachdenklich, in zwei Bahnen einfachen Tuchs gekleidet, jede vier Ellen lang, eine um den Körper drapiert, die andere über die Schulter. Große Augen; lange Wimpern wie ein Mädchen. Seine Schritte mögen zu lang scheinen für seine Beine, aber er geht leichtfüßig. Waisenkinder lernen, ein bewegliches Ziel zu sein, entwickeln einen raschen Gang, schnelle Reaktionen, Paß-auf-was-du-sagst-Vorsicht. Hinauf durch Dornbüsche und Balsambäume steigt er, krabbelt über Felsblöcke, der Mann ist fit, kein dickwanstiger Wucherer, o nein. Und um es nochmals zu betonen: es muß ein seltsamer Geschäftswalla sein, der in die Wildnis abhaut, hinauf auf den Mount Cone, manchmal für einen ganzen Monat, nur um allein zu sein.

Sein Name: ein Traum-Name, verändert durch die Vision. Korrekt ausgesprochen, bedeutet er Der-für-den-man-Dank-sagen-soll, aber darauf reagiert er hier nicht; ebensowenig – obwohl er sich durchaus bewußt ist, wie man ihn nennt – auf seinen Spitznamen, den man ihm unten in Jahilia anhängt: Der-den-alten-Coney-rauf-und-runter steigt. Hier ist er weder Mahomed noch MoeHammered; hat statt dessen das Teufels-Etikett angenommen, das ihm die Farangis um den Hals hängten. Um Kränkungen in Stärke zu verwandeln, haben Whigs, Torys, Schwarze sich dazu entschlossen, stolz die Namen zu tragen, die ihnen voller Verachtung gegeben wurden; auf ebendiese Weise wird unser bergsteigender, prophetenberufener Einzelgänger zum mittelalterlichen Kinderschreck, zum Synonym für den Teufel werden: Mahound.

Das ist er. Mahound, der Geschäftsmann, wie er auf seinen heißen Berg im Hidschas steigt. Die Luftspiegelung einer Stadt schimmert unter ihm in der Sonne."

Wir brauchen nicht zu sagen, daß die Muslime zur Zeit Muhammads ihn nicht bildnerisch darstellen. Sein Aussehen ist für uns ohne Bedeutung.

Nicht ein einziger Koranvers beschrieb das Aussehen Muhammads. Salman Rushdi weiß aber anscheinend besser als die Zeitgenossen des Propheten, wie der Prophet aussah. Der Koran spricht von den Eigenschaften Muhammads genauso wie er von den guten Eigenschaften aller Propheten, die im Alten Testament entstellt sind, spricht.

Diese gute Eigenschaft, d.h. über andere Gutes zu berichten, hat der „Gelehrte" Salman Rushdi weder in Bombay noch in England lernen können.

Der schöne Name Muhammad (= der Hochgepriesene; der Lobenswerte) gefällt dem Herrn Salman Rushdi nicht. Er betont sogar, daß die Europäer (Farangis) Muhammad das Teufels-Etikett um den Hals gehängt hätten, deshalb heißt er bei Salman Rushdi nicht Muhammad.

Man merkt, daß dieser Salman Rushdi mit allen Mitteln versucht, die vergessenen Feindschaften zwischen dem Westen und den islamischen Ländern zu entfachen.

Wir dachten, daß die Welt heute andere Sorgen hat, oder daß die Menschen klüger geworden sind und die Lügen der Feinde des Islams nicht glauben, so daß ein solch billiger Roman auf Ablehnung stoßen würde. Haben wir uns geirrt?

Die Seiten 100–105 zeigen die Naivität und Unwissenheit des Salman Rushdi bezüglich der Darstellung des kulturellen, religiösen und wirtschaftlichen Lebens der Araber vor Muhammad.

Er hätte die arabischen Quellen oder die englischen – weil er das Arabische nicht versteht – lesen sollen, bevor er eine Reihe dummer Fehler macht.

Sein Roman zeigt nicht mal, daß er das Wesentliche über Muhammad (bzw. Mahomet) in den Arbeiten der nicht-islamischen Verfasser wie Sir William Muir,

Thomas Carlyle, Emile Dermenghem, Margoliouth, Nöldeke oder in der Encyclopaedia Britannica gelesen hat.

Auf den Seiten 105–107 sagt Salman Rushdi:

„Abu Simbel und der neuerdings schwitzende Baal sind bei den nebeneinanderstehenden Schreinen der drei in Jahilia beliebtesten Göttinnen angelangt. Sie verneigen sich vor allen dreien: Uzza mit dem strahlenden Antlitz, Göttin der Schönheit und Liebe; die dunkle, rätselhafte Manat – das Gesicht abgewandt, die Absichten geheimnisvoll – die Sand durch die Finger rinnen läßt; sie ist zuständig für das Schicksal, die Schicksalsgöttin; und schließlich die Höchste der drei, die Muttergöttin, die die Griechen Lato nannten. Ilat nennt man sie hier, oder häufiger, Al-Lat. Die Göttin. Schon ihr Name macht sie zu Allahs Gegenstück und stellt sie ihm gleich. Lat die Allmächtige. Mit plötzlich erleichtertem Ausdruck wirft sich Baal vor ihr auf den Boden. Abu Simbel bleibt stehen.

Die Familie des Grandes, Abu Simbel – oder, um genauer zu sein, die Familie seiner Frau Hind – überwacht den berühmten Tempel der Lat am Südtor der Stadt. (Sie kassiert auch die Einnahmen des Tempels der Manat am Osttor und des Tempels der Uzza im Norden.) Diese Privilegien bilden die Grundlage des Reichtums des Granden, daher ist er natürlich, so sieht es Baal, der Diener der Lat. Und des Satirikers Ergebenheit dieser Göttin gegenüber ist in Jahilia wohlbekannt. Das war es also, was er gemeint hat! Zitternd vor Erleichterung bleibt Baal zu den Füßen seiner Schutzpatronin liegen und dankt ihr. Diese blickt ihn gütig an; doch auf die Miene einer Göttin ist kein Verlaß. Baal hat einen schwerwiegenden Fehler begangen.

Ohne Vorwarnung tritt der Grande dem Dichter in die Nieren. In dem Augenblick angegriffen, da er sich sicher wähnt, schreit Baal auf, wälzt sich herum, und Abu Simbel folgt ihm und tritt weiter auf ihn ein. Man hört eine Rippe brechen. „Du lächerlicher Knilch", bemerkt der Grande mit weiterhin leiser und freundlicher Stimme, „fistelstimmiger Zuhälter mit winzigen Eiern. Hast du gedacht, der Herr über Lats Tempel würde sich als dein Freund bezeichnen nur wegen deiner pubertären Leidenschaft für sie?" Und weitere Tritte, regelmäßig, systematisch. Baal weint zu Abu Simbels Füßen. Das Haus des Schwarzen Steins ist beileibe nicht leer, aber wer würde sich zwischen den Granden und seinen Zorn stellen? Unvermittelt hockt sich Baals Peiniger hin, packt den Dichter an den Haaren, reißt seinen Kopf hoch und flüstert ihm ins Ohr: „Baal, sie war nicht die Herrin, die ich meinte", und daraufhin bricht Baal in gräßliches Heulen voll Selbstmitleid aus, weil er weiß, daß er sein Leben verwirkt hat, wo er doch noch so viel erreichen könnte, der arme Kerl. Der Grande streift mit den Lippen sein Ohr. „Stinkende Scheiße eines feigen Kamels", haucht Abu Simbel, „ich weiß, daß du meine Frau vögelst." Mit Interesse registrierte er, daß Baal eine nicht zu übersehende Erektion bekommen hat, ein ironisches Denkmal seiner Angst.

Abu Simbel, der gehörnte Grande, steht auf und befiehlt: „Auf die Beine", und Baal, verwirrt, folgt ihm ins Freie.

Die Gräber von Ismail und seiner Mutter Hagar, der Ägypterin, liegen an der Nordwestseite des Hauses des Schwarzen Steins, in einer von einer niedrigen Mauer umgebenen Einfriedung. Abu Simbel nähert sich diesem Bereich, bleibt ein wenig entfernt davon stehen. In der Einfriedung befindet sich eine kleine Gruppe von Männern. Der Wasserträger Khalid ist dabei und irgend so ein Tippelbruder aus Persien, der auf den ausländischen Namen Salman hört, und die Dreifaltigkeit des Abschaums wird vervollständigt durch den Sklaven Bilal, den Mahound freigekauft hat, ein riesiges schwarzes Monster mit einer Stimme, die seiner Größe entspricht. Die drei Müßiggänger sitzen auf der Mauer der Einfriedung. „Dieses Gesindel", sagt Abu Simbel. „Sie sind deine Zielscheibe. Schreibe über sie; und über ihren Anführer." Trotz seiner Angst kann Baal seine Ungläubigkeit nicht verbergen. „Grande, über diese Schafsköpfe – diese verdammten Hanswürste? Ihretwegen braucht Ihr Euch keine Sorgen zu machen. Was glaubt Ihr denn? Daß Mahounds einziger Gott Eure Tempel in den Bankrott treiben wird? Dreihundertsechzig gegen einen, und der eine soll gewinnen? Unmöglich." Er kichert, der Hysterie nahe. Abu Simbel bleibt ruhig: „Spar dir die Beleidigungen für deine Verse." Der kichernde Baal kann sich nicht bezähmen. „Eine Revolution von Wasserträgern, Einwanderern und Sklaven, ach, Grande. Da fürchte ich mich wirklich." Abu Simbel sieht den kichernden Dichter prüfend an. „Ja", antwortete er, „da hast du recht, du solltest dich fürchten. Mach dich bitte ans Schreiben, und ich erwarte, daß diese Verse dein Meisterstück werden." Baal sackt zusammen, jammert. „Aber, mein geringfügiges Talent an sie verschwenden." Er sieht, daß er zuviel gesagt hat.

„Tu, was ich dir sage", sind Abu Simbels letzte an ihn gerichtete Worte. „Du hast keine Wahl."

Die Götter oder die Göttinnen, die Salman Rushdi erwähnt, sind Allat, Al-Uzza und Manat. Die arabischen Quellen und der Koran selbst erwähnten diese Namen als Götter der Heiden, die Muhammad bekämpfte. Wie könnte eine dieser Göttinnen Tochter oder Mutter oder Frau Gottes sein, wo doch der Islam nur einen einzigen Gott kennt?

Das weiß inzwischen wohl jeder.

Laut Larousse World Mythology kannten die Griechen Allat oder Lat nicht. Laut dem Lexikon der Mythologie von Reinhold Sautner; Kiesel Verlag 1984, kennen die Griechen aber die Latona oder Leto:

„Leto griech. oder röm. Latona, Tochter des Titanen Koios und der Phoibe, eine freundliche und sanfte Göttin des Himmelsdunkels. Von Zeus geliebt, wurde sie die von den Griechen hochverehrte Mutter des Apollon und der Armis. Obgleich sie selbst von uralter göttlicher Abkunft war, sah sie sich doch dem grimmigsten Haß der Hera (Königin der Götter, eine Tochter des Kronos und der Rhea, die Schwester und Gemahlin des Zeus!) ausgesetzt," Seite 174–175.

Was hat dies mit Allah zu tun?

Vermutlich kann Salman Rushdi zwischen Tatsachen und Mythen tatsächlich nicht unterscheiden.

Warum findet er nicht auch griechische Göttinnen namens Uzza oder Manat?

Der wichtigste Name in diesem Roman ist der Name Baal. Baal ist der Dichter oder der Salman Rushdi selbst. Dieser Name ist nie als vorislamischer Dichter erwähnt worden.

Scheinbar versucht sich Salman Rushdi – erfolglos – in der Art des bekannten T.S. Eliot in seinem „sagenhaften" Gedicht „The Waste Land" (1922).

Der Unterschied zwischen beiden ist, daß Eliot „The Golden Bough" und Adonis, Attis und Osiris schöpferisch verwenden konnte. Er wußte außer Sir J. Frazer zahlreiche Elemente meisterhaft zu verwenden: Ezekiel; Tristan und Isolde; Baudelaire (Fleurs du Mal). Siehe: Notes on the Waste Land, Seite 76 in: The Complete Poems and Plays of T.S. Eliot; Book Club Associates London 1981.

Salman Rushdi wurde falsch beraten, indem er Baal und die anderen Figuren naiv mißbrauchte.

Wer ist eigentlich Baal?

Laut dem Lexikon der Mythologie von Reinhold Sautner:

„Baal (kleinasiat.) wörtlich der Herr, der höchste Herr der Welt, des Himmels König und Gebieter, der Sonnengott der Phönizier, Karthager, Babylonier und Syrer. Man ehrte ihn durch Menschenopfer, am längsten zu Karthago, wo die Römer seinen Dienst erst mit der Zerstörung der Stadt beenden konnten. Ein Hauptsitz der Anbetung war Tyros, dessen Einfluß zeitweilig auf die benachbarten Israeliten übergriff. Ohne Zweifel gleichbedeutend mit dem in Phönizien ebenfalls angebeteten Moloch wurde der Baal als ein stierköpfiger Riese dargestellt, den man aus Erz fertigte, der im Inneren aber hohl war und eine Öffnung in der Brust hatte. Wenn das Opfer stattfinden sollte, wurde das Standbild glühend gemacht, hierauf legte ein Priester in die vor die Brust gestreckten beiden Arme des Abgottes das dem Feuertod geweihte Kind. Umfangen von dem heißen Erz zuckte das hilflose Kleine hin und her, bis es infolge der eigenen Bewegung durch die Brustöffnung in den glühenden Bauch des Götzen hinabrollte. Gesänge der in Purpurgewänder gehüllten Priester begleiteten die Zeremonie. Die Mutter des Kindes mußte nicht nur zugegen sein, sondern auch in das freudige Festlied einstimmen," (Prof. Dr. Uta R.-H., Widerworte, S. 282–283).

Diesen grausamen Baal des Salman Rushdi kennt die arabische Kultur nicht. Er wird weder im Koran noch in der vorislamischen Dichtung, die ich studierte, erwähnt. Es handelt sich also um einen Gott anderer Völker.

Baal gab es sicherlich auch laut „Larousse: World Mythology, S. 50, 89–91 sowie Baal Hammon, S. 85, Baal des Karmel-Berges: 74, 89 und Baal des Sapon."

„Baal-Adon-Eschmun-Melkart ist zweifellos die interessanteste Figur der altorientalischen Mythologie. Er konnte sich nämlich – und das war ungewöhnlich – keineswegs gesicherter Unsterblichkeit erfreuen, sondern mußte jährlich einmal sterben und wieder auferstehen. Baals Geschichte provozierte eine üppige Ausgestaltung und, auf längere Frist, eine Abstrahierung, die schließlich nichts mehr übrig ließ als die Idee von einem Gott, der für die Menschen den Opfertod erleidet. Sie war von allen nicht-jüdischen mythologischen Schöpfungen des Ostens wahrscheinlich die folgenreichste und hat zweifellos auch den Boden vorbereitet, auf dem die Geschichte von Christi Tod und Wiederauferstehung gedeihen konnte.

Baal, das lag ja nahe, war denn auch der besondere Liebling der Phönizier, sowie er vorher schon bei den Kanaanäern eine überragende Rolle gespielt hatte. Er verdrängte seinen Vater El fast völlig oder verschmolz mit ihm. Man feierte ihn als Baal-Schamin, den Herrn des Himmels, Baal-Libanon, den Herrn des Gebirges, Baal-Rosch, den Herrn der Vorgebirge und, wie gesagt, als Melkart in Tyros, wo er allmählich auch zu einem Sonnengott avancierte," Gerhard Herm: Die Phönizier, Econ Verlag, 1973, Seite 156.

Laut Moderne Universal-Geschichte der Geheimwissenschaften, Band II, Seite 47 hat die Hölle Hierarchie:

„Baal ist der höchste Herrscher der Hölle. Er ist im Orient beheimatet. Er hat drei Köpfe, einen Kröten-, Menschen- und Katzenkopf. Seine Stimme ist rauh. Er ist Rechtsexperte und liebt Wortgefechte. Er verleiht dem Menschen Weisheit, kann ihn aber auch unsichtbar machen. Er befiehlt über sechsundsechzig Legionen Teufel."

Auf S. 164 sagt Gerhard Helm:

„Die libanesischen Bauersfrauen stehen noch heute auf der Seite Lukians. Sie schreiben dem Wasser (des Flusses: Nahr Ibrahim) heilende Kräfte zu und opfern dem Adonis gelegentlich geweihte Kerzen. Freilich nennen sie ihn nicht mehr bei seinem alten heidnischen Namen, sondern, wenn sie Christinnen sind, Sankt Georg und, wenn sie Mohammedanerinnen (er meint Musliminnen) sind, Al-Khadr. In beiden Heiligen lebt der Sohn der Aschera fort (Aschera war die Ehefrau Baals und hieß Aschera Yamm: Herrin der See).

Ein (christlicher) Kommunist der libanesischen Adonis-Gruppe sagt in einem Gedicht:

Verlierer ist derjenige, der Drei verkauft, um Einen zu bekommen.

Er meint mit drei: die Dreifaltigkeit.

Salman Rushdi sagt folgendes:

„Baal: Dreihundertsechzig (Götter) gegen einen (Allah), und der eine soll gewinnen? Abu Simbel (er meint Abu Sufyan) bleibt ruhig," Die Satanischen Verse S. 106.

Der Islam lehnt die Dreifaltigkeit ab. Salman Rushdi behauptet, daß Muhammad die Dreifaltigkeit auch in Kauf nehmen wollte, sonst hätte er den Erzengel Gabriel um seinen Rat gefragt. Dieses Märchen, welches nur in der kranken Fantasie eines Salman Rushdi existiert, ist auf Seite 115 der Satanischen Verse zu lesen:

„O Gott! O Gott! Mahound kommt zu mir um Offenbarung, verlangt von mir, mich zwischen Monotheismus und Henotheismus zu entscheiden, und ich bin nichts als ein idiotischer Schauspieler, der einen Bhaenchud-Alptraum hat, was zum Teufel weiß ich denn schon, yaaar, was soll ich sagen, Hilfe. Hilfe."

Auf den nächsten Seiten 116–117 widerspricht sich Salman Rushdi:

„Gibril bleibt still, weiß keine Antworten, um Himmels willen, Bhai, frag mich doch nicht. Mahounds Qualen sind schrecklich. Er fragt: Ist es möglich, daß sie Engel sind? Lat, Manat, Uzza kann ich sie engelsgleich nennen? Gibril, hast du Schwestern? Sind sie die Töchter Gottes? Und er geht mit sich ins Gericht: ach, eine Eitelkeit, ich bin ein hoffärtiger Mensch, ist es Schwäche, ist es nur der Wunsch nach Macht? Muß ich an mir wegen eines Sitzes im Rat Verrat begehen? Ist das vernünftig und weise oder ist es eitel und zeugt von Eigenliebe? Ich weiß nicht einmal, ob der Grande es ehrlich meint. Weiß er es denn? Womöglich nicht. Ich bin schwach und er ist stark, sein Angebot verleiht ihm viele Möglichkeiten, mich zu ruinieren. Aber ich habe auch viel zu gewinnen. Die Seelen der Stadt, der Welt, die sind doch gewiß drei Engel wert? Ist Allah so unbeugsam, daß er nicht weitere drei annehmen kann, um die Menschheit zu retten? – Ich weiß nichts. – Sollte Gott stolz oder demütig sein, majestätisch oder einfach, nachgiebig oder unnachgiebig? Was für eine Art Idee ist er? Was für eine Art bin ich?"

Auf der Seite 381 sagt Salman Rushdi über die Frauen des Propheten u. a.:

„Besonders in dieser Stadt, dachte Baal, vor allem in unserem sittenlosen Jahilia, wo die Frauen bunte Kleider trugen, bevor Mahound mit seinem Gesetzbuch aufkreuzte, und die Leute nur über Sex und Geld, Geld und Sex sprachen, und nicht nur sprachen.

Er sagte zu der jüngsten Hure: „Warum machst du dann nicht mit und spielst ihm was vor?" „Wem?" „Mussa. Wenn Aischa ihn so erregt, dann sei ihm doch seine private, persönliche Aischa." „Gottgott", sagte das Mädchen, „sag das nicht zu laut, sonst braten sie deine Eier in Butter."

Wieviele Frauen? Zwölf, und eine alte Dame. Längst verstorben. Wie viele Huren hinter dem „Vorhang"? Wiederum zwölf."

Auf Seiten 389–390 lesen wir:

„Der junge Kommandeur der Sittenpolizei, Umar, reagierte ziemlich gereizt und wütend, als er von dem Selbstmord der Bordellbesitzerin erfuhr. Die Eunuchen kamen den Frauen nicht zur Hilfe, als diese von den Soldaten zu Boden geworden wurden; bei den Eunuchen stand auch Baal, der mit der gefärbten Haut und den Gedichten. Kurz bevor die jüngste „Fotze" oder „Möse" gepackt wurde, gellte sie: Gemahl! Um Gottes willen, hilf uns doch, wenn du ein Mann bist. Baal richtete den Blick ins Leere, um sowohl Aischas funkelndem Blick als auch Umars zusammengekniffenen Augen auszuweichen. Ohne Warnung griff Umar ihm ans Geschlechtsteil und drückte zu. „Weil es nichts bringt", sagte er. „Gemahl, ja? Nicht schlecht."

Diese gemeinen Lügen des kranken Salman Rushdi verdienen keinen Kommentar.

Der französische Kardinal von Lyon Decourtray hat das Richtige getan, als er diesen schmutzigen Roman kritisierte (The Rushdi File, ICA-Fourth Estate, London 1989, Seite: 181–182).

Salman Rushdi kennt das Wort Frauen nicht, deshalb sagt er über die Frauen des Propheten auf Seite 389: „Den Fotzen soll der Prozeß gemacht werden."

Er sagt wörtlich auf Seite 381: „Wo kein Glaube ist, da gibt es auch keine Gotteslästerung."

Unter Gotteslästerung verstehen wir, laut Duden, die öffentliche Beleidigung, Herabsetzung und Beschimpfung Gottes.

Die Satanischen Verse haben mehr als das geleistet. Sie erregen Ekel.

Damit kann Salman Rushdi uns weder bereichern, noch überzeugen, daß er ein ernsthafter Schriftsteller ist, eher aber davon, daß er krank ist.

Naiv beschreibt er das Leben der Frauen des Muhammads. Sie hatten nach jedem Arbeitstag (Seite 379) das Vergnügen, ein schönes Leben auch als Lesbierinnen zu gestalten.

Es ist hier nicht notwendig zu betonen, daß Salman Rushdi lügt und jede ernsthafte, aufrichtige Frau dieser Welt beleidigt.

Er gehört sicherlich zu den Menschen, die aus jeder Schönheit eine Häßlichkeit machen wollen.

Ein gesunder Mensch bezeichnet den Honig als Honig!

Ein gesunder Mensch könnte auch sagen, daß Honig Blütennektar sei.

Ein Kranker, wie Salman Rushdi, wird den Honig als Bienenkot oder Erbrochenes bezeichnen.

Der Leser möge mir diesen Vergleich verzeihen, aber die Honigkenner lassen sich sicherlich nicht durch solche abstoßenden Entstellungen vom Genuß des Honigs abhalten.

Wenn der ganze Roman keine Gotteslästerung sein sollte, was sollen wir dann unter „Gotteslästerung" verstehen?
Respekt vor anderen Menschen beginnt zu Hause. Salman Rushdi kennt solchen Respekt vermutlich nicht. Nun ist es zu spät, ihm das beizubringen.
Herr Rushdi, der Große, ist in der Tat „A Fellow of the Royal Society of Literature". Ihm empfehlen wir deshalb, dieses englische Buch zu lesen:
„The life and times of Muhammad" by John Bagot Glubb (Glubb Pasha), Hodder and Stoughton, London 1970.
Der Verfasser ist ein Christ, der sehr lange unter Muslimen lebte. Es unterscheidet ihn vom Salman Rushdi, daß er kein Atheist war. Ich muß einige Seiten seines Buches hier erwähnen, damit der Leser weiß, was jener Christ sachlich schrieb. Selbst den Namen Muhammad schreibt er, im Gegensatz zu Rushdi, richtig.
Auf Seiten 7–9 erklärt das Vorwort, das wir hier als ein gutes Beispiel für eine subjektive Auseinandersetzung mit dem Islam in seiner vollen Länge zitieren wollen:

Introduction

In the preface to my book, The Great Arab Conquests, I complained of the lack of books on Arab history available to the English language reader, although the Arab Empire was half as big again as that of Rome and six hundred years nearer to us. The same objection cannot, however, be raised on the subject of the life of Muhammad. Many biographies of the Prophet have appeared in European languages, English, French, German, Italian and others. In adding to the number of these Lives, therefore, I need some better excuse than the absence of other works on the subject.

Such an excuse seems to be all the more essential in that the existing biographies are nearly all the works of learned professors with whose erudition I make no claim to compete. I venture, however, to suggest that men as learned as they were may be too erudite for the general public. Scholars tend to write for scholars and perhaps to look with some condescension on mere „popularisers". Yet today, the general non-technical public are expected to exercise a measure of control over public affairs. It has, therefore, been my object to write a readable book, from which the average educated man or woman can obtain a working knowledge of the subject. I have accordingly economised on learned footnotes and scholarly discussions.

Secondly, it is obvious that no man can devote a lifetime to learned studies and, at the same time, live in intimate contact with the daily life of illiterate tribesmen in the desert. Until I was fiftynine years old, my life was spent, mostly out-of-doors, in practical activities in the Arab countries. It was beyond my powers to begin at sixty and overtake the scholars whose whole lives had been dedicated to learning.

But although the history of the past has come down to us in books, the most difficult task in the writing of history is not to unearth the „facts" from the volumes in which they are recorded. The most difficult part, in my humble experience, is to place oneself in the mental and spiritual atmosphere of the country and the period of which one is writing.

Now in this respect, the historian of the age of Muhammad is peculiarly fortunate. When we write of ancient Greece or Rome or even of mediaeval Europe, we are limited for our knowledge to the surviving documents. There are no Greek city-states, Roman senates or midiaeval knights in shining armour, whom we can interview to ascertain their opinions. But in the deserts of Arabia, the bedouins have survived into the twentieth century almost as they existed two thousand years ago. The most overwhelming impression I have received from reading the earliest accounts of the events in the original Arabic is that the people there depicted are exactly the men among whom I lived for so many years. I hope, therefore, that my lack of erudition may, to some extent at least, be compensated by my extraordinary good fortune in having lived among the people I endeavour to describe, and in whom thirteen centuries of time had wrought so few changes.

I say advisedly „had" in place of „have", for modern means of transport and the discovery of oil in Arabia have, in the last twentyfive years, shattered this old nomadic world. The student of the future, wafted in an hour or two from London, Moscow or New York to the heart of the Arabian peninsula will no longer find himself carried back to the pre-Islamic tribal world. The mental and spiritual atmosphere, so marvellously preserved for thirteen centuries, will have vanished beyond recall.

One other subject deserves mention before our story can begin. Muhammad was the founder of the Muslim religon which, for one thousand three hundred years, has been regarded as the enemy of Christianity. The enmity, incidentally, has been largely due to political rivalries, not to religious or theological differences, for Islam is closely related to Christianity. These religious prejudices have distorred nearly all the biographies of Muhammad. Western authors even if not themselves very religious, have nevertheless unconsciously inherited the violent prejudices against Muslims which have become embedded in European culture. Muslim writers, on the other hand, lashed into fury by the bitter criticisms directed against the Prophet by old-fashioned Western writers, have responded in no less vitriolic terms. The result has been not only completely to distort the historical picture but also to increase the hatreds which divide differing races and cultures, now being daily brought into ever-closer contact with one another.

I am a Christian. But I have lived more than half my life among Muslims, sometimes entirely among them with no Christians anywhere near. I know that Islam can produce fine men, and even saints, and that the „image" of Muslims entertained by most people in the West is completely untrue. Yet I have never been tempted to become a Muslim myself.

Modern science has achieved many wonders. Among other things, it has so explored the vastness of space that we are told that our world, in the visible universe alone, is no more than a speck of dust floating in Waterloo station in London. And no one knows how far the universe extends beyond the point which our telescopes can see.

Mediaeval man thought that the Earth was the centre of the Universe and that man was the lord of the earth. He had some reason to be proud. But now that we know that our Earth is but a tiny speck of dust, what pride can be left? Yet, in all history, few if any communities have been more arrogant than we are. Invisible animalcula on a speck of dust, we announce our indifference too, and contempt for the Creator of the Universe. Poor, poor little fellows! Of all the insane forms which human conceit can assume, the most ridiculous and pathetic must surely be that we alone are on familiar terms with the Almighty. The argument is presumably simple. „I think this or that. God must be a reasonable Being and, therefore, He must obviously agree with me. Consequently, any human being who disagrees with me must be an enemy of God," (I hope the reader will not think such language blasphemous. It is, on the contrary, intended to emphasise the immensity of God and the absurdity of man.).

My position, therefore, ist that I am happy to be a Christian, but I have also loved Muslims. Certainly, I do not consider myself entitled to assume the rule of God and to pass judgement on other men. I have tried to odescribe the Arabs as I knew them, without passing moral judgements on them, a task for which I am unfit. We have the command on The Highest Authority, „Judge not, that ye be not judged".

Mit einem Nachwort auf den Seiten 399–402 beendet Sir John Bagot Glubb sein Buch „The Life and Time of Muhammad" wie folgt:

Epilogue

The endless fighting and jealousy between the three great related religions – Judaism, Christianity and Islam – must surely be one of the greatest tragedies of human history. Judaism was the first world monotheism and hence contains few recommendations to respect other faiths. But Christianity claims to be the religion of love and Islam contains many injunctions in favour of Jews and Christians.

We must here distinguish once again between those few members of any religious group who really try to carry out the precepts of their faith and the vast majority who are Jews, Christians or Muslims in name only, but who pursue worldly aims and are swayed by human passions.

Pride is perhaps the human failing which has caused the most damage in history. For the rivalry between Muslims, Christians and Jews has been almost entirely due to human vanity rather than to genuine theological differences. For what can any of us understand of the immensity of God which could possibly justify us in killing, torturing or burning alive persons who hold a slightly different theory? Rather we gratify our own pride when we persuade ourselves that we alone possess the truth and that all the rest of the human race is in error.

It is difficult to avoid the impression that it was the Muslims who were the originators of wars of religion, although that was not their intention. It is interesting to speculate whether the decision of the Emigrants in Medina to attack Quraish caravans was not the origin of all religious wars. The ancient Greeks, the Romans and the Persians do not appear to have considered religious differences to be a cause for war. It is true that they sometimes persecuted religious communities within their own dominions, but these attempts at repression were normally caused by the belief that the sect in question was disloyal to the state.

In 633, however, the Arabs deliberately invaded the empires of Byzantium and Persia, fired with enthusiasm by the preaching of the Messenger of God. It is true that, when they conquered one country after another, they did not try to compel the Jews, the Christians or the Zoroastrians to become Muslims. Nevertheless, it was undoubtedly in the name of Islam that they set out to conquer the world. As a direct consequence of this fact, the counter-attack which came three centuries later was carried out in the name of Christianity, regardless of the fact that to love their enemies and not to return evil for evil were among the basic duties enjoined on Christians.

Nor only so, but in the Crusades the Christians were, at the beginning at least, more violent and brutal than the Muslims. This fact, however, cannot justly be ascribed to their respective religions but to the fact that the West European Christians were semi-barbarians, whereas the Muslims were in general members of an ancient civilisation. So many factors affect these historical movements that great care is needed to separate the many different causes involved.

Whether the Muslim-Christian religious wars were the cause of the subsequent inter-Christian religious wars is open to argument. The ancients suppressed religious sects which they believed to be subversive to the control of the government. The brutal repression of the Albigenses in the south of France in the thirteenth century was encouraged by the Pope because they were heretics, and by the King of France because they resisted his authority. In the same way, the Spanish persecution of the Protestants in the Netherlands was simultaneously religious and political.

In our own times, the rivalry between the Soviet Union and the United States partakes of the same dual nature. Partly ideological – capitalism against communism – it is also due to the national jealousies of the two Great Powers.

These unhappy political rivalries have left a deep rift of misunderstanding between Islam and Christianity. This is particularly true in the West. In the Middle East, indigenous Christian communities have survived in the midst of the Muslims, who have consequently never been so prejudiced against Christians as the Western nations were against Islam. In Western Europe and North America, the majority of the general public have a vague idea that Muslims are „just heathen", although they recognise a religious kinship with Judaism. In fact, ironically enough, Islam is nearer to Christianity than is Judaism.

I have already stated that I spent more than half my life entirely surrounded by Muslims. I frequently engaged in religious or semi-religious conversation with Muslims, as is inevitable for anyone living among Arabs, who constantly have the name of God upon their lips. Between us, we often accepted, rejected or advocated a certain course of action on the grounds that it would be acceptable or inacceptable to God. We were thus continually able to agree on the moral duties incumbent upon us.

In achieving this degree of religious co-operation, we discovered that nine-tenths of our religious obligations were identical. We would, of course, have difered, if we had attempted intellectual, theological definitions, but as none of us are able with our human brains to understand God, there did not appear to be anything to be gained by quarrelling over such a subject.

It always seemed to me to be an error to commence a discussion with Muslims by arguing about dogmatic differences. Both sides immediately champion their own beliefs, and anger and resentment inevitably flare up, resulting in increasing hostility and estrangement. Few missionaries I have known follow the example of Charles de Foucauld who held that we must first of all prove the superiority of our religion by the quality of our lives.

Some idea of the mixed origins of our ways of thought can be obtained by the realisation that the rather supercilious attitude of Western Christians towards Muslims seems to date from the industrial revolution. Before then there was plenty of hatred but less arrogance. It was during the Victorian age that the idea became general in the West that Islam inevitably led to poverty, backwardness and stagnation. The advocates of this theory enjoyed the comfortable feeling of superiority which they derived from it. Unfortunately, however, they were ignorant of history and were unaware that, for seven centuries after the preaching of Islam, Muslim countries were far in adance of Western Christendom in wealth, culture and power. In the ensuing seven hundred years, their relative positions have been reversed. The Western Christian nations have forged as far ahead of the Muslim countries as the latter were formerly in advance of Europe. These are the normal rotations of the rise and fall of cultures and empires, which have been repeated again and again throughout history.

Even as children the belief that only Christians would be saved and all others condemned seemed to us unjust. It might be plausible enough in the case of those who had been instructed in Christianity and had then rejected it, but how could it be justified in the case oft those who had never heard of it? The Messenger of God, of course, had taken the same stand, when he announced that the idolatrous ancesters of Quraish, to whom monotheism hat never been preached, were nevertheless already burning in hell. I cannot help suspecting, as on old priest recently said to me in another context, „the good God is more broad-minded".

I am an ignorant person, quite untrained in theology. My long residence among Muslims has nevertheless convinced me that all persons who believe in God are trying to follow the same road. The differences in the methods they employ are principally due to the culture which they have inherited or the instruction which they received as children. If God is love, it does not seem, to our feeble intellects at least, that he would condemn to punishment persons who had never heard of a better way of life than that which they follow.

If we Christians believe that we are more nearly executing the will of God than are the adherents of other religions, it must surely be our duty to lead such lives as will draw all men of good will to ask the reason for our goodness. To treat them with arrogant contempt is more likely to convince them that ours is an intolerant and hard-hearted way of life."

Salman Rushdi spricht von Aischa als Kahina (S. 234 der Sat. V). Den Propheten Muhammad bezeichnet er u. a. auch als Kahin.

Das Wort Kahin kommt im Koran zweimal vor; so spricht Gott zu dem Propheten:

„Du bist ja dank der Gnade deines Herrn weder ein Kahin (d. h. Wahrsager) noch besessen," Sura 52, Vers 29;

„Er (d. h. der Koran) ist sicherlich nicht das Wort eines Wahrsagers," Sura 69, Vers 42.

Diese zwei Verse betonen, daß der Koran das Wort Gottes ist, weil die Ungläubigen behaupteten, Muhammad habe als Kahin gesprochen.

Die Ungläubigen bezeichneten den Propheten u. a. als Kahin, jedoch hat kein Mensch außer Salman Rushdi Aischa als Kahina bezeichnet.

Kahin bedeutet Wahrsager, Priester und auch falscher Prophet.

Vor dem Islam spielten die Wahrsagungen und die Aussprüche solcher Wahrsager eine Rolle im Leben der Araber. Der Islam bekämpfte diese Wahrsagerei.

Die Aussprüche der Wahrsager waren meistens (oder immer) kurze Reime oder rhythmische Reimprosa.

Die meisten Verse des Korans sind gereimt, daher meinten die Ungläubigen, sie seien Aussprüche eines Wahrsagers.

Der Inhalt der Koranverse allein zeigt, daß sie weder von einem Wahrsager, noch von einem Teufel stammen können. Als Beispiel für die rhythmische Reimprosa nennen wir Sura 112 aus dem Heiligen Qur'ān:

Qul Huwallāhu Ahad: d.h.: Sprich: Er ist Allah der Einzige

Allahussamad: Allah der Ewige (der Unabhängige).

Lam Yalid walam Yulad: Er zeugte nicht und wurde nicht gezeugt.

Walam Yakun Lahu Kufuwan Ahad: Und niemand ist Ihm ebenbürtig.

Die Ungläubigen bezeichneten solche Suren als Rede eines Wahrsagers, und dasselbe tut Salman Rushdi.

Es ist kaum anzunehmen, daß der Teufel den Menschen sagen würde: „Gott ist der Einzige, der Ewige" usw.

Nach Salman Rushdi gibt es allerdings keinen Gott. Auf Seite 354 sagt er: „. . . Nein! Er (d.h. Gabriel) schwebte über Parklandschaften und brüllte, schreckte die Vögel auf. Schluß mit diesen (von England bewirkten) Unklarheiten, diesem biblisch-satanischen Durcheinander! Klarheit, Klarheit, Klarheit um jeden Preis! Schaitan stand für die Dunkelheit, Gibril für das Licht. Weg, weg mit diesem sentimentalen Zeug: sich finden, einander in die Arme schließen, lieben. Finden und vernichten: basta. Was blieb nun von diesem moralfürchtenden Gott? Wo war er zu finden? – Nur dort unten, in englischen Herzen. Die er (Gabriel) gekommen war zu wandeln. Abrakadabra! Hokuspokus!"

Der Qur'ān bestätigt, daß die Ungläubigen, die behaupten, der Koran sei nicht von Gott, Lügner sind.

Seit Muhammad besteht immer noch die Herausforderung, daß keiner eine Sure vollbringen kann. Wäre der Koran Muhammads Wort, dann hätten ja die großen Dichter der Araber zur Zeit Muhammads und nach ihm, vor allem die Nichtmuslime, genau das vollbringen können.

Die Bestätigung des Korans findet man z.B. in Sura 52:29, 69:42, 21:5, 37:36, 52:30, 69:46 u.a.

In Sura 69:41–52 steht:

Er (der Koran) ist nicht die Aussage eines Dichters; wenig ist es, was ihr glaubt. Noch ist er die Aussage eines Kahins (Wahrsagers); wenig ist es, was ihr bedenkt. „Er ist eine Offenbarung vom Herrn der Welten. Und hätte er (d.h. Muhammad) irgendwelche Aussprüche in unserem Namen ersonnen, wir hätten ihn gewiß an der Rechten gefaßt und ihm dann die Herzader durchgeschnitten. Und keiner von euch könnte uns von ihm (und dieser seiner Bestrafung) zurückhalten. Und er (der Koran) ist eine Ermahnung für die Gottesfürchtigen. Und wir wissen, daß Leute unter euch Leugner sind. Und er (der Koran) ist für die Ungläubigen (Anlaß zu schmerzlichem) Bedauern. Und fürwahr, er ist die Wahrheit selbst. Darum preise den Namen deines Herrn, des Allmächtigen."

Sagt ein Atheist, der Koran ist für mich kein Beweis, dann sagen wir: „Warum haben die Ungläubigen damals den Propheten nicht ermordet und ihm die Herzader durchgeschnitten, damit sie beweisen, er habe den Koran ersonnen?"

Salman Rushdi behauptet, daß der beleidigte Salman Al-Farissi viele Verse ersonnen bzw. entstellt hat. Später mußte er deshalb fliehen.

Dies allein zeigt und entlarvt die Ignoranz des Verfassers; denn: Wäre Muhammad, wie er behauptet, ein Kahin (Wahrsager) gewesen, dann hätte er es nie erlaubt, daß jemand seine kurzen gereimten Aussprüche verfälscht. Er hätte als Wahrsager wohl jede Fälschung merken müssen.

Ein Wahrsager hat nie Schreiber gehabt, welche seine Aussprüche festhielten.

Salman Rushdi betont, Salman Al-Farissi war beleidigt und wütend, weil der Koran von seinen großen Taten für den Islam nicht berichtete.

Dann müßte der Koran wohl die Namen der großen Sahaba (Schüler und Gefährten des Propheten) auch erwähnen, was aber nicht der Fall ist.

Der Koran (Sura 26, Verse 63–65) berichtet über Moses und die Israeliten, und wie Moses das Meer mit seinem Stab teilte.

Über Moses und diese Wunder Gottes macht sich Salman Rushdi lustig. Auf Seite 239 sagt er:

„Es ist der Wille des Engels (Gabriel), daß wir alle, Männer, Frauen und Kinder im Dorf, uns sofort auf eine Pilgerreise vorbereiten.

Osman der Clown, der Konvertit, dem sein neuer Glaube nicht mehrt als ein paar Schluck Wasser bedeutet hatte, ergriff das Wort: „Von hier bis zum Meer sind es fast zweihundert Meilen. Wie könnten wir da gehen?" „Gott wird uns die Kraft geben", erwiderte Aischa gelassen. Osman sagte: „Vielleicht wird der Engel uns Flügel wachsen lassen, damit wir fliegen können?" Darauf fielen viele Dorfbewohner über den Gotteslästerer Osman her. „Auch das hat der Engel erklärt", sagte sie leise. „Wir werden zweihundert Meilen (bis zum Ozean) gehen, und wenn wir das Meerufer erreichen, werden wir unsere Füße in den Schaum setzen, und die Wasser werden sich für uns öffnen. Die Wellen werden geteilt werden, und wir werden über den Meeresgrund nach Mekka gehen."

Verfälschung der Texte:

Den Leser wird es sicherlich langweilen, wenn wir alle jene Fälschungen richtigstellen. Das ist uns selbst langweilig genug. Wir begnügen uns mit dem folgenden Beispiel:

Es handelt sich um ein Lied aus fünf Versen, welches die Frauen Mekkas unter der Leitung der Hind sangen, damit ihre Krieger die Muslime besiegen und sich für die Niederlage der Mekkaner bei der Schlacht von Badr (624 n. Chr.) rächen.

Das Lied lautet:

Nahnu Banātu Tāriq: Wir sind die Töchter des Tariqs
   In tuqbiluu nu ʿāniq: Geht ihr mutig heran, umarmen wir (euch)
    Wa nafrischunnamāriq: Und bereiten euch ein Freudenmahl
   Au tudbiru nufāriq: Flieht ihr, verlassen wir (euch)
   Firaqa ghairi Wāmiq: Ohne euch nachzutrauern

Die schöne Übersetzung dieses Liedes bei Sir J.B. Glubb lautet:

„Daughters of Tariq fair are we,
   Advance – we'll give our kisses free,

   Our parfumed beds will ready be,
   But we'll desert you if you flee;
   Our love for braver men will be."

Die Übersetzung des Salman Rushdi lautet (englisches Original):

Advance and we embrace you,
   embrace you, embrace you,
   advance and we embrace you
   and soft carpets spread.

Turn back and we desert you,
   we leave you, we desert you,
   retreat and we'll not love you,
   not in love's bed.

Deutsche Ausgabe:

Rückt vor, und wir umarmen euch,
   umarmen euch, umarmen euch,
   rückt vor, und wir umarmen euch
   im weichen Licht.

Flieht, und wir verlassen euch,
   weicht zurück, und wir hassen euch
   und lieben euch nicht.

Die falsche Übersetzung des Salman Rushdi zeigt, welchen Unterschied es zwischen Sir J.B. Glubb und ihm gibt.

Er ist nicht mal in der Lage, ein Liedchen richtig zu übersetzen. Wie könnte er den arabischen Text des Koran dann verstehen, wenn er das kleine, einfache Gedicht aus jener Zeit nicht versteht?

Dem Gedicht gegenüber ist er noch dazu untreu.

Dieses Lied wurde, wie gesagt, im Krieg zwischen den Mekkanern und den Muslimen gesungen.

Salman Rushdi entstellt die Lage und macht dabei viele Fehler. Dagegen steht die Schilderung des Engländers Sir J.B. Glubb:

Er sagt auf den Seiten 206–210 (hier im englischen Original):

„It was the custom of the Arabs to take women into battle, their duty being to sing, to recite poetry and to inflame the courage of the combatants. Abu Sofian brought with him his wife Hind, the doughter of Utba ibn Rabia, who had been killed in single combat at Badr by Hamza, the Apostle's uncle. Hind was intent on avenging the death of her father by killing Hamza. For this purpose, she had hired an Abyssinian slave called Wahshi, who was promised his freedom if he succeeded. He was famour as a javelin thrower, a skill apparently especially cultivated by the Abyssinians.

At the two sides drew near to one another, the women of Quraish (Mekka) formed up behind the fighting line singing:

„Daughters of Tariq fair are we-Advance we'll give our kisses free." Wahshi himself tells us what ensued. „By God", he used to say afterwards, „I was watching Hamza while he was killing man after man with his sword, sparing no one. I made towards him, hiding behind bushes and rocks in order to get near to him. I poised my javelin until I was sure of my aim and then threw it. It entered the lower part of his body and came out between his legs. He staggered forward and collapsed. I recovered my javelin and returned to the bivouac, as I had no further job to perform. When we returned to Mecca, I was freed from slavery." The battle was over. Finding the body of Hamza, Hind cut out the liver of Hamza and tried to chew it, but spat it out. Her attempt was a relict of animism many thousands of years old, according to which those who ate the liver of some great hero inherited his courage.

Abu Sofian, the Meccan leader, asked Umar: „I adjure you by God. Have we killed Muhammad?" „By God, you have not", replied Umar stoutly. „He can hear you speaking."

Turning away, Abu Sofian called back once more, „Some of your dead are mutilated. I did not order it. We will meet again next year at Badr." Quraish, having stripped the dead off their weapons, moved away to their bivouac and began to saddle their camels and horses."

Die Darstellung von Sir John Bagot Glubb ist sachlich und entspricht der historischen Wahrheit.

Lächerlich, unsachlich und krankhaft ist die Darstellung dieser Schlacht bei Herrn Salman Rushdi. Sie entspricht nur seiner kranken Fantasie:

Nach ihm bzw. nach seinem Roman war Muhammad sogar während der Schlacht bei seiner Feindin Hind (die Frau des Abu Sufyan: Oberhaupt der Mekkaner) in einem (ihrem) Bett. Die Bettwäsche war sogar aus Seide, und er betrunken.

Jeder Muslim weiß, daß sich der Prophet weder Seide noch Gold gestattete. Außerdem hat er weder getrunken, noch erlaubte er es.

Lassen wir uns aber von Herrn Salman Rushdi belehren:

„Es ist die letzte Nacht der Feierlichkeiten zu Ehren Ibrahims. Jahilia ist ganz Maskerade und Tollheit. Die fetten, geölten Leiber der Ringer haben ihre Verrenkungen beendet, und die sieben Gedichte sind an die Wände des Hauses des Schwarzen Steins genagelt worden. Jetzt treten singende Huren an die Stelle der Dichter, und auch tanzende Huren, mit ebenfalls geölten Leibern, sind am Werk.

Es war eine Nacht der Masken. In den verkommenen Straßen von Jahilia hat Hamza, das Herz voller Galle, Männer und Frauen, verkleidet als Adler, Schakale, Pferde, Greife, Salamander, Warzenschweine, Vögel Rok gesehen.

Der Prophet erwacht zwischen seidenen Laken, mit schrecklichen Kopfschmerzen, in einem Zimmer, das er nie zuvor gesehen hat. Vor dem Fenster steht die Sonne fast in ihrem mörderischen Zenit, und von der Weiße hebt sich eine große Gestalt in einem schwarzen Mantel mit Kapuze ab, die leise mit kräftiger, tiefer Stimme singt. Das Lied ist dasjenige, das die Frauen von Jahilia im Chor singen, wenn sie die Männer trommelnd zum Krieg rufen:

Rück vor, und wir umarmen euch, umarmen euch, rückt vor, und wir . . .

Er erkennt Hinds Stimme, setzt sich auf und merkt, daß er unter dem sanften Laken nackt ist. Er ruft ihr zu: „Bin ich überfallen worden?" Hind wendet sich ihm zu und lächelt das Lächeln der Hind. „Überfallen?" ahmt sie nach und klatscht in die Hände, um das Frühstück kommen zu lassen. Lakaien treten ein, stellen ab, tragen auf, servieren ab, trippeln davon. Mahound wird in ein schwarz-goldenes Gewand geholfen; übertrieben wendet Hind die Augen von ihm ab. „Mein Kopf", fragt er nochmals. „Habe ich einen Schlag bekommen?" Sie steht am Fenster, mit gesenktem Haupt, spielt die sittsame Frau. „Ach, Verkünder, Verkünder", verspottet sie ihn. „Was für ein ungalanter Verkünder er doch ist. Könntet Ihr nicht absichtlich in mein Zimmer gekommen sein, aus eigenem Antrieb? Nein, natürlich nicht, ich bin sicher abstoßend für Euch." Er hat keine Lust, sich auf ihr Spiel einzulassen. „Bin ich ein Gefangener?" fragt er, und wieder lacht sie ihn aus. „Seid kein Dummkopf," (Die Satanischen Verse S. 122–125).

Sie war Hind, die, als Mann verkleidet, in das Heer von Jahilia eingetreten war, sich mit Zauberei vor Speeren und Schwertern zu schützen gewußt und im wildesten Kriegsgetümmel den Mörder ihrer Brüder ausfindig gemacht hatte. Hind, die den Onkel des Propheten schlachtete und Leber und Herz des alten Hamza verzehrte," S. 363.

Der Leser braucht nur diese erfundene Darstellung der Schlacht mit der Darstellung von Sir J.B. Glubb zu vergleichen, um zu wissen, daß Salman Rushdi nicht nur ein Lästerer ist.

Die Verworrenheit des Salman Rushdi wird auch noch auf den folgenden Seiten klar.

Nur Sex und Leere beherrschen seinen Roman neben der Unsachlichkeit und dem blinden Haß.

Über Hind schreibt er auf Seite 363 weiter:

„Wer vermochte ihr zu widerstehen? Die Leute verziehen ihr, wegen ihrer ewigen Jugend, die auch die ihre war, wegen ihrer Unbändigkeit, die ihnen die Illusion von Unbesiegbarkeit bescherte, und wegen ihrer Bullen, in denen die Zeit, die Geschichte, das Alter geleugnet wurden, die den ungetrübten Glanz der Stadt besangen und dem Dreck und der Hinfälligkeit der Straßen trotzten, die auf Größe beharrten, auf Führertum, auf Unsterblichkeit, auf dem Status der Jahilier als den Hütern des Göttlichen. Wegen dieser Schriften verziehen ihr die Leute ihre Promiskuität, sie drückten ein Auge zu, wenn berichtet wurde, Hind sei an ihrem Geburtstag in Smaragden aufgewogen worden, sie nahmen Gerüchte und Orgien nicht zur Kenntnis, sie lachten, wenn sie vom Umfang ihrer Garderobe hörten, von den fünfhunderteinundachtzig goldgewirkten Nachtgewändern, von den vierhundertzwanzig Paar rubingeschmückten Pantoffeln. Die Bürger von Jahilia schleppten sich durch die immer gefährlicheren Straßen, in denen Morde für ein paar Münzen an der Tagesordnung waren, in denen alte Frauen vergewaltigt und rituell hingeschlachtet wurden, in denen Hinds private Polizeitruppe, das Mantikorps, die Aufstände der Hungernden brutal niederschlug, und obwohl ihre Augen sahen, ihre Bäuche und ihre Brieftaschen eine deutliche Sprache sprachen, glaubten sie, was Hind ihnen einflüsterte: Herrsche, Jahilia, Zierde der Welt.

Natürlich nicht alle. Zum Beispiel Baal. Der seinen Blick von öffentlichen Angelegenheiten abwandte und Gedichte über unerwiderte Liebe schrieb.

Er kaute an einem weißen Rettich, als er bei seinem Haus anlangte und durch einen dunklen Torbogen in der zerfallenen Maurer trat. Er stand in einem kleinen, nach Urin stinkenden Hof voller Federn, Gemüseresten, Blut. Kein Zeichen menschlichen Lebens: nur Fliegen, Schatten, Angst. Man mußte auf der Hut sein, heutzutage.

Eine Sekte mörderischer Haschaschine machte die Stadt unsicher."

Es ist hier zu bemerken, daß Salman Rushdi die Assassinen (Haschaschin) als arabische Mörder mit den arabischen Terroristen unserer Zeit verbindet. Es gibt keinen Zusammenhang zwischen den gehaßten Terroristen unserer Zeit und den ebenfalls gehaßten Terroristen, die vor achthundert Jahren Angst und Schrecken verbreiteten.

Es ist aber zu erwähnen, daß Bruno Meck in seinem interessanten Buch: Die Assassinen, Econ Verlag 1981, sagt:

„. . . Die ismailitische Nizari-Sekte, genannt die Assassinen, mordeten aus Glaubensgrundsätzen, aus reinem Haß, aber auch für Geld und auf Bestellung. Wo immer es galt, die Geschichte durch einen Mord zu korrigieren, hatten Assassinen die Hand im Spiel. In erschreckender Perfektion jagten sie damals die Großen der damaligen Welt.

Die Kreuzritter, besonders der Templer-Orden, sollen enge Kontakte zu dieser Sekte gehalten haben – eine mögliche Erklärung für die grausame Vernichtung der Templer durch die Inquisition. Auch der englische König Richard Löwenherz wird mit den Assassinen in Verbindung gebracht," siehe Umschlag des Buches.

Was sind die Motive des Herrn Salman Rushdi?

Warum verteidigt man ihn, ohne den schmutzigen Roman gelesen zu haben?

Hat Günter Grass folgende Seiten gelesen, bevor er Salman Rushdi verteidigte?

Salman Rushdi behauptet auf S. 379 ff folgendes:

„Baal, der sein Leben lang ein eingefleischter Feigling gewesen war, stellte jetzt zu seiner großen Überraschung fest, daß der Gedanke an den bevorstehenden Tod ihn tatsächlich befähigte, die Süße des Lebens zu genießen, und er fand es paradox, daß ihm ausgerechnet in diesem Haus kostspieliger Lügen die Augen für diese Wahrheit geöffnet worden waren. Und was war die Wahrheit? Dies: Al-Lat war tot, hatte nie gelebt, was Mahound aber noch lange nicht zum Propheten erhob. Kurzum: Baal war ein Gottloser geworden. Er begann, mit unsicheren Schritten über die Vorstellungen von Göttern und Führern und Gesetzen hinauszugehen und zu erkennen, daß seine Geschichte so eng mit der Geschichte Mahounds verwoben war, daß eine große Entschlossenheit vonnöten war. Daß diese Entschlossenheit höchstwahrscheinlich seinen Tod bedeuten würde, fand er weder erschreckend noch sonderlich beunruhigend; und als Musa, der Lebensmittelhändler, eines Tages murrend von den zwölf Frauen des Propheten sprach, ein Gesetz für ihn, ein anderes für uns, da begriff Baal, welche Form seine endgültige Konfrontation mit der Unterwerfung würde annehmen müssen.

Die Mädchen des „Vorhangs" – es war nur eine Gepflogenheit, sie als Mädchen zu bezeichnen, denn die Älteste war eine Frau weit in den Fünfzigern, während die Jüngste, eine Fünfzehnjährige, erfahrener war als manche Fünfzigjährige – hatten diesen watschelnden Baal allmählich ins Herz geschlossen und Gefallen daran gefunden, einen Eunuchen – der keiner war – um sich zu haben. Außerhalb der Arbeitszeit ergötzten sie sich daran, ihn aufzuziehen, boten ihre Körper dar, legten ihre Brüste an seine Lippen, schlangen die Beine um seinen Leib, küßten einander leidenschaftlich direkt vor seinen Augen, bis der aschfahle Dichter hoffnungslos erregt war; dann lachten sie über seine Steifheit und spotteten, bis er schamrot und verlegen schrumpfte. Und manchmal, selten, wenn er schon alle Erwartungen aufgegeben hatte, wurde eine von ihnen auserwählt, die Lust, die sie in ihm erweckt hatten, kostenlos zu befriedigen. So verbrachte der Dichter seine Tage, wie ein kurzsichtiger, blinzelnder, friedlicher Bulle; den Kopf in den Schoß der Frauen gebettet, grübelte er über Tod und Rache und hätte nicht sagen können, ob er der glücklichste oder der unglücklichste Mensch auf Erden war.

Es war während einer dieser vergnüglichen Stunden am Ende eines Arbeitstages, die Mädchen waren allein mit den Eunuchen und tranken Wein, als Baal die Jüngste über ihren Kunden, den Lebensmittelhändler Musa, reden hörte. „Also", sagte sie, „der Typ hat 'nen Tick, redet dauernd über die Frauen des Propheten. Er ist so fuchsteufelswild, daß er schon geil wird, wenn er bloß ihre Namen ausspricht. Er meint, daß ich Aischa wie aus dem Gesicht geschnitten bin, und sie ist ja bekanntlich der Liebling Seiner Hoheit. Na, was sagt ihr jetzt?"

Die fünfzigjährige Kurtisane schaltete sich ein. „Hör mal zu, die Frauen in diesem Harem da, die Männer reden von nichts anderem mehr. Kein Wunder, daß Mahound sie eingesperrt hat, aber dadurch ist es nur noch schlimmer geworden. Was man nicht sehen kann, malt man sich eben in der Phantasie aus."

Besonders in dieser Stadt, dachte Baal, vor allem in unserem sittenlosen Jahilia, wo die Frauen bunte Kleider trugen, bevor Mahound mit seinem Gesetzbuch aufkreuzte, und die Leute nur über Sex und Geld, Geld und Sex sprachen, und nicht nur sprachen.

Er sagte zu der jüngsten Hure: „Warum machst du dann nicht mit und spielst ihm was vor?"

„Wem?"

„Musa. Wenn Aischa ihn so erregt, dann sei ihm doch seine private, persönliche Aischa."

„Gottogott", sagte das Mädchen. „Sag das nicht zu laut, sonst braten sie deine Eier in Butter."

Wie viele Frauen? Zwölf, und eine alte Dame. Längst verstorben. Wie viele Huren hinter dem „Vorhang"? Wiederum zwölf; und, versteckt auf ihrem schwarzumhangenen Thron: die uralte Madame, die noch immer dem Tod die Stirn bot. Wo kein Glauben ist, da gibt es auch keine Gotteslästerung. Baal erzählte der

Madame von seiner Idee; sie verkündete ihre Entscheidung mit der Stimme eines heiseren Froschs: „Es ist sehr gefährlich", sprach sie, „aber es dürfte sehr gut fürs Geschäft sein. Wir müssen vorsichtig sein, aber wir werden es machen."

Die Fünfzigjährige wisperte dem Lebensmittelhändler etwas ins Ohr. Sofort leuchteten seine Augen auf. „Erzähl mir alles", bettelte er. „Von deiner Kindheit, von deinen Lieblingsspielen, von Salomons Pferden, erzähl mir, wie du Tamburin gespielt hast und der Prophet dir dabei zugesehen hat." Sie erzählte es ihm, und dann wollte er wissen, wie es war, als sie im Alter von zwölf Jahren entjungfert worden war, und sie erzählte ihm auch das, und hinterher bezahlte er das Doppelte, weil es „der schönste Tag meines Lebens gewesen ist". – „Wir werden bei herzkranken Kunden besonders gut aufpassen müssen", sagte die Madame zu Baal.

Es ist eine Tatsache, daß die Lebensweise und die Umgebung die Fantasie eines Menschen – bzw. Schriftstellers – gestalten oder beeinflussen können.

Ist der Schriftsteller ein Atheist, der im Westen lebt, dann ist er mit vielen Sachen, Erscheinungen, Erfahrungen und Denkweisen aufgewachsen.

Sieht dieser Mensch seine eigene Frau, Schwester, Mutter oder Freundin unter einem Baum in den Armen eines Mannes schmelzen, dann reagiert er nicht wie ein Atheist, der im Libanon, Ägypten, Irak oder Syrien lebt.

Sieht dieser Atheist solch eine in Europa gewöhnliche Sache zwischen zwei Frauen, oder zwei Homosexuellen oder zwischen einem Mann und einer Frau, dann ist seine Reaktion oder Handlung nicht mit der Reaktion oder der Handlung des Atheisten in einer arabischen oder islamischen Gesellschaft zu vergleichen.

Daher denken die „westlichen" Schriftsteller meistens westlich. Damit meine ich, daß sie sich nicht in die Lage anderer Menschen aus anderen Kulturkreisen, versetzen können oder wollen.

Dies ist die Situation einiger westlicher Schriftsteller, wenn sie über Persönlichkeiten bzw. Anhänger anderer Kulturkreise schreiben.

Salman Rushdi, der Inder, ist zur Zeit Vertreter dieser westlichen, unreifen und unmoralischen Denkweise.

Diese Denkweise stellt auch der Roman „Aischa" (Karl Frischler, München 1981: Moewig, Berühmte Frauen) dar:

Auf Seite 7 schreibt der Verfasser am Anfang seines Romanes:

„Streng vertraulich! Muawija, der Kalif, der fünfte Nachfolger Mohammeds, des Gesandten Gottes, an Thabit ibn Artat, den Emir des geheimen Sicherheitsrates."

„Mein Vater – Abu Sofyan – pflegte zu sagen, er fürchte außer der tiefsten Hölle nur eins: Die Rache Aischas";

und auf Seite 9:

„Den Gläubigen soll in allen Moscheen die Wahrheit über Aischa mitgeteilt werden. Ich will dieser unwürdigen „Mutter der Gläubigen" den Schleier vom Gesicht reißen; ich will sie jedem Moslem so zeigen, wie sie ohne den schützenden Mantel der frommen Ehrfurcht wirklich ist: grausam, sinnlich, falsch. Es wird nicht schwer fallen, Zeugen zu finden, die beweisen, daß Aischa stets nach Männern, Macht, Edelsteinen und Gold trachtete; daß sie weder vor Mord noch vor Verleumdung noch vor irgendeinem anderen abscheulichen Verbrechen zurückscheute, um ihre auf die Herrschaft über die Gläubigen gerichteten Pläne durchzusetzen";

und auf Seite 26 ff:

„Aussage des Schanfara, Dichter und Märchenerzähler, derzeit im Bazar zu Medina tätig:

„Von Thabit ibn Artat ermahnt, zur Sache zu sprechen, will ich ein Fest zu Okadh (gemeint: Ukaz) schildern, jenes Fest, auf dem ich Aischa zum ersten Male sah. Ich erinnere mich: Ich wurde damals von Lebid (gemeint: Labied), dem schlanken, schönen, jungen Lebid, besiegt. Ich war ein Räuber. Er war ein Aristokrat. Ich sang von Blut und Gewalt, er von der Liebe. So mußte er wohl siegen vor diesem schwächlichen Geschlecht von Kaufleuten. Aber noch ein anderer trat damals auf in Okadh, ein größerer, ein gewaltiger als ich; ein größerer auch als Lebid: Mohammed, der Gesandte Gottes." Lebid besiegte den Dichter Schanfara. Dieser berichtete weiter: „Blind griff ich nach einem Becher, voll mit Wein, und schleuderte ihn gegen Lebid. Das helle Seidengewand des Poeten färbte sich dunkelrot.

Die elfjährige schöne Aischa sprang auf mich los, verkrallte sich an meiner Schulter, schlug, biß in meine Hand, die diesen zwerghaften Teufel abwehren wollte, und schrie aus Leibeskräften.

„Du schmutziger Räuber, pfui, du betrunkener Kerl! Du hast Lebid beleidigt, Lebid, der mir versprochen hat, nur noch für mich zu singen und zu dichten. Du Feigling! Ich werde dir das Gesicht so zerkratzen, daß die Weiber hinter dir herspotten."

Seltsamerweise fragte mich Thabit ibn Artat auch, ob ich glaube, daß der Satan Aischa so klug und frühreif gemacht haben könne. Ich kenne die Absichten Satans nicht. Aber es gebe zu bedenken: Wird Satan Worte Gottes von einem Satanskind sprechen lassen? Heilige Verse von einem Mädchen, das des Teufels ist? Das scheint mir selbst für den Teufel zu kompliziert zu sein."

Obwohl der Verfasser dieses Romanes auch nur so dummes Zeug schreibt wie Rushdi, hat er nicht das Glück, daß jemand ihn bedroht und aus ihm einen Held macht.

Es ist zu bedauern, daß solche Schriftsteller ihr billiges Zeug veröffentlichen können, während ernsthafte Literatur keinen Platz in vielen Herzen findet. Es ist aber auch ein großer Fehler, von solchen Schriftstellern zu erwarten, daß sie mindestens sachlich bleiben.

Es gelang mir nicht, in den Satanischen Versen einen ernsthaften Versuch zu finden, welcher mich überzeugen könnte, daß Salman Rushdi außer Schmähungen und billige Lügen zu verbreiten, etwas sagen will.

Alle Muslime regten sich auf und protestierten wegen des Filmes „Die letzte Versuchung Christi".

Vielleicht war Scorsese trotzdem bestrebt, etwas zu sagen.

Ich sah den Film nicht, jedoch versuchte ich mich zu informieren.

Ich las, was Prof. Dr. Uta Ranke-Heinemann in „Der Spiegel", Nr. 46/88 v. 14.11.1988 schrieb.

Später las ich, was sie in ihrem Buch „Widerworte" schrieb.

Aus ihrem Artikel (S. 293–297) zitiere ich, damit man weiß, welchen Unterschied es zwischen den beiden Verfassern gibt:

„Im Scorsese-Film kommt dem Sterbenden im Traum eine Frau in die Quere und sabotiert den rettenden Tod. Sie dringt in die Phantasien des Gekreuzigten ein und ist weit davon entfernt, die christliche Henkerstheologie um unseres Heiles willen nachzuvollziehen. Zunächst erscheint Jesu Schutzengel und versichert dem Gehenkten, es sei nicht notwendig, daß er sterbe. Aus letztem Lebenswillen heraus träumt der arme Mensch Jesus am Kreuz diesen Traum, der Vater habe ihm erlaubt zu leben. Der Filmengel sagt: „Dein Vater ist der Gott des Erbarmens, nicht der Bestrafung. Der Herr will nicht dein Blut. Er sagte: Laß ihn sein Leben leben." Und Jesus steigt vom Kreuz herab und vom Berg herunter und heiratet Maria Magdalena, die ihn liebte und die er liebte, und er lebt als Mensch unter Menschen wie vor seiner Predigttätigkeit auch. (Wenngleich kritisch zu vermerken ist, daß für den Scorsese-Jesus die Frauen austauschbar sind gemäß der Engelweisheit: „Es gibt nur eine Frau in der Welt, eine Frau mit vielen Gesichtern." Unmittelbar nach dem Tod von Maria Magdalena heiratet Jesus Maria, die Schwester des Lazarus.)

Leider läßt also auch Scorsese trotz aller guten Andeutungen das Bild eines bedingungslos liebenden Gottes letztlich nicht gelten. Und das ist der Einwand, der eigentliche und schwere Einwand gegen diesen Film, daß er bei allem positiven Ansatz die christenübliche theologische Entgleisung dann doch mitvollzieht, indem er diesen Jesus einen schlimmen Preis dafür zahlen läßt, daß sein Vater sich seiner erbarmt: daß er dann und darum nicht mehr der Messias ist. Und so macht sich Scorsese dann doch noch mit der gotteslästerlichen Lüge von einem unerbittlichen Gott gemein.

Gottessohnschaft und Weiterleben gehören also nicht zusammen, und Gottessohnschaft und eheliche Liebe erst recht nicht. Zwar ist nach christlicher Lehre Christus wahrer Gott und zugleich wahrer Mensch und in allem den Menschen gleich außer in der Sünde. Aber an seiner Menschlichkeit sparen Christen den Sexualbereich grundsätzlich aus. Diesen haben sie, christlicher sexualfeindlicher Tradition gemäß, zu nahe neben die Sünde plaziert. Dabei spricht einiges dafür, daß Jesus schon längst vor seiner Kreuzigung der Gedanke an Ehe gekommen war, und zwar als völlig normaler und naheliegender, eben menschlicher Gedanke. Die These, daß Jesus verheiratet war, hat neuerdings wieder der jüdische Religionsphilosoph Ben-Chorin vertreten. Er legt dafür „eine Kette indirekter Beweise" vor, wie er es nennt.

Es ist in der Tat denkbar, daß die schon früh sich bildende gnostisch-asketische Akzentuierung des Christentums („gnostisch" kommt von dem Wort „Gnosis" = Erkenntnis; es handelt sich um eine etwa gleichzeitig mit dem Christentum aus dem Osten, wahrscheinlich aus Persien, einströmende pessimistische leibfeindliche Religion) nicht nur die Lehre Jesu verfälscht hat (die Jungfräulichkeits- und Zölibatsmanie Johannes Paul II. war Jesus fremd), sondern auch das Bild von der Person Jesu umgestaltet hat: Jesus wurde zum ersten Zölibatär, was seiner jüdisch-alttestamentlichen Herkunft absolut widerspricht.

Zum Glück für die Christen ist alles nur ein böser Traum. Der Film-Jesus kehrt zurück ans Kreuz. Der Film-Judas hat ihm klargemacht: „Dein Platz war am Kreuz. Dort hatte Gott dich hinbefohlen. Als der Tod dir zu nahe kam, brach dir der kalte Angstschweiß aus, du ranntest weg. Gegen Gott, deinen Vater, hast du dich gewendet." Die durch ein Menschenopfer blutig Erlösten können aufatmen. Aber der Schock klingt noch nach. Denn die Vorstellung, daß dieser der Erlösung halber Gehenkte leben dürfe, beleidigt das fromme Gefühl aller christlichen „Kreuzigt-ihn"-Schreier, all derer, die nach religiösem Blutrausch verlangen, die im „Stabat mater" beten: „Mach mich von Christi Blute trunken."

Man muß schon gegen die übliche christliche Gedankenlosigkeit andenken, um in dem, was der Engel sagt, nicht Blasphemie, sondern gerade die eigentliche christliche Wahrheit zu erkennen, die lautet, daß Gott nicht die Tötung seines Sohnes will und auch nicht sonst irgend jemandes Tötung, weil Gott, wie der Engel sagt, ein Gott der Barmherzigkeit ist, der keine Menschenopfer will, und daß Jesus das Recht Gottes auf seiner Seite gehabt hätte, wenn er vom Kreuz herabgestiegen wäre.

Zu leicht und zu selbstverständlich wollen Christen diesen Menschen nach Gottes Willen hängen sehen. Aber Gott ist kein Henker. Gott trauert über diesen Tod. Weil Menschen Henker sind, haben sie Gott zu einem Blutgott gemacht. Die Träume von der Barmherzigkeit Gottes sind keine abwegigen Phantasien, sie sind

Wahrheit, auch wenn sie in der Realität der Welt Träume bleiben. Eine „Versuchung" nennt Scorsese diesen Traum von Menschlichkeit. Aber er ist keine Versuchung. Er ist die Anklage eines von einem unmenschlichen Gott und von unmenschlichen Menschen verlassenen Opfers.

Es ist wahr: Jesus wurde getötet, aber nicht von seinem Vater. Ermordet wurde Jesus von Menschen. Wer sich wie er mit allen Armen und Abgewiesenen solidarisiert, ist in unserer Welt der Mörder verloren. Wenn dagegen im Film schließlich der unerbittliche Heil-durch-Blut-Wille Sieger bleibt und Jesus zurück an das Kreuz steigt und seinen Tod im Gehorsam gegen den Vater zu Ende stirbt, so ist das wieder das alte Klischee. Schade, daß Scorsese ihn sterben ließ und so auch seine Filmunterschrift zu diesem Tode gab. Wir aber sollten ihn, was an uns liegt, vom Kreuz herabsteigen und als Messias weiterleben und, wenn er mag, auch heiraten lassen, weil auf solche Weise das Bild eines schrecklichen Gottes, wie es verbreiteter christlicher Gedankenleere entspricht, eines Gottes, der um einer heiligen Sache willen den Tod seines eigenen Sohnes will und gegebenenfalls auch den Tod anderer Menschen um anderer heiliger Sachen willen, verblaßt und einem anderen Gottesbild Platz macht: dem Bild eines sanften Gottes, der ein Gott des Lebens und nicht des Tötens ist."

Ich mußte die wissenschaftliche Kritik von Frau Prof. Dr. Uta Ranke-Heinemann dem Leser hier festhalten, um zu sagen, daß sie etwas fand, das sie erläutern kann.

Ihre Kritik ist sicherlich eine Bereicherung für den Leser.

In den Satanischen Versen fand ich aber nichts außer Schmähungen, Sex, Leere und Gotteslästerung.

Rushdis Roman ist mit Lügen und Widersprüchen reichlich geschmückt.

Die meisten Charaktere sind flach.

Die Frauen Mekkas, erzählt er, waren Spielzeug der Männer, wobei er vergessen hat, daß Hind, die größte Heldin seines Romanes und die mächtigste Person, eine Mekkanerin war.

Die Frauen aus Yathrib (Medina) waren anders. Er sagt auf Seite 368:

„Was Salman und Mahound schließlich endgültig entzweite: die Sache mit den Frauen und die mit den Satanischen Versen. Weißt du, ich bin kein Klatschmaul, gestand Salman betrunken, aber Mahound war nach dem Tod seiner Frau kein Engel, du verstehst, was ich meine. In Yathrib hätte er aber fast seine Meisterin gefunden. Die Frauen dort: dank ihrer war sein Bart nach einem Jahr fast grau geworden. Mit unserem Propheten ist es nämlich so, mein lieber Baal, daß er es nicht leiden kann, wenn seine Frauen ihm widersprechen, er steht mehr auf Mütter und Töchter, denk nur mal an seine erste Frau und dann Aischa: die eine zu alt, die andere zu jung. Er will keine Frau haben, die ihm ebenbürtig ist. Aber in Yathrib sind die Frauen anders, weißt du, hier in Jahilia ist man daran gewöhnt, die Frauen herumzukommandieren, doch die da oben lassen sich das nicht gefallen."

Er hat sicherlich vergessen, was er auf Seite 124 sagte, nämlich, daß die Frauen Mekkas mächtig waren, auch wenn er auf S. 123 sagt:

„Es ist nicht leicht, eine hochintelligente Frau zu sein in einer Stadt, in der die Götter zwar Frauen sind, die Frauen dagegen lediglich Ware. Die Männer hatten sich entweder vor ihr gefürchtet oder sie für zu stark gehalten, um ihrer Rücksichtnahme zu bedürfen."

Seine erfundene Geschichte über das Übernachten Muhammads im Bett der Mekkanerin Hind zeigt, daß die Frauen Mekkas nicht machtlos und schwach waren, wie er sich widerspricht. Auf Seite 125–126:

„Er hat keine Lust, sich auf ihr Spiel einzulassen. „Bin ich ein Gefangener?" fragt er, und wieder lacht sie ihn aus. „Seid kein Dummkopf." Und dann läßt sie sich achselzuckend erweichen. „Gestern abend bin ich durch die Straßen der Stadt gegangen, maskiert, um mir die Festlichkeiten anzusehen, und worüber bin ich da gestolpert – über Euren bewußtlosen Leib. Wie ein Betrunkener in der Gosse, Mahound. Ich ließ meine Diener eine Sänfte holen und Euch hierher bringen. Bedankt Euch."

„Danke."

„Ich glaube nicht, daß man Euch erkannt hat", sagt sie. „Sonst wärt Ihr vielleicht tot. Ihr wißt, wie es gestern nacht in der Stadt zuging. Die Leute übertreiben. Selbst meine Brüder sind noch nicht nach Hause gekommen."

Jetzt fällt es ihm wieder ein, sein verstörter, bekümmerter Gang durch die gottlose Stadt, wie er die Seelen anstarrte, die er angeblich gerettet hatte, die Simurg-Puppen, die Teufelsmasken, die Behemoths und Hippogryphen. Die Müdigkeit nach dem langen Tag, an dem er vom Mount Cone heruntergestiegen und in die Stadt gegangen war, sich der Anstrengung der Ereignisse im Dichterzelt unterzogen hatte – und danach der Zorn seiner Anhänger, die Zweifel – all das hatte ihn überwältigt. „Ich bin ohnmächtig geworden", erinnert er sich.

Sie geht zu ihm und setzt sich neben ihn aufs Bett, streckt einen Finger aus, findet eine Öffnung in seinem Gewand, streichelt seine Brust. „Ohnmächtig", murmelt sie. „Das bedeutet Schwäche, Mahound. Seid Ihr im Begriff, schwach zu werden?"

Sie legt ihm den streichelnden Finger auf die Lippen, bevor er antworten kann. „Sagt nichts, Mahound. Ich bin die Frau des Granden, und beide sind wir nicht Eure Freunde. Mein Mann ist allerdings ein schwacher Mann. In Jahilia glaubt man, er sei klug, aber ich weiß es besser. Er weiß, daß ich mir Liebhaber nehme und unternimmt nichts dagegen, weil die Tempel meiner Familie unterstehen. Lats, Uzzas, Manats Tempel. Die – soll ich sie Moscheen nennen? – Eurer neuen Engel." Sie bietet ihm Melonenwürfel auf einem Teller an, versucht, ihn zu füttern. Er gestattet nicht, daß sie ihm die Früchte in den Mund schiebt, nimmt die Stückchen mit der eigenen Hand, ißt. Sie fährt fort. „Mein letzter Liebhaber war der Junge, Baal." Sie bemerkt die Wut in seinem Blick. „Ja", sagt sie zufrieden. „Ich habe gehört, er hat Euch verärgert. Aber er ist nicht wichtig. Weder er noch Abu Simbel sind Euch ebenbürtig. Aber ich bin es."

Diese Frau war mächtig, laut Salman Rushdi, während ihr Mann, der Führer der Mekkaner (der Grande Abu Sufyan) ein jämmerliches Bild bot.

„. . . das weiße Haupthaar ebenso lückenhaft wie die Zähne. Seine Konkubinen starben an Altersschwäche, und ihm fehlte die Energie – oder, wie es die Gerüchte in den verwinkelten Gassen der Stadt wollten: der Wunsch –, sie zu ersetzen. An manchen Tagen vergaß er, sich zu rasieren, was den Eindruck von Verfall und Niederlage noch verstärkte. Einzig Hind war noch dieselbe.

Sie war seit jeher im Ruf einer Hexe gestanden, die demjenigen, der es unterlassen hatte, sich vor ihrer Sänfte zu verneigen, Krankheit anhexen konnte, eine Magierin, die imstande war, Männer in Wüstenschlangen zu verwandeln, wenn sie genug von ihnen hatte, und sie beim Schwanz zu packen und ungehäutet zu kochen, um sie zum Abendessen zu verspeisen. Die Legenden, die sich um ihre Nekromanie rankten, erhielten jetzt, da sie sechzig war, neue Nahrung aufgrund ihrer außergewöhnlichen und unnatürlichen Fähigkeit, nicht zu altern. Während alles um sie herum in Stagnation verfiel, während aus den Banden der Schark ältere Männer geworden waren, die bei Karten- und Würfelspiel an den Straßenecken hockten, während die alten Zauberinnen mit den Knotenschnüren und die Schlangenmenschen in der Gosse verhungerten, während eine neue Generation heranwuchs, deren konservative Haltung und unkritische Anbetung alles Materiellen ihrem Wissen entsprang, daß mit Arbeitslosigkeit und Entbehrung jederzeit zu rechnen war, während die große Stadt das Gefühl für sich selbst verlor und sogar der Totenkult zunehmend unbeliebter wurde, zur großen Erleichterung der Kamele von Jahilia, deren Abneigung dagegen, mit durchgeschnittenen Kniesehnen auf den Gräbern der Menschen sitzengelassen zu werden, durchaus verständlich war, kurzum: während Jahilia verfiel, blieb Hind unverändert, faltenlos, der Körper straff wie der einer jungen Frau, das Haar schwarz wie Krähenfedern, die Augen funkelnd wie Messer, die Haltung noch immer hochmütig, die Stimme noch immer keinerlei Widerspruch duldend. Hind, nicht Simbel, herrschte mittlerweile über die Stadt, das jedenfalls war unbestreitbar ihre Überzeugung.

Während aus dem Granden ein schlaffer, kurzatmiger Greis wurde, ging Hind dazu über, Episteln oder Bullen zu verfassen, die zwecks Ermahnung der Stadtbevölkerung in allen Straßen angeschlagen wurden. So kam es, daß Hind und nicht Abu Simbel von den Jahiliern als Verkörperung der Stadt betrachtet wurde, als ihr lebendiges Avatara, denn sie erblickten in der Alterslosigkeit ihres Körpers und der unnachgiebigen Entschiedenheit ihrer Bekanntmachungen ein Abbild ihrer selbst, das ihnen sehr viel besser gefiel als das Spiegelbild, das ihnen aus Simbels verfallendem Gesicht entgegensah. Hinds Anschläge waren einflußreicher als die Verse der Dichter. Sie war sexuell noch immer unersättlich und hatte mit jedem Schriftsteller der Stadt geschlafen (wenn es auch lange her war, daß sie Baal in ihr Bett geholt hatte); jetzt waren die Schriftsteller aufgebraucht, ausrangiert, und sie war zügellos. Mit dem Schwert genauso wie mit der Feder. Sie war Hind, die, als Mann verkleidet, in das Heer von Jahilia eingetreten war, sich mit Zauberei vor Speeren und Schwertern zu schützen gewußt und im wildesten Kriegsgetümmel den Mörder ihrer Brüder ausfindig gemacht hatte. Hind, die den Onkel des Propheten schlachtete und Leber und Herz des alten Hamza verzehrte."

Hind, die Verkörperung der mekkanischen Frau nach der Fantasie des Rushdi, ist hier sehr mächtig, obwohl er zugleich betont, daß die Frau in Mekka das Spielzeug des Mannes war. Die Frauen der Medina haben Charakter.

Seite 375 zeigt, daß Salman Rushdi dies schon vergessen hat. Hind, die Mächtige, ist hier ein ekelhaftes Weib, das nicht mal unser Mitleid verdient:

„Er wird abgelenkt. Eine verschleierte Frau kniet vor ihm nieder, küßt seine Füße. „Laß das!" befiehlt er. „Nur Gott darf verehrt werden." Und was für eine Fußküsserei das ist! Zeh für Zeh, Gelenk für Gelenk, die Frau leckt, küßt, lutscht. Mahound, genervt, wiederholt: „Hör auf! Das schickt sich nicht." Jetzt widmet sich die Frau seinen Fußsohlen, nimmt die Hacken, er stößt in seiner Verwirrung zu und trifft sie am Hals. Sie fällt hin, hustet, wirft sich dann vor ihm nieder und sagt mit fester Stimme: „Es gibt keinen Gott außer Al-Lah, und Mahound ist sein Prophet." Mahound beruhigt sich, bittet um Entschuldigung, reicht ihr die Hand. „Dir wird nichts geschehen", verspricht er. „Alle, die sich unterwerfen, sollen geschont werden." Doch er ist seltsam verwirrt, und jetzt versteht er warum, versteht er die Wut, die bittere Ironie, die in ihrer überwältigenden, exzessiven, sinnlichen Anbetung seiner Füße lag. Die Frau wirft den Schleier ab: Hind.

„Die Frau von Abu Simbel", verkündet sie deutlich, und dann ist es ganz still. „Hind", sagt Mahound. „Ich habe es nicht vergessen."

Doch nach einem langen Augenblick sagt er: „Du hast den Glauben angenommen. Sei mir willkommen!"

Mit einem Mischmasch von Mythen und Motiven füllt Salman Rushdi seine Satanischen Verse.

Hexen, Totenkult und mächtige Frauen wie:
(1) Hind, die (S. 363) „den Onkel des Propheten (den 60-jährigen Held Hamza) schlachtete und Leber und Herz dieses alten Hamza verzehrte".
Hind, die Mekkanerin, ist hier mächtig, weil Salman Rushdi es will, jedoch ist sie auf Seite 375 schwächer als wir denken, weil Salman Rushdi dies will, obwohl sie keine Frau aus Yathrib ist, wo die Frauen seiner Meinung nach stark waren.
In der Tat haßt Salman Rushdi jeden Mann, der mehr Ruhm oder Frauen als er hat. Er verachtet jede Frau, wenn er jede als Hure bezeichnet.
Von keiner einzigen Frau spricht er in seinem Roman positiv. Alle sind zum Vögeln da, und nur dafür.
Muhammad durfte viele Frauen haben. Die armen Männer, sogar Salman Al-Farisi selbst, durften höchstens vier Frauen heiraten.
So sagt Salman Rushdi auf Seite 368:
„Was Salman (der Perser) und Mahound (Muhammad) schließlich endgültig entzweite: die Sache mit den Frauen, und die mit den Satanischen Versen."

(2) Aischa, die einzige Jungfrau, die Muhammad heiratete, nach dem Tode seiner 1. Frau Khadidscha und nach Sauda.
Sie war noch ein Kind aus Mekka und sie blieb bis zum Tode des Propheten seine Lieblingsfrau. Sie war unter seinen Frauen die Mächtigste und die Gelehrteste. Sie sagte ihre Meinung offen und nahm im politischen Leben und im Kampf gegen Ali teil, so daß die Anhänger Alis sie über alles haßten.
Von Aischa spricht Salman Rushdi, wie er von jeder anderen Frau spricht, nämlich verachtend: Auf Seite 213 sagt Rushdi über Aischa:
Der Imam (gemeint: Khomeini) sagt angeblich:
„Die Kaiserin", betont er, „trinkt Wein. Burgunder, Bordeaux, weißer Rheinwein verteilen ihre berauschenden, verderblichen Einflüsse in diesem schönen und zugleich schmutzigen Körper. Genug an Sünden, um sie für alle Zeit zu verurteilen, ohne Hoffnung auf Erlösung. Das Bild an seiner Schlafzimmerwand zeigt die Kaiserin Aischa, wie sie mit beiden Händen einen menschlichen Schädel hält, der mit dunkelroter Flüssigkeit gefüllt ist. Die Kaiserin trinkt Blut, aber der Imam ist ein Mann des Wassers."
Diesen häßlichen, naiven aber gleichzeitig erfundenen Behauptungen dienen der Handlung im Roman nicht, jedoch versuchen sie folgendes:
a) Die Feinschaft zwischen Sunniten (welche Aischa achten) und den Schiiten, die nicht vergessen können, daß Aischa gegen Ali war, zu entfachen.
b) Aischa als Frau darzustellen, die immer trinkt und sogar aus dem Schädel eines Menschen, als wäre sie nie Muslimin gewesen.

Das Bild Aischas widerspricht trotzdem seiner Behauptung, daß die Frauen Mekkas Spielzeug der Männer waren.

Er hätte sich belehren lassen sollen. Jeder Schüler bei uns weiß, daß die Frau in Medina (Al-Madina) nicht wie die Frau in Mekka war, weil die Juden in Medina (Yathrib) lebten. Sie behandelten ihre Frauen gemäß der Thora. Das Alte Testament schildert diese Behandlung, falls manche es nicht wissen.

Spricht Salman Rushdi von Inkarnation, dann überfällt er uns mit Mythen, die nichts mit der Geschichte des Islam zu tun haben. Noch weniger hat dies mit der Lehre des Islam zu tun.

Er verliert die Kontrolle über seine entstellten Figuren, die mit jenen historischen Figuren sehr wenig zu tun haben.

Alles kann er, natürlich, durch die Inkarnation erklären.

Auf Seite 215 lesen wir:

Gibril (Gabriel) spricht in nörgelndem Ton, um seine Angst (vor Khomeini!) zu verbergen. „Warum bestehen Sie auf einem Erzengel? Sie sollten doch wissen, daß die Zeiten vorbei sind."

Der Imam schießt die Augen, seufzt. Der Teppich streckt lange, haarige Ranken aus, die sich um Gibril wickeln, ihn festhalten. „Sie brauchen mich nicht", betont Gibril. „Die Offenbarung ist vollendet. Lassen Sie mich gehen."

Du mußt mich nach Jerusalem fliegen. Jerusalem, denkt er, in welcher Richtung liegt das? Und dann, es ist ein heikles Wort. Sturz der babylonischen Hure.

Gibril, auf dem der Iman hockt wie auf einem Teppich, stößt im Sturzflug herab.

Die Lichter des Palastes werden gelöscht. Und dann platzt die goldene Palastkuppel auf wie ein Ei, und daraus steigt, schwarzglühend, eine mythologische Erscheinung auf mit riesigen schwarzen Flügeln und losem, wallendem Haar, so lang und schwarz, wie das des Imam lang und weiß ist: es ist Al-Lat, begreift Gibril, die aus Aischas Schale ausbricht.

„Töte sie", befiehlt der Imam.

Auf Seite 324 sagt er:

„Als Gibril erkannte, daß ein junger Mann von außerordentlicher Schönheit, mit einer auffälligen Adlernase und langem, schwarzem, pomadisiertem Haar, das in der Mitte gescheitelt war, aus dem Foto herausstarrte, wußte er, daß sein Instinkt ihn nicht betrogen hatte, daß hier, an einer belebten Straßenecke, eine Seele stand, auf der Suche nach ihrem abhandengekommenen Körper, die Menge beobachtete für den Fall, daß sie selbst vorüberkäme, ein Geist, der dringend seiner verlorenen körperlichen Hülle bedurfte – denn Erzengel wissen, daß die Seele oder das Ka nicht länger als eine Nacht und einen Tag leben kann, wenn die goldene Lichtschnur, die sie mit dem Körper verbindet, durchtrennt ist. „Ich kann dir helfen", versprach er, und die junge Seele sah ihn ungläubig an. Gibril beugte sich vor, nahm das Gesicht des Ka zwischen seine Hände und küßte es fest auf den Mund, denn ein Geist, der von einem Erzengel geküßt wird, erhält sofort seinen verlorengegangenen Orientierungssinn zurück und wird auf den wahren, rechten Pfad geführt. Die verlorene Seele reagierte jedoch in einer sehr überraschenden Weise auf die Gunst des erzenglischen Kusses.

„Scheiße!" rief sie, „kann ja sein, daß ich auf dem Schlauch stehe, Alter, aber so nun auch wieder nicht!" und dann schlug sie, mit einer für einen körperlosen Geist höchst ungewöhnlichen Kraft, dem Erzengel des Herrn geräuschvoll auf die Nase, mit eben der Faust, die ihr Foto umklammerte; mit verwirrenden und blutigen Folgen.

Als er wieder klar sehen konnte, war die verlorene Seele verschwunden, aber dort, auf einem fliegenden Teppich, etwa einen Meter über dem Boden, saß Rekha Merchant und verspottete ihn ob seines Mißgeschicks. „Kein besonders toller Anfang", schnaubte sie verächtlich. „Erzengel, daß ich nicht lache! Gibril Janab, du bist übergeschnappt, glaub mir. Du hast zu viele geflügelte Typen gespielt, das ist dir nicht bekommen. Ich an deiner Stelle würde auch diesem Gott nicht glauben", fügte sie eher verschwörerisch hinzu, wenngleich Gibril den Verdacht nicht loswurde, daß sie immer noch höhnte. „Er hat ja selbst so eine Andeutung gemacht, so wie er deiner Frage nach dem Oopar-Neechay ausgewichen ist. Diese Vorstellung einer Rollentrennung. Licht versus Dunkelheit, Gut versus Böse, mag im Islam durchaus ehrlich gemeint sein – ihr Kinder Adams! Daß euch der Satan nur nicht in Versuchung führt, so wie er eure Eltern aus dem Paradies vertrieben hat, indem er ihnen ihre Kleider auszog, um sie ihre Scham sehen zu lassen –, aber geh ein bißchen weiter zurück, und du wirst sehen, daß es sich um eine ziemlich junge Erfindung handelt. Amos, 8. Jahrhundert vor Christus, fragt: „Ist etwa ein Unglück in der Stadt, das der Herr nicht tut?" Und auch Jahweh, zitiert von Jesaja zweihundert Jahre später, sagt: „Ich mache das Licht und schaffe die Finsternis; ich gebe Frieden und schaffe Unheil. Ich bin der Herr, der dies alles tut. Erst mit dem Wort Schaitan ein Wesen bezeichnet und nicht nur ein Attribut Gottes." Diesen Vortrag hätte die wirkliche Rekha gewiß nicht halten können, da sie einer polytheistischen Tradition entstammte und auch nie das geringste Interesse an vergleichender Religionswissenschaft oder ausgerechnet den Apokryphen an den Tag gelegt hatte. Die Rekha jedoch, die ihn verfolgte, seit er aus der Bostan gefallen war, war, das wußte Gibril, nicht wirklich in einer objektiven, psychologisch oder psychisch konsistenten Art und Weise. Was war sie dann? Man könnte sie sich leicht als ein von ihm fabriziertes Ding vorstellen, als seine Komplizin-Gegnerin, seinen inneren Dämon. Das würde ihr gutes Verhältnis zu den Mysterien erklären. Doch wie war er selbst an dieses Wissen gekommen? Hatte er

es früher tatsächlich besessen und dann verloren, wie ihn jetzt sein Gedächtnis informierte? (Hier hatte er ein Gefühl der Ungenauigkeit.)"
Was haben das Ei und das Ka mit dem Islam zu tun?
Daß Salman Rushdi uns zeigen will, daß er auf Gebieten den Mythologie und der Religion bewandert ist, ist sinnlos.
Die naive Darstellung des „Ka" durch die Satanischen Verse unterscheidet sich gewaltig vom „Ka" der alten Ägypter.
Obwohl dies weder mit dem Islam noch mit dem Erzengel zu tun hat, möchten wir an die Darstellung des „Ka" bei den alten Ägyptern erinnern:
„Chnum, der Herr des 1. Kataraktes in Oberägypten, wandte sich gen Süden nach Nubien und gen Norden nach Unterägypten. Als Töpfer schuf er die Menschen, im Auftrag seines Vaters, zusammen mit Satet und Anuket. Sein Vater hatte ihm die Aufgabe zugeteilt, auf seiner Töpferscheibe die Menschen wie die Götter zu formen und auch deren Ka zu bilden. Seine unermüdliche Frau Heket unterstützte ihn.
So ward er zum Vater der Väter und zur Mutter der Mütter gepriesen und an allen Orten als Spender der Fruchtbarkeit und Bildner von Göttern, Menschen, Tieren und Pflanzen gepriesen. Er stand dem Lebenshause mit Güte und Geduld vor und formte das Schicksal jedes Menschen sorgfältig und überlegte, wenn er den Ka eines Menschen bildete."
Es ist ein altägyptischer Topos, daß der Tote gen Himmel fährt. Er steigt in Begleitung seines Ka zum Himmel auf: als Reiher ist er aufgestiegen, als Falke hat er den Himmel geküßt, im Götterschmuck thront er unter seinen Brüdern, den Göttern (Walter Beltz: Die Mythen der Ägypter, Classen 1982/ Stichwort: Ka).
Hier sprechen wir nicht über die Fülle der Elemente der Ägypter über das Jenseits, das Weiterleben nach dem Tode, die Schilderung von Hölle und Fegefeuer, die das Christentum den dichterischen Visionen der alten Ägypter verdankt. (Prof. Dr. Walter Beltz S. 236).
Wir meinen nur, Salman Rushdi mißbraucht den Ka, der überhaupt nichts mit Gabriel zu tun hat.
In dem altägyptischen Text ist die Rede von „als Falke hat er den Himmel geküßt". Daraus macht Rushdi eine unpassende Darstellung:
„Die verlorene Seele reagiert jedoch in einer überraschenden Weise auf die Gunst des erzenglischen Kusses: „Scheiße!" rief sie."
Was hat dies mit der Handlung zu tun?
Was will der Meister Salman Rushdi damit sagen?
Statt Scheiße hätte er verwenden können: Ka! Ka!, um seine schöpferische Größe zu unterzeichnen.
Gibril (= Gabriel) war Inder! Wieso war sein Kuß erzenglisch? Hätte die von

89

ihm auf den Mund geküßte Seele vielleicht: „Toll" gerufen, wenn jener Kuß erzindisch statt erzenglisch gewesen wäre?

Die „satanischen" Verse, um die es geht:

Die Feinde Muhammads behaupteten, er habe zwei Verse erfunden, die Gott ihm nicht offenbarte, um sich mit den Ungläubigen Mekkas zu versöhnen.

Diese alte, von den Gelehrten widerlegte Behauptung, ist die Basis des Romanes.

Salman Rushdi sagt auf Seite 120 der Satanischen Verse:

„Dann trägt er (d. h. Muhammad), ohne zu zaudern, und frei von Zweifeln zwei weitere Verse vor.

„Hast du an Lat und Uzza und an Manat, die dritte, die andere, gedacht?" – Nach dem ersten Vers erhebt sich Hind; der Grande von Jahilia steht bereits aufrecht da. Und Mahound trägt mit schweigenden Augen vor: „Sie sind die erhabenen Vögel, und ihre Fürbitte ist wahrlich erwünscht."

Während der Lärm – Schreie, Beifallsrufe, Lästerungen, an Al-Lat gerichtete Rufe der Verehrung – im Zelt anschwillt und explodiert, gewahrt die bereits verblüffte Menge das in zweifacher Hinsicht aufsehenerregende Schauspiel, wie der Grande Abu Simbel die Daumen an die Ohrläppchen legt, die Finger beider Hände fächerförmig spreizt und mit lauter Stimme die Formel spricht: „Allahu Akbar." Worauf er auf die Knie fällt und eine besonnene Stirn auf den Boden drückt. Seine Frau Hind folgt unverzüglich seinem Beispiel.

Der Wasserträger Khalid hat sich während dieser Ereignisse am Zelteingang aufgehalten. Jetzt beobachtet er entsetzt, wie alle, die hier versammelt sind, sowohl die Menge im Zelt als auch die Männer und Frauen davor, sich hinknien, Reihe um Reihe, die Bewegung pflanzt sich von Hind und dem Granden wellenartig nach außen fort, als ob sie Steinchen wären, die in einen See geworfen wurden; bis die gesamte Versammlung außerhalb wie innerhalb des Zeltes mit den Hinterteilen in der Luft vor dem schlafenden Propheten kniet, der die Schutzgöttinnen der Stadt anerkannt hat. Der Verkünder selbst bleibt stehen, als ob er keine Lust hätte, sich der Versammlung bei ihrer Andacht anzuschließen. Der Wasserträger bricht in Tränen aus und flüchtet sich ins leere Herz der Stadt aus Sand. Während er läuft, brennen seine Tränen Löcher in die Erde, als ob sie eine scharfe, ätzende Säure enthielten.

Mahound verharrt reglos. Keine Spur von Feuchtigkeit ist auf den Wimpern seiner geschlossenen Augen zu erkennen."

Diese zwei erfundenen Satanischen Verse wiederholt Salman Rushdi erneut in einem anderen Zusammenhang auf Seite 341:

„In hellen Momenten erzählte er ihr die Geschichte seiner Krankheit: die merkwürdigen Serienträume und, davor, der beinahe tödliche Zusammenbruch in Indien. „Ich fürchte mich jetzt nicht mehr vor dem Schlaf", sagte er. „Weil das, was passiert, wenn ich wach bin, viel schlimmer ist." Seine größte Furcht erinnerte sie an die Angst des wiedereingesetzten Charles II., dauernd „auf Reisen" gehen zu müssen. „Ich würde alles dafür geben, wenn ich bloß wüßte, daß es nie wieder passiert", sagte Gibril ergeben wie ein Lamm.

Lebt dort, wer seinen Schmerz liebt? „Es wird nicht mehr passieren", versicherte sie ihm. „Du bekommst die beste Hilfe, die es gibt." Er erkundigte sich nach der Bezahlung und bestand darauf, als sie seinen Fragen auswich, daß sie die psychiatrische Behandlung von dem Geld bezahlen sollte, das in seinem Gürtel gehortet war. Er blieb niedergeschlagen. „Ganz gleich, was du sagst", murmelte er, wenn sie versuchte, ihn aufzumuntern. „Der Wahnsinn sitzt hier drin, und der Gedanke, er könnte jeden Moment wieder ausbrechen, jetzt sofort, und er hätte alles wieder im Griff – macht mich rasend." Er hatte begonnen, von seinem „besessenen, erzenglischen" Ich wie von einer anderen Person zu sprechen, nach der Beckettschen Formel: Nicht ich. Er. Sein ganz privater Mr. Hyde. Allie versuchte, sich gegen solche Beschreibungen zu wehren. „Es ist nicht er, sondern du, und wenn du gesund bist, wird es ihn nicht mehr geben."

Es klappte nicht. Eine Weile jedoch sah es aus, als schlüge die Behandlung an. Gibril wirkte ruhiger, kontrollierter; die Fortsetzungsträume suchten ihn weiterhin heim – nachts rezitierte er noch immer Verse auf arabisch, einer ihm unbekannten Sprache, zum Beispiel tilk al-gharaniq al-'ula wa inna shafa'ata-hunna laturtaja, was, wie sich herausstellte, bedeutete (Allie, aufgewacht durch sein nächtliches Gemurmel, hatte sie phonetisch notiert, ging mit ihrem Zettel zur Moschee von Brickhall, las dem Mullah die Worte vor, so daß ihm die Haare einzeln zu Berge standen); „Dies sind erhabene weibliche Wesen, deren Fürsprache wahrlich erwünscht ist", aber offenbar war er imstande, diese nächtlichen Shows als etwas außerhalb seiner selbst zu sehen, was bei Allie und den Krankenhauspsychiatern den Eindruck erweckte, daß Gibril allmählich wieder den Grenzwall zwischen Traumwelt und Realität errichtete und sich auf dem Weg der Besserung befand; tatsächlich aber war, wie sich zeigte, diese Grenzziehung verwandt, ja identisch mit der Spaltung seines Bewußtseins in zwei Wesen, deren eines er heldenhaft zu unterdrücken suchte, zugleich aber, indem er es als andere Person betrachtete, konservierte, pflegte und insgeheim stärkte."

Diese zwei erfundenen Verse haben mit dem Islam überhaupt nichts zu tun. Sie können weder von Muhammad noch von Gott stammen, und zwar aus folgenden Gründen:

1. Sie sprechen von Götzen bzw. drei Göttinnen der Araber vor dem Islam.

Aber Gott verzeiht im Qur'ān weder Muhammad noch einer anderen Person, wenn Ihm ein Teilhaber an Seiner Gottheit beigesellt würde. Selbst Jesus ist nach dem Islam kein Sohn Gottes, sonst wäre Jesus ein Teilhaber an der Gottheit Gottes. Es wäre also unlogisch, daß Muhammad die Götter der Heiden dem Gott dem Einzigen beigesellt.

2. Hätte Muhammad diese Verse gesagt, dann hätte er jene Göttinnen öffentlich anerkannt. Damit hätte er die Lehre des Islam und seine Anhänger eigenhändig vernichtet.

3. Wären die Anhänger Muhammads nicht sicher, daß er täglich dem Einzigen dient und daß er keinen Gott außer Allah anerkennt, dann wären sie nicht nach Äthiopien geflohen, um der Folter durch die Polytheisten Mekkas zu entkommen.

4. Der Herr des schwarzen Sklaven Bilal folterte ihn fast zu Tode, damit er sagt, es gebe Götter neben Allah. Bilal wiederholte trotz der Folter unter der Sonnenglut: Einer! Einer! Er ist Einer: Ahad! Ahad! Hätte Bilal gewußt, daß Muhammad eine minimale Verehrung für jene Götzen hätte, dann hätte er sich die Schmerzen der grausamen Folterung ersparen können.

5. Hätte Muhammad die geringste Verehrung für jene Götzen, dann hätte er sie nicht vernichten lassen.

6. Die zwei erfundenen Verse sollen lauten:
Tilkal-Gharaniequl-ᶜUla: d. h.: Diese bzw. jene erhabenen Kraniche. Wa-Inna Schafa-ᶜatahunna laturtadscha: deren Fürsprache doch erwünscht wird.
Sie bezeichnen die Göttinnen (Lat, Uzza und Manat) der Araber vor dem Islam als erhabene Kraniche.
Seltsam! Wären die Kraniche tatsächlich eine Bezeichnung der drei Göttinnen der Araber gewesen, dann hätten wir dies im Qur'ān selbst gelesen: Das Wort Gharanieq ist nie im Qur'ān erwähnt. Der Qur'ān erwähnt sie nur als Götzen; weiblich, namens: Lat, Uzza und Manat. Wären sie bekannt als Kraniche, dann hätte der Qur'ān sie auch Kraniche genannt.
Die Götzen des Volkes Noahs sind im Qur'ān genannt (Sura 71, Vers 23). Sie hießen: Wadd, Suwa-ᶜ, Yaghūth, Ya ᶜ-uq und Nassr.

7. Muhammad betonte immer, was ihm offenbart wurde, nämlich es gibt nur eine Gottheit. Die mehreren Gottheiten, sogar die Dreifaltigkeit, lehnt der Islam ab. Daher ist es unglaublich, daß er selbst behaupten würde, daß Gott die anderen Götzen als Gottheiten anerkennt.

8. Die erwähnten Götter waren altarabische Götter, die der Islam bekämpfte. Es reicht, daß Muhammad z. B. sagt, daß das Volk Noahs Götzen hatte oder diente (als Gottheiten). Es bedeutet nicht, daß Muhammad bestreitet, daß sie altarabische Götter sind.

Der Kommentar des Gelehrten Prof. Dr. Rudi Paret ist deshalb bemerkenswert. Auf Seite 491 des „Der Koran, Kommentar und Konkordanz 2. Auflage, Kohlhammer 1981" sagt er:

„Zu den in Vers 23 aufgezählten altarabischen, angeblich schon von den Zeitgenossen Noahs verehrten Göttern: Rosa Klink-Rosenberger, Das Götzenbuch Kitab al-Asnam des Ibn al-Kalbi, Leipzig 1941, S. 34–36 (und S. 81–87); J. Wellhausen, Rest arabischen Heidentums, Berlin und Leipzig 1927, S. 13–24. 243; Frants Buhl, Das Leben Muhammads, Leipzig 1930, S. 74. Siehe auch die Anmerkung zu 71, 1–28. – Die Zäsur zwischen den Versen 23 und 24 würde der Reimform wegen wohl besser schon hinter suwa-ᶜan angesetzt."

Auf S. 489 sagt Rudi Paret auch:

„Die vorliegende Sura 71 bezieht sich nicht eigentlich auf die Geschichte Noahs. Sie besteht vielmehr aus Reden an das Volk, erbaulichen Betrachtungen und Gebeten, die zwar Noah in den Mund gelegt werden, aber zugleich Licht auf die Zeitgeschichte Mohammeds werfen. Sogar die altarabischen Götter werden als Götter der Zeitgenossen Noahs ausgegeben."

9. Wir studierten die Dichtung und die Gedichte der Araber vor dem Islam, jedoch sind wir nicht ein einziges Mal auf die Kraniche (Gharanieq) gestoßen.

10. Die zwei erfundenen Verse, welche in keinem Exemplar des Koran vorhanden bzw. festgehalten sind, passen nicht zum Stil des Koran. Dies kann der Ausländer, dessen Muttersprache nicht das Arabische ist und der nicht gleichzeitig Arabisch studiert hat, nicht verstehen.

11. Die zwei erfundenen Verse widersprechen den ersten Versen 3, 4, 5 derselben Sura 53, welche betonen, daß Muhammad keinem Irrtum bezüglich der Offenbarung erlegen ist, und daß die Offenbarung von Gott ist. Wenn dies der Fall ist, wie kann Gott andere Gottheiten akzeptieren?

12. Dr. Muhammad Hussein Haikal sagt in seinem Buch „Das Leben Muhammads" (arab. Hayāt Muhammad) folgendes:
Die Biographien Muhammads, die Geschichtsbücher u.a. wurden alle, im Gegenteil zum Koran, nach dem Tode des Propheten geschrieben. Die ältesten Bücher wurden mindestens nach hundert Jahren (nach seinem Tode) geschrieben. Je älter ein Buch über sein Leben war, desto weniger Wunder (vor allem erfundene Wunder) enthält es. Daher finden wir nicht die erfundene Geschichte der Kraniche bei Ibn Hischam. Im Gegenteil finden wir diese Geschichte bei späteren Verfassern wie Abul-Fida oder Al-Qadi ᶜIyad usw. (S. 64). Ibn Ishaq betont aber, daß sie total erfunden ist. Dasselbe betont Ibn Kathier (S. 65).

13. Manche Hadith-Sammler, sogar Al-Bukhari selbst, haben solche erfundene,

93

falsche Hadithe bzw. die Geschichte der Satanischen Verse erwähnt und die erfundenen Wunder des Propheten festgehalten.

Solche Sammler waren echte Gläubige, die ohne böse Absicht, vor allem wegen der Fülle der Aussprüche Muhammads, Muhammad liebten und verteidigen wollten. Es ist menschlich, daß sie sich verleiten ließen, denn kein Gelehrter ist unfehlbar. Al-Bukhari mußte z.B. 600.000 Aussprüche (Hadith) Muhammads überprüfen, und am Ende hat er nur 4.000 festgehalten. Trotzdem sind unter diesen 4.000 Aussprüchen einige, die Muhammad wahrscheinlich in den Mund gelegt worden sind.

Die Hadith-Wissenschaftler betonen deshalb, daß jeder Hadith (Ausspruch Muhammads), der dem Koran widerspricht, erfunden ist. Dies allein genügt, um die erfundenen Geschichten der Kraniche abzulehnen. Sie sind weder Hadith noch Koran. Sie sind reine Erfindung mancher Mekkaner z.Z. Muhammads, damit die Schwachen, laut Ibn Ishaq, am Islam zweifeln.

14. Prof. Dr. Rudi Paret sagt auf S. 461 seines Kommentares:
„Nach Tabari (Annalen I. S. 1192–1196; Korankommentar zu 22, 52) und Ibn Sa'd (Tabaqat I, Teil I, S. 173 f.) fuhr Muhammad (R. Paret bevorzugt die bekannte falsche Schreibweise Mohammed) nach der Verkündigung der Verse 19 f. (A-fa-ra'ai-tumu l-Lāta wal-ᶜUzza wa-Manāta t-talitata l-uhra) ursprünglich aufgrund einer Einflüsterung des Satans (vgl. 22: 52) folgendermaßen fort: tilka l-garaniqu l-ūlā wa-inna šafaᶜatahunna la-turtağā (Varianten: la-turğā; la-turtada; weitere Variante: wa-šafaᶜ atuhunna turğa mitluhunna la yunsā), in deutscher Übersetzung: „Das sind die erhabenen Kraniche. Auf ihre Fürbitte darf man hoffen" (Variante: „Ihre Fürbitte ist (Gott) genehm"; weitere Variante: „Auf ihre Fürbitte darf man hoffen, ihresgleichen wird nicht vergessen.") Zur Sache: Buhl-Schaeder, Das Leben Muhammeds, S. 177–180; Tor Andrae, Mohammed, Göttingen 1932, S. 15–19; T. Huitema, De voorspaak (shafaᶜa) in den Islam, Leiden 1936, S. 6–11; R. Paret, Mohammed und der Koran, S. 60 f."

15. Neben den Varianten, die Prof. R. Paret hier erwähnt, kennen wir noch: (1) inna Schafaᶜatahum Turdascha; (2) wa innahā lahiyal-Gharaniequl-ūlā (3) wa innahunna lahunnal-Gharaniequl-Ūla (4) wa inna Schafaᶜatahum lahiyal-lati turtadscha.

Laut „Hayat Muhammad" des Dr. M.H. Haikal Seite 180 gibt es noch mehrere Varianten dieser erfundenen Verse.

Mich wundert, daß Prof. R. Paret die grammatischen Fehler und die Unterschiede zwischen dem Stil des Korans und dieser doch erfundenen Verse, wie es in: Schafaᶜatahum deutlich ist, nicht erwähnt.

16. Dr. M.H. Haikal und die Satanischen Kranich-Verse:
„Es wird erzählt, daß die Heiden Mekkas zu Muhammad sagten: „Hör auf, unsere Götter zu beschimpfen, damit wir aufhören, euch zu ärgern! Daraufhin habe Muhammad ihre drei Göttinnen: Lat, Uzza und Manat, als er die Sura An-Nadschm: Der Stern, vorlas, erwähnt bzw. bestätigt!
Am Ende haben sich Muhammad und alle Anwesenden um Allah zu danken, hingekniet.
Am Abend war Muhammad allein zu Hause. Gabriel habe ihn besucht und habe die Verse korrigiert, indem er ihm sagte: Der Satan habe jene zwei Verse der Kranich-Göttinnen erfunden und Muhammad zugeschoben, damit die Muslime dem Einem Gott andere Götter beigesellen.
Viele Orientalisten (keine Muslime) behaupten, dieses Märchen sei wahr; z. B. Sir William Muir in seinem Buch: Life of Mohammed.
Sir W. Muir meint, Muhammad bemühte sich sicherlich um Versöhnung mit den mächtigen Heiden Mekkas, weil er zu jener Zeit schwächer war. Daher kehrten die Muslime, die schon vor drei Monaten nach Äthiopien flüchteten, nach Mekka zurück, nachdem sie erfahren hatten, daß Muhammad die Göttinnen der Heiden anerkannte und sich mit den Heiden Mekkas versöhnte.
Auf S. 178-179 widerlegt Dr. M.H. Haikal diese Behauptung des W. Muir, indem er u. a. sagt:
„Diejenigen, die nach Mekka zurückkamen – nach dreimonatigem Asyl in Äthiopien – hatten andere Gründe:

1. Umar Ibn Al-Khattab:
Dieser mächtige Mann (später der 2. Kalif) wurde kurz vorher Muslim. Er war, vor allem durch seine Großfamilie und Freunde, sehr mächtig, so daß er es ablehnte, heimlich zu beten. Er bestand darauf, daß die Muslime öffentlich ihre Gebete, vor den Augen der Feinde, zu verrichten hatten.
Dank jener Persönlichkeit konnten die Muslime endlich an der Ka'ba öffentlich ihre Gebete verrichten. Die Mekkaner merkten und sahen, daß der Islam neue Anhänger gewann. Da fürchteten sich die Mekkaner vor einem Bürgerkrieg, in den die viele Stämme, Personen und Familien verwickelt werden könnten.
Viele würden die Muslime unterstützen wegen der Stammesangehörigkeit und wegen der Abkommen mit den Parteien, die den Islam annahmen.
Muhammad hatte nichts zu verlieren, sondern die Mekkaner waren diejenigen, die etwas zu verlieren hatten. Deshalb baten die Mekkaner um jene Versöhnung.
Die muslimischen Flüchtlinge in Äthiopien, die dies erfuhren, kehrten nach Mekka zurück.

2. Der König von Äthiopien:
Der König hatte Probleme mit seinen Gegnern, hauptsächlich durch seine Unterstützung und Aufnahme jener Asylanten.

Die Flüchtlinge mischten sich nicht ein, jedoch wünschten sie, daß der christliche König seine Gegner besiegte.

Als sie von der Versöhnung hörten und von der Unterstützung ihrer Partei durch Umar wußten, verließen sie Äthiopien, um nach Hause (Mekka) zurückzukehren.

In Mekka fanden die Flüchtlinge kein normales Leben, weil die Heiden Mekkas beschlossen hatten, alle Muslime zu boykottieren. Manche von ihnen kehrten wieder nach Äthiopien zurück.

Neue Flüchtlinge begleiteten sie nach Äthiopien, weil sie in Mekka sehr leiden mußten.

Dies bedeutet, daß Sir Muir und diejenigen, die behaupten, daß die Geschichte der satanischen Kranich-Verse eine Tatsache gewesen sei wegen der Rückkehr der muslimischen Flüchtlinge nach Mekka, einem Irrtum unterlegen sind.

Prof. Dr. Haikal bemerkt mit Recht, daß der Vers 74 der Sura 17 kein Beweis für die Richtigkeit der Behauptung mancher Orientalisten ist. Im Gegenteil! Gerade dieser Vers zeigt, daß Muhammad durch die Unterstützung Gottes weder dem Satan noch den Ungläubigen folgte:

Hätte Muhammad auf sie gehört, dann hätte Gott ihn dafür bestraft.

Das bedeutet, daß jene Geschichte erfunden ist. Nun hören wir die Verse, welche die Orientalisten als „Beweisstück" gegen Muhammad verwenden:

„Sie (die Heiden und die Polytheisten) hätten dich beinahe, von dem, was Wir dir offenbaren, verleitet, damit du etwas außer ihm (dem Koran) erdichten möchtest; dann wärst du von ihnen als Freund betrachtet worden," Sura 17, Vers 73;

„Hätten Wir dich nicht aber unterstützt, dann hättest du dich auf sie ein bißchen verlassen," 17:74;

„Dann hätten Wir dich Doppeltes im Leben und Doppeltes im Tod auskosten lassen, und du hättest keinen Helfer gegen Uns gefunden," Sura 17, Vers 75.

Selbst die Sura 53: An-Nadschm (Der Stern), welche die „Satanischen Verse" gemäß den Gegnern des Islams enthalten soll, zeigt, daß jene erfundenen Verse keinen Platz im Text haben.

Sie sollen zwischen den Versen 21 und 22 gewesen sein. Nun schauen wir uns die Reihenfolge jener Verse an:

„Habt ihr die Lat und die ᶜUzza betrachtet? (19) Und auch Manat, jene dritte (Göttin der Heiden)? (20) Ist denn für euch (ihr Heiden) das Männliche und für Ihn (Allah) das Weibliche? (21) Dies wäre dann eine ungerechte Verteilung (22). Es sind nur Namen, die ihr euch und eure Vorfahren ausgedacht habt, für die aber

Gott keinerlei Ermächtigung hinabgesandt hat. Sie (die Ungläubigen) folgen doch nur einem bloßen Wahn und dem Wunsch des Ichs, obwohl die (richtige) Rechtleitung von ihrem Herrn (Gott) zu ihnen (durch den Koran) kam" (23):

Der Kontext erlaubt nicht, daß zwischen dem Vers 20 und dem Vers 21 die erfundenen „satanischen" Verse geschoben werden, weil sie einen Widerspruch bilden; denn sie heißen:

„Jene Göttinnen (aus Stein!), die erhabenen Kraniche, deren Fürbitte gewiß strebenswert ist!"

Muhammad Abduh sagte: „Es ist nicht bewiesen, daß die Araber ihre Götter als Kraniche bezeichneten. Diese „erfundene" Bezeichnung kennen wir nicht, weder in der vorislamischen Dichtung, noch in der Prosa. Das Wort Gharaniq kennen wir als Singular:

Ghurnuq; Ghirniq als Kranich oder als ein weißer schöner junger Mann.

Muhammad Abduh sagt auch, daß diese Bedeutung als Beschreibung der Götter der Araber nicht paßt.

Ich persönlich kenne den Singular als: Ghirnuq; Ghurnuq und Ghurāniq.

Die Bedeutung dieses Wortes ist:

1. Ein Wasservogel der Familie Gruidae = Kranich
2. schön; als Bezeichnung für Menschen und Pflanzen
3. Laut Al-Mudscham Al-Wassiet bedeutet es auch: Geranie; jedoch kenne ich Geranie als: Ghurnuqi (Siehe: Dictionnaire des Termes Agricoles, par L-Emir Moustapha Chehabi, Beyrouth, Reimpression 1982, Seite 304: Geranium: Geraine: Beo de grue = Ghurnuqi bzw.: Ibratur-Raaie).

Wie kann man also drei Götter (Göttinnen) zusammen als Vögel oder Blumen bezeichnen? Der Name Uzza allein bedeutet die Allmächtige. Dies kann man verstehen als Bezeichnung einer Göttin, jedoch nicht „jene erhabenen Kraniche (oder Geranien), deren Fürbitte zählt und von Gott akzeptiert wird."

Dr. M.H. Haikal erwähnt auf Seite 181 seines Buches eine allen Geschichtsschreibern bekannte Tatsache, nämlich, daß die Mekkaner Muhammad vor seiner Sendung als Prophet immer geglaubt hatten. Sie nannten ihn: Al-Amien; d. h. der Zuverlässige, der Ehrliche, der Vertrauenswürdige usw. Diese Bezeichnung wurde betont, als er Khadidscha heiraten wollte.

Als er berufen wurde, fragte er die versammelten Mekkaner: „Leute! Wenn ich euch erzählen würde, hinter jenem Berg lauert ein Feind. Glaubt ihr mir?" Sie antworteten: „Gewiß glauben wir dir! Wir kennen dich und wissen, du hast niemals gelogen."

Wie kann Muhammad also nachher lügen und solche Verse erfinden? Wir wissen, daß die Mekkaner ihm alles angeboten haben, damit er von seiner Mission abläßt bzw. aufhört, jedoch hat er dies abgelehnt, indem er zu seinem Onkel sagte:

„Bei Allah höre ich nie auf, auch wenn sie mir die Sonne und den Mond geben würden, es sei denn, daß ich sterbe."

Es ist nicht logisch, daß Muhammad vor der Unterstützung durch Umar und Hamza, als die Muslime schwach waren, die Götter der Heiden ablehnt und dann, als die Muslime stärker geworden waren, diese Götter anerkennt.

In der Tat hat Muhammad keinen Gott außer Allah akzeptiert, und erst recht nachdem der Islam neue mächtige Anhänger wie Umar gewonnen hatte.

Seine Ablehnung der anderen Götter veranlaßte die Mekkaner, die Muslime und den Stamm des Propheten (Haschim) zu boykottieren. Kein Mensch durfte mit ihnen sprechen, verkehren, handeln und sich mit ihnen verschwägern lassen. Dies wurde schriftlich festgehalten und in der Ka'ba als Bekanntmachung angeschlagen. Damit wurde der Islam außerhalb Mekkas noch bekannter. Die Quraisch (Mekkaner) erreichten damit also das Gegenteil.

Es blieb ihnen nur, neue Pläne zu schmieden. Daher erfanden sie die Kranich-Göttinnen-Geschichte, die dem Islam nicht geschadet hat, wie ihm auch Salman Rushdi's Satanische Verse nie werden schaden können.

Auch ein Widerspruch in der dramatischen Handlung ist hier zu registrieren: Salman Rushdi sagt auf den Seiten 119–120 folgendes:

„Im Zelt reagiert das Publikum auf die Ankunft des unbeliebten Propheten und seiner armseligen Anhänger mit Hohn und Spott. Aber während Mahound nach vorn geht, die Augen fest geschlossen, verstummen die Buhrufe und Pfiffe, und Stille tritt ein. Mahound öffnet die Augen nicht für eine Sekunde, aber seine Schritte sind sicher, und er erreicht die Bühne ohne Stolpern oder Zusammenstöße. Er geht die wenigen Stufen hinauf ins Licht, noch immer sind seine Augen geschlossen. Die versammelten Lyriker, Verfasser von Meuchelmord-Elogen, Verserzählungen und Satiren – Baal ist natürlich auch hier – blicken belustigt, aber auch mit ein wenig Unbehagen, auf den schlafwandelnden Mahound. In der Menge kämpfen seine Anhänger um gute Plätze. Die Schreiber drängen sich in seine Nähe, um festzuhalten, was immer er sagen wird.

Der Grande Abu Simbel lehnt sich an Polster auf einem Seidenteppich neben der Bühne. Bei ihm, mit golden glänzendem, ägyptischem Halsschmuck, ist seine Frau Hind, das legendäre griechische Profil mit den schwarzen Haaren, die so lang sind wie ihr Körper. Abu Simbel steht auf und ruft Mahound zu: „Willkommen." Er ist ganz Liebenswürdigkeit. „Willkommen Mahound, der Seher, der Kahin." Es ist eine öffentliche Ehrenbezeugung, und sie beeindruckt die versammelte Menge. Die Jünger des Propheten werden nicht mehr beiseitegeschoben, sondern durchgelassen. Verwirrt, halb erfreut, kommen sie nach vorn. Mahound spricht, ohne die Augen zu öffnen.

„Dies ist eine Zusammenkunft vieler Dichter", sagt er klar und deutlich, „und ich beanspruche nicht, einer von ihnen zu sein. Aber ich bin der Verkünder und ich bringe Verse von einem Größeren als allen, die hier zugegen sind." Das Publikum wird ungeduldig. Die Religion gehört in den Tempel; Jahilier wie Pilger sind zum Vergnügen hier. Bringt den Kerl zum Schweigen! Werft ihn hinaus!"

Das Bild, das S. Rushdi zeigt, ist uns bekannt von jedem Bierfest oder Gartenfest, wenn die meisten Menschen betrunken sind oder keine Predigt hören wollen.

Salman Rushdi aber betont, daß die Menschen alle auf die Knie fielen, um Allah zu danken (Dichter, Ungläubige, Betrunkene usw., weil es Salman Rushdi will). Selbst Abu Sufyan, der Chef schreit: „Allahu Akbar! Allahu Akbar! Worauf er auf die Knie fällt und eine besonnene Stirn auf den Boden drückt. Seine Frau Hind folgt unverzüglich seinem Beispiel. Alle, die hier versammelt sind, sowohl die Menge im Zelt als auch die Männer und Frauen davor, sich hinknien, Reihe um Reihe, die Bewegung pflanzt sich von Hind und dem Granden wellenartig nach außen fort, als ob sie Steinchen wären, die in einen See geworfen wurden; bis die gesamte Versammlung außerhalb wie innerhalb des Zeltes mit den Hinterteilen in der Luft vor dem schlafenden Propheten kniet, der die Schutzgöttinnen der Stadt anerkannt hat.

Der Verkünder selbst bleibt stehen, als ob er keine Lust hätte, sich der Versammlung bei ihrer Andacht anzuschließen."

Die Köpfe der Heiden sowie ihre Schriftsteller, Persönlichkeiten und die Betrunkenen, welche Muhammad nie ernst nahmen und ihn für einen Dichter oder Verrückten hielten, werfen sich alle vor ihm nieder und danken ihm, weil er ihre Götter anerkannte.

Was für eine Logik! Und was für ein Widerspruch!

Diese Geschichte und die Sache mit den Frauen, wie es Salman Rushdi behauptet, veranlaßten den Perser Salman Al-Farissi, den Qur-ān zu fälschen und dann zu fliehen.

Salman Rushdi möchte gern zeigen, daß er die Frauen respektiert. Genau das Gegenteil hat er gezeigt, weil er weder sich noch andere Menschen, besonders Frauen respektieren kann; z. B. auf Seiten 455–456 beschreibt er London, den Engel Asrael (meint er den Todesengel oder meint er Israfel den Posaunenengel? oder: handelt es sich um einen „salmanischen" Mischling?) und natürlich die Frauen Muhammads:

„Die Stadt wird undeutlich, amorph. Es wird unmöglich, die Welt zu beschreiben. Pilgerfahrt, Prophet, Widersacher verschwimmen, treiben in einen Nebel, tauchen wieder auf. So auch sie: Allie, Al-Lat. Sie ist der erhabene Vogel. Überaus begehrenswert. Jetzt erinnert er sich: Vor langer Zeit hat sie ihm von Jumpys

99

Gedichten erzählt. Er möchte gern eine Sammlung machen. Ein Buch. Der daumenlutschende Künstler mit seinen infernalischen Ansichten. Ein Buch ist das Produkt eines Pakts mit dem Teufel, das den Faustischen Vertrag verkehrt, hatte Jumpy zu Allie gesagt. Dr. Faustus opferte die Ewigkeit für zwei Dutzend Jahre der Macht; der Schriftsteller akzeptiert die Zerstörung seines Lebens und gewinnt (aber nur, wenn er Glück hat) vielleicht nicht die Ewigkeit, so doch wenigstens die Nachwelt. Beide Male (das war Jumpy's springender Punkt) gewinnt der Teufel.

Was schreibt ein Dichter? Verse. Was dudelt in Gibrils Hirn? Verse. Was brach ihm das Herz? Verse und wieder Verse.

Die Trompete, Asrael, ruft aus der Manteltasche: Hol mich heraus! Jajaja: die Posaune des Jüngsten Gerichts. Zum Teufel mit allem, der ganzen elenden Schweinerei: bläh einfach nur die Backen und dann ruuti-tuut-tuut – Los, komm, jetzt wird gefeiert.

Wie heiß es ist: dampfend, drückend, unerträglich. Das ist nicht das große London: nicht diese gemeine Stadt. Startbahn Eins, Mahagonny, Alphaville. Er wandert durch ein Sprachenwirrwarr. Babel: eine Verkürzung des assyrischen „babilu". „Die Tore Gottes." Babylondon.

Wo ist das?

Ja. – Eines Nachts mäandert er hinter den Kathedralen der Industriellen Revolution, den Endbahnhöfen Nordlondons. Der anonyme King's Cross, die fledermausartige Drohung des Turms von St. Pancras, die rot-schwarzen Gasbehälter, die sich gigantischen eisernen Lungen gleich aufblähen und wieder zusammensinken. Wo einst Königin Boudicca in der Schlacht fiel, ringt Gibril Farishta mit sich selbst.

Der Goodsway. Oh, welch saftige Waren lungern in Hauseingängen und unter Wolframlampen, welche Köstlichkeiten werden auf diesem Weg angeboten! Schaukelnde Handtäschchen locken dich, silberngerockt, Netzstrumpfhosen: es sind nicht nur junge Waren (Durchschnittsalter dreizehn bis fünfzehn), sondern auch billige. Sie haben kurze, identische Geschichten: alle haben sie irgendwo ein Baby weggepackt, alle wurden sie von zornigen, puritanischen Eltern aus dem Haus geworfen, keine ist weiß. Luden mit Messern nehmen neunzig Prozent ihres Verdienstes. Schließlich sind Waren nur Waren, besonders, wenn sie Ramsch sind.

Gibril Farishta auf dem Goodsway wird in Schatten und zu Lampen gerufen; und beschleunigt zunächst den Schritt. Was hat das mit mir zu tun? Blöde Massenmösen. Doch dann geht er langsamer und bleibt stehen, hört, wie etwas anderes ihm aus den Schatten und von den Lampen her zuruft, ein Bedürfnis, eine wortlose Bitte, verborgen unter den blechernen Stimmen von Zehn-Pfund-Nutten. Seine Schritte werden langsamer, halten inne. Er wird von ihrem Verlangen festgehalten. Wonach? Jetzt bewegen sie sich auf ihn zu, angezogen wie Fische an unsichtbaren Haken. Während sie sich ihm nähern, verändert sich ihr Gang, die Hüften wackeln nicht mehr, die Gesichter entsprechen ihrem Alter, trotz des dikken Make-ups. Als sie bei ihm sind, knien sie nieder. Was sagt ihr da, wer bin ich? fragt er und will hinzufügen: Ich kenne eure Namen. Ich bin euch schon einmal begegnet, woanders, hinter einem Vorhang. Zwölf seid ihr, wie damals. Aischa, Hafsah, Ramlah, Sawdah, Zainab, Zainab, Maimunah, Safia, Juwairiyah, Umm Salamah die Makhzumitin, Rehanah die Jüdin und die schöne Maria, die Koptin. Schweigend verharren sie auf den Knien. Ihre Wünsche teilen sich ihm ohne Worte mit. Was ist ein Erzengel anderes als eine Marionette. Kathputli, Marionette: Die Gläubigen beugen uns nach ihrem Willen. Wir sind Kräfte der Natur, und sie unsere Herren. Auch Herrinnen. Die Schwere seiner Glieder, die Hitze, und in seinen Ohren ein Summen wie von Bienen an einem Sommernachmittag. Es wäre leicht, in Ohnmacht zu fallen.

Er fällt nicht in Ohnmacht.

Er steht inmitten der knienden Kinder, wartet auf die Luden. Und als sie kommen, zieht er endlich sein unruhiges Horn hervor und preßte es an die Lippen: den Würger, Asrael."

Erzengel Gabriel, nach Salman Rushdi, ist eine Marionette.

Frauen, sogar die religiös sind: Heiden wie Hind; Jüdinnen wie Safiyya und Koptinnen wie Maria und Musliminnen wie Aischa sind alle Huren. Selbst die Mädchen der großen Städte wie London (wo Salman Rushdi gut aufgenommen ist, sein Brot bequem verdient und nicht wie wir schuften muß, um zu überleben). Warum?

Wenn er an Gott nicht glaubt, oder nicht glauben kann, dann heißt dies nicht, daß er das Recht hat, andere Geschöpfe oder Menschen verletzen zu dürfen.

Er kann seine Größe zeigen, indem er ein theologisches Buch über Satan, Engel, Gott, Religion usw. schreibt. Dann werden wir feststellen, ob Günter Grass und die Damen und Herren des Artikel 19 Verlag (hier spreche ich nur über Deutschland) ihn immer noch unterstützen werden oder nicht.

Gewiß nicht! Mindestens, weil sein theologisches Buch nicht ernstgenommen wird bzw. kein Bestseller sein kann.

Wird Günther Grass dann tatsächlich behaupten, Salman Rushdi habe zu kämpfen gegen die Folgen des Mittelalters: „Jenseits aller Postmoderne und allem Gespiele, das bei uns Mode ist, kämpft Rushdi gegen das immer nachwachsende Mittelalter und gegen die Folgen des Mittelalters in seiner Kultur."

In dieser Hinsicht könnte man, nachdem man die Worte des großen Schriftstellers Günter Grass langsam verarbeitet hat, versuchen, Salman Rushdi zu verstehen:

Hat er wirklich Probleme mit seiner Kultur, wie es Günter Grass betont?
Welche Kultur meint er denn?
Ist dies die islamische Kultur Indiens? Englands?
Ist dies die westliche Kultur Indiens? Englands?
Ich weiß nicht, welche Kultur Günter Grass meint. Redakteur Willi Winkler
sagt im „Spiegel" Nr. 42 vom 16. Oktober 1989, S. 282–285 u. a.:

Glaubenskrieger unter sich

„... Am 12. Februar dieses Jahres, als der Roman „The Satanic Verses" beinahe
fünf Monate auf dem Markt war, hatte der Ajatollah Chomeini das Todesurteil
über den Autor Salman Rushdi verhängt und alle rechtgläubigen Moslems auf-
gefordert, den Mann hinzurichten, der es gewagt hatte, den Islam und seinen Propheten zu verspotten.

Groß war die Empörung im Westen über diese seit dem Mittelalter aus der
Mode gekommene Form der Rache. Während sich die europäischen und amerikanischen Schriftsteller mit dem untergetauchten Kollegen solidarisierten, durfte
der iranische Revolutionsführer sicher sein, höheren Orts Unterstützung zu finden. Schließlich hatte man dort schon früher nachdrücklich für den nötigen
Gehorsam gesorgt.

Über seinen Gesandten beim Heiligen Papst ließ Chomeini den Papst an das
verbindende Element der beiden Weltreligionen erinnern:
die unnachsichtige Verfolgung Andersgläubiger.

Eindringlich wies Chomeinis Mann in Rom den Heiligen Vater auf das „blas-
phemische Werk" Rushdi's hin, das auch der eigentlich gar nicht gemeinten Chri-
stenheit zum Schaden gereichen würde.

Huldvoll ließ sich der ungläubige Bruder herbei und im L'Osservatore Romano
verkünden, daß oft „unter Berufung auf künstlerische Gründe oder auf Prinzipien
der Meinungsfreiheit versucht (werde), eine ungemessene Verwendung heiliger
Texte oder religiöser Dinge zu rechtfertigen, die sich schließlich als willkürliche
Verzerrung, wenn nicht gar als regelrechte Blasphemie herausstellt."

Dem botmäßigen Vatikan fiel es offenbar nicht schwer, den Koran, den Rushdi
in seinen „Satanischen Versen" freizügig interpretiert hatte, zum „heiligen Text"
zu erheben. Er fand auch nichts dabei, seine „Solidarität mit denen, die sich in
ihrem Glaubens verletzt fühlen", mit strenggläubigen Moslems, zu erklären.

Der Papst hatte den Roman ebensowenig gelesen wie sein Kompagnon Chomeini. Hätten sie es getan oder ein Proseminar in Literaturtheorie besucht, dann
wäre ihnen aufgegangen, daß Rushdi's Fiktion nicht ernst zu nehmen war, weil er
seine angebliche Blasphemie als Teil eines Traums erzählt.

Die Satanischen Verse verkaufen sich überall, wo sie zu haben sind, glänzend, und sei es nur, weil, wie in Frankreich, ein Mullah ankündigt, er werde zum Wohle seines Glaubens die gesamte Auflage aufkaufen und vernichten.

Die hitzigen Debatten vom Anfang des Jahres sind längst vorüber, ebenso der damals so heftige Einsatz für die Freiheit des Wortes. Wenn die deutsche Übersetzung in dieser Woche ausgeliefert wird, und wenn sich die Leser selbst auf die Suche nach den fünf, sechs anstößigen Stellen machen können, dann werden sie schnell merken, daß „Die Satanischen Verse" nicht ihr Buch sind, sondern das Chomeinis. Der ganze von dem Verewigten aufgereizte Rummel hat den „Satanischen Versen" nicht geholfen:

Sie werden das große ungelesene Buch bleiben.

Sein Verdienst liegt weit außerhalb der Literatur: Womöglich hat der Kampf gegen den Gotteslästerer Rushdi dem Gottesfürchtigen Chomeini das Leben gekostet.

Und welches Buch hätte seit der Bibel und dem Koran ähnlich viel ausgerichtet?"

Der Leser möge, falls er darauf besteht, mit Herrn Willi Winkler diskutieren, vor allem über das verbindliche, verbindende Element des Islams und des Christentums, über das Unheil, welches die Bibel und der Koran, seiner Meinung nach, anrichten, und über die Meinungsfreiheit.

Jeder muß aber damit rechnen, daß Herr W. Winkler ihn als Glaubenskrieger bezeichnen wird.

Recht hat er aber, wenn er schreibt: „Die Satanischen Verse" werden das große ungelesene Buch bleiben.

Doppelmoral der Zuständigen?

Man verteidigt das Buch „Die Satanischen Verse", indem man behauptet, der Schriftsteller bzw. sein Roman seien nicht ernst zu nehmen, weil die Lästerung und die Verspottung als „ein Teil eines Traumes" erzählt werden.

Also man darf in einem Roman schreiben: „Ich träumte oder er träumte, daß der Apostel X ein Hurenbock war und daß die Heilige Y die größte Sau, oder wie Salman Rushdi immer wieder wiederholt, die Fotze aller Zeiten ist, usw."

Ich übertreibe nicht. Ich präzisiere nur, was der Spiegel-Redakteur Willi W. meint, und z. B. was Herr Salman Rushdi auf den Seiten 389–390 der Satanischen Verse sagt:

„Umar (der 2. Kalif der Muslime) als junger Kommandeur der Sittenpolizei reagierte ziemlich gereizt und wütend, als er von dem Selbstmord der Bordellbesitzerin (Salman Rushdi meint eine bestimmte Frau Muhammads) erfuhr: Den Fotzen soll der Prozeß gemacht werden, die jüngste „Fotze" oder „Möse" wurde gepackt (damit meint Herr Salman Rushdi wieder dieselbe Frau Muhammads), denn Muhammad konnte nicht Huren und Dichtern vergeben (Seite 392).

Klar will und kann Herr Salman Rushdi träumen und über Gott, Religionen, Persönlichkeiten lästern.

Der Papst ist gewiß ein dummer Mensch, der, laut Herrn Willi Winkler, dem Spiegel-Redakteur, zwischen Traum und Taten bzw. nüchternen Äußerungen nicht unterscheiden kann.

Der Papst und sicherlich jeder Geistlicher soll zuerst gemäß Herrn W.W. ein Proseminar in Literaturtheorie besuchen, damit man endlich die Schriftsteller verstehen kann.

Es ist Doppelmoral, im Namen der Demokratie manche Bücher zu verbieten, weil sie gegen uns sind und manche Bücher zu loben und zu verteidigen, weil sie die Anderen beleidigen und verletzen.

Mrs. M. Thatcher führte einen Krieg gegen das Buch „Spycatcher", welches bestimmte Aktivitäten und Persönlichkeiten entlarvte.

Dasselbe unternahm man in England gegen das Buch des M. Parker, weil der Verfasser das private Leben der königlichen Familie nackt schilderte.

Der Inhalt jener Bücher sollte der Wahrheit dienen und keine Lügen verbreiten. Trotzdem versuchte man (in England), jene Bücher zu verbieten.

Das Werk des Salman Rushdi enthält nur Lügen, Träume und Schmähungen. Trotzdem wird das Buch unterstützt.

Was für eine Moral? Doppelmoral.

Auf Seite 456 sagt Salman Rushdi über den Engel Israfel (Israfil), der die Toten am Tage der Auferstehung mit der Posaune erweckt, und den Todesengel Asrael (Izrail) folgendes:

„Gabriel schrie: „Was hat das mit mir zu tun? Blöde Massenmösen, ein Bedürfnis, eine wortlose Bitte, verborgen unter den blechernen Stimmen von Zehn-Pfund-Nutten (damit meint er die Frauen des Propheten). Ihre Wünsche teilen sich ihm ohne Worte mit: was ist ein Erzengel anderes als eine Marionette? Kathapulti, Marionette: Die Gläubigen beugen uns nach ihrem Willen. Wir sind Kräfte der Natur, und sie unsere Herren. Auch Herrinnen. Die Schwere seiner Glieder, die Hitze, und ein Summen. Es wäre leicht, in Ohnmacht zu fallen.

Er fällt nicht in Ohnmacht.

Er steht inmitten der knienden Kinder, wartet auf die Luden. Und als sie kommen, zieht er endlich sein unruhiges Horn hervor und preßt es an die Lippen: den Würger, Asrael.

Nachdem der Feuerstrom aus dem Mund seiner goldenen Trompete gefahren ist und die nahenden Männer verzehrt hat, sie in ein Flammenkokon gehüllt und so vollkommen ausgelöscht hat, daß nicht einmal ihre Schuhe brutzelnd auf dem Gehsteig stehen, begreift Gibril.

Er geht weiter, in Richtung Brickhall, läßt die Dankbarkeit der Huren hinter sich, Asrael wieder in der geräumigen Tasche verstaut. Die Dinge werden klar. Er ist der Erzengel Gibril, der Engel des Vortrags, die Macht der Offenbarung in Händen. Er kann Männern und Frauen in die Brust greifen, die Wünsche ihres innersten Herzens herausholen und wahrmachen. Er ist der Stiller der Wünsche, der Löscher der Lüste, der Erfüller der Träume. Er ist der Geist aus der Lampe, und sein Herr ist der Vogel Rok.

Welche Wünsche, welche Imperative sind in der mitternächtlichen Luft? Er atmet sie ein. Und nickt, so sei es, ja. Es werde Feuer. Dieses ist eine Stadt, welche sich in Flammen gereinigt hat, gebüßt hat, indem sie bis auf die Grundmauern niedergebrannt ist.

Feuer, niederfallendes Feuer. „Dies ist die Strafe Gottes in seinem Zorn", ruft Gibril Farishta in die Nacht des Aufruhrs hinein, „daß den Menschen ihre Herzenswünsche gewährt werden und daß sie von ihnen verzehrt werden."

Billighochhäuser umschließen ihn. Nigger fressen Scheiße vom weißen Mann, meinen die unoriginellen Wände." Kein Kommentar."

Kein Kommentar bezüglich der Heiligkeit des Erzengels, des Propheten, der Frauen des Propheten usw., aber bezüglich der literarischen „Sache" möchten wir Herrn Salman Rushdi daran erinnern, daß der Vogel Rok, als Symbol, ihm ebenfalls sehr mißlungen ist.

Der Vogel Rok, welchen Salman Rushdi als Herr des Erzengel Gabriel bezeichnet, hat nichts mit Flammen, die reinigen sollten, zu tun.

Vielleicht meint er den Vogel Phoenix?

Laut dem Lexikon der Mythologie von Reinhold Sautner, Kiesel Verlag, 1984, S. 240 ist der heilige Wundervogel Phoenix (griech. und ägypt.) so klein wie ein Adler, „welcher sich in gewissen Zeitabständen einen Scheiterhaufen aus wohlriechenden Hölzern zusammenschichtet und sich selbst darauf verbrennt, um sich zu verjüngen.

Die Heimat dieses fabelhaften Geschöpfes soll Arabien oder Indien sein, und er komme nur alle 500 Jahre nach Ägypten."

Hat Salman Rushdi diesen Vogel gemeint?

Nein!

Er erwähnte und meinte den Vogel Rok.

Dieser (aus Persien stammende) sagenhafte Vogel sei von ungeheurer Größe. Er konnte nicht nur Menschen forttragen, sondern auch Kamele und Elefanten. Diese warf er seinen Jungen zum Fraß vor. Der Rok hatte sein Nest auf dem Urberg Albordj. „Einmal zerbrach eines seiner Rieseneier, als er es aus dem Nest rollte. Der Inhalt soll dreißig Dörfer überschwemmt haben", Seite 259 des Lexikons der Mythologie.

Salman Rushdi hat in seinem Roman keinen Mythos erfolgreich verwenden können, weil sein Ziel nur die Lästerung war. Dies ist ihm gelungen.

Auf Seite 386 sagt er: „Die Flasche leerte sich, und Salman Al-Farissi begann, wie Baal erwartet hatte, wieder von der Quelle all seines Leides zu sprechen, dem Verkünder und seiner Botschaft.

Gott höchstpersönlich erlaubte ihm, so viele Frauen zu ficken, wie er wollte."

Die Frau it der Gipfel aller Kulturen, meinte Goethe.

Sie ist aber nur zum F. . . da, betont Salman Rushdi immer wieder.

Ich frage mich wirklich, ob Salman Rushdi eine einzige Frau respektieren kann.

Was meint seine englische geschiedene Frau Clarissa (Mutter seines Sohnes Passim) und seine (noch) jetzige Frau Marianne Wiggins (die amerikanische Schriftstellerin) dazu?

Was meint jede saubere Frau, die diesen Roman lesen würde?

Ich kann aber jeder Frau sagen: „Nehmen Sie bitte diesen kranken Bruder, Salman Rushdi, nicht ernst, weil er auch keinen einzigen Mann, und nicht einmal Gott selbst, respektieren kann."

Außerdem ist der Roman, wie Herr Spiegel-Redakteur Willi Winkler betont, nicht ernst zu nehmen, weil Salman Rushdi seine angeblichen Blasphemien als Teil eines Traumes erzählt.

Weder mit dem Papst noch mit dem verstorbenen Chomeini hatte ich zu tun gehabt. Ich darf auch nicht in ihrem Namen sprechen, aber ich finde es übertrieben, daß der Spiegel-Redakteur Willi Winkler von ihnen verlangt, ein Proseminar in Literaturtheorie zu besuchen, damit ihnen aufginge, daß Rushdi's Fiktion nicht ernst zu nehmen ist.

Hätte Herr Willi Winkler den Roman richtig gelesen, vor allem die Seiten 382–392, dann hätte er nicht behaupten können, oder vielleicht auch doch, daß jene Fiktion nicht ernst zu nehmen war.

Nach und nach bringt Salman Rushdi seine Feinde (im Roman) um.

Damit versucht er, vergeblich, sie durch seine kranke Fantasie zu beseitigen. Der Handlung im Roman dient die Beseitigung auf diese Art und Weise nicht.

Außerdem sind die erfundenen Situationen von großer Leere und Naivität. So sagt Salman Rushdi auf S. 390–392:

„Gibril träumte von Baals Tod:

Bald nach ihrer Verhaftung stellten die zwölf Huren fest, daß sie sich an ihre alten Namen nicht mehr erinnern konnten, so sehr hatten sie sich an die neuen gewöhnt. Und da sie viel zuviel Angst hatten, als daß sie den Gefängniswärtern ihre angenommenen Namen gesagt hätten, gaben sie folglich überhaupt keine an. Die Aufseher brüllten und drohten, gaben aber schließlich nach und registrierten sie als Nummern, als Vorhang Nr. 1, Vorhang Nr. 2 und so weiter. Aus Angst vor den Konsequenzen, die ein unbeabsichtigt ausgeplauderter Hinweis auf das Geheimnis der Huren gezeitigt hätte, hielten auch ihre ehemaligen Kunden den Mund, so daß möglicherweise nie etwas herausgekommen wäre, wenn der Dichter Baal nicht seine Gedichte an die Mauern des Stadtgefängnisses angeschlagen hätte.

Zwei Tage nach Beginn der Verhaftungsaktion war das Gefängnis überfüllt mit Prostituierten und Zuhältern, deren Zahl während der zwei Jahre, in denen die Unterwerfung Geschlechtertrennung in Jahilia durchgesetzt hatte, sprunghaft angestiegen war. Es sickerte durch, daß mancher Jahilier bereit war, den Spott des Pöbels zu unterstützenn, ja sogar eine mögliche Verurteilung nach den neuen Moralgesetzen in Kauf zu nehmen, bloß um unter den Fenstern des Gefängnisses stehen zu können und jenen geschminkten Damen ein Ständchen zu bringen, die sie ins Herz geschlossen hatten. Die Damen drinnen zeigten sich von diesen Loyalitätsbekundungen wenig beeindruckt und gaben den Freiern vor den vergitterten Toren keinerlei Zeichen der Ermutigung. Am dritten Tag aber erschien unter diesen liebeshungrigen Narren ein besonders jämmerlicher Bursche mit Turban und in Pluderhose, dessen dunkle Haut unübersehbar helle Flecken aufwies. Viele Passanten kicherten bei seinem Anblick, aber als er begann, seine Gedichte zu singen, brach das Gekicher ab. Die Jahilier waren seit altersher große Freunde der Dichtkunst, und die Schönheit dieser Oden, welche dieser seltsame Herr vortrug, brachte sie zum Schweigen. Baal sang seine Liebesgedichte, und der Schmerz, den sie zum Ausdruck brachten, ließ alle anderen Verseschmiede verstummen, und Baal sprach für sie alle. An den Fenstern des Gefängnisses erschienen zum ersten Mal die Gesichter der verhafteten Huren, die vom Zauber der Lieder angelockt wurden. Als Baal seinen Vortrag beendet hatte, trat er nach vorn, um seine Verse an die Mauer zu schlagen. Die Wachtposten vor den Toren hatten Tränen in den Augen und machten keinerlei Anstalten, ihn davon abzuhalten.

Die Menge, die sich im Gerichtszelt drängte, wohl wissend, daß dies hier der berühmte Satiriker Baal war, seinerzeit der scharfzüngigste und hellste Kopf in Jahilia, begann zu lachen, so sehr sie es auch zu unterdrücken versuchte. Je aufrichtiger und einfacher Baal seine Ehen mit den zwölf „Frauen des Propheten" beschrieb, desto lauter grölte das verdutzt-erheiterte Publikum. Am Ende seines Vortrags lachten die guten Leute von Jahilia buchstäblich Tränen, hemmungslos, selbst dann noch, als Soldaten mit Peitschen und Krummsäbeln ihnen den sofortigen Tod androhten.

„Es ist mein Ernst", schrie Baal in die Menge, die mit Pfeifen, Gellen, Schenkelschlagen antwortete. „Es ist kein Spaß!" Hahaha. Bis schließlich Ruhe einkehrte: der Prophet hatte sich erhoben.

„Früher hast du dich über den Vortrag lustig gemacht", sagte Mahound in das Schweigen hinein. „Diese Leute haben auch damals deinem Spott Beifall geklatscht. Jetzt bist du wieder da und entwürdigst mein Haus, und es scheint, als wäre es dir abermals gelungen, das Böse im Menschen anzusprechen."

Baal sagte: „Ich bin fertig. Mach was du willst."

Er wurde zum Tod durch das Schwert verurteilt, das Urteil war unverzüglich zu vollstrecken, und als die Soldaten ihn aus dem Zelt zur Hinrichtungsstätte führten, rief er über die Schulter: „Huren und Dichter, Mahound. Das sind die Leute, denen du nicht vergeben kannst."

Mahound erwiderte: „Dichter und Huren. Ich sehe da keinen Unterschied."

90 % der Seiten dieses satanischen Werkes bestehen nur aus Schmähungen, Beleidigungen und erfundenen Lügen, welche man ohne Bedenken streichen kann, ohne daß die dramatische Handlung darunter leidet.

Salman Rushdi's Satanische Verse verwenden die Inkarnation und den Traum als Deckmantel, um die Verworrenheit des kranken Mannes selbst zu verstecken. Auf den Seiten 384–86; 392 überrascht uns folgendes:

Salman Rushdi selbst ist Baal.

Salman Rushdi ist auch Muhammad.

Muhammad bzw. Baal wird, von Muhammad selbst, zum Tode durch das Schwert verurteilt.

Baal, d.h. Salman Rushdi, „verwandelt sich in das geheime, profane Ebenbild Mahounds, und deshalb konnte er auch wunderschöne Verse schreiben. Nie zuvor hatte er solch wohlklingende Gedichte verfaßt. Baal wurde zum Tode durch das Schwert verurteilt."

Nur wegen der Gleichberechtigung hätte Salman Rushdi sich einmal in eine Frau bzw. eine Hure, gemäß seiner deutlich verworrenen Denkweise, verwandeln sollen. Dies hat er, zum Glück jeder Frau, nicht getan.

Oft kritisiert Rushdi die Araber vor dem Islam. Dann kritisiert er Muhammad unsachlich, weil er das Leben der Araber neu gestaltet hat. Er verzeiht weder seiner Heldin Hind noch ihrem Mann, dem Oberhaupt der Mekkaner vor dem Islam (siehe die Satanischen Verse S. 375–394).

Er läßt Hind, die mächtigste Herrscherin des Salman Rushdi, vor Muhammad niederknien.

„. . . küßt seine Füße. Zeh für Zeh, Gelenk für Gelenk, die Frau leckt, küßt, lutscht. Er, genervt, wiederholt: „Hör auf! Das schickt sich nicht."

Abu Sufyan, Oberhaupt der Mekkaner, ist ebenfalls ein Verräter, wie seine Frau Hind. Er wurde Muslim. Dies war sein größter Fehler, laut Salman Rushdi.

Hind, die Besiegte, ist doch am Ende die Siegerin, die durch Magie Muhammad umbringt. Sie ist eine Frau, oder wie der Schriftsteller S. Rushdi will: die Verkörperung des Übels.

Sie war nie eine Muslimin. Sie war eine, nach S. Rushdi, Scheinmuslimin. Es ist nicht meine Aufgabe, hier zu erforschen, mit welcher Frau im Leben des S. Rushdi Hind Ähnlichkeit hat.

Dies lesen wir auf S. 392–393:

„Es war einmal eine Frau, die sich nicht veränderte. Nachdem Jahilia durch Abu Simbels Verrat dem Propheten auf einem silbernen Tablett überreicht worden war und der Traum von Jahilias Größe der Realität von Mahounds Größe hatte weichen müssen, lutschte Hind Zehen, sagte das La-Ilaha und zog sich dann in einen hohen Turm ihres Palastes zurück, in dem sie die Kunde von der Zerstörung des Al-Lat-Tempels zu Taif und sämtlicher Statuen der Göttin erreichte. Sie schloß sich in ihrem Turmzimmer mit einem Haufen alter Bücher ein, die in einer Schrift geschrieben waren, die kein Mensch sonst in Jahilia entziffern konnte; zwei Jahre und zwei Monate verbrachte sie dort, studierte heimlich die okkulten Schriften, und auf ihre Bitte hin wurde einmal am Tag eine einfache Mahlzeit vor ihrer Tür abgestellt und gleichzeitig ihr Nachttopf geleert. Zwei Jahre und zwei Monate sah sie kein anderes Lebewesen. Dann betrat sie am frühen Morgen, angetan mit ihren schönsten Gewändern, mit glitzerndem Schmuck an Handgelenken, Fesseln, Zehen, Ohren und Hals, das Schlafzimmer ihres Mannes. „Wach auf!" rief sie und zog die Vorhänge auf. „Heute ist ein Festtag." Er bemerkte, daß sie nicht um einen einzigen Tag gealtert war, seit er sie zuletzt gesehen hatte. Wenn überhaupt, dann sah sie jünger aus als je zuvor, was jenen Gerüchten Glaubwürdigkeit verlieh, die behaupteten, sie habe in ihrem Turmzimmer die Zeit durch einen Zauberspruch dazu gebracht, für sie rückwärts zu gehen. „Was gibt es denn zu feiern?" fragte der einstige Grande von Jahilia und spuckte wie jeden Morgen seinen blutigen Auswurf aus. Hind antwortete: „Den Fluß der Geschichte kann ich vielleicht nicht umkehren, aber Rache ist süß."

Eine Stunde später traf die Nachricht ein, daß der Prophet Mahound tödlich erkrankt sei, er liege in Aischas Bett, mit rasenden Kopfschmerzen, als wären lauter kleine Teufel dort am Werk. Hind fuhr seelenruhig fort, Vorbereitungen für ein Festmahl zu treffen, und schickte Diener in jeden Winkel der Stadt mit Einladungen an ihre Gäste. Aber an so einem Tag mochte natürlich niemand zu einer Party gehen. Abends saß Hind allein im Festsaal ihres Palastes, inmitten der Goldteller und Kristallgläser ihrer Rache, umgeben von prächtigen, dampfenden, aromatisch duftenden Speisen jeder erdenklichen Art, und aß ein schlichtes Kouskous-Gericht. Abu Simbel weigerte sich, ihr Gesellschaft zu leisten, hatte ihr Mahl eine Obszönität genannt. „Du hast das Herz seines Onkels gegessen", rief er, „und jetzt würdest du sogar das seine essen." Sie lachte ihm ins Gesicht. Als die Diener zu weinen begannen, schickte sie sie hinaus und saß einsam frohlockend da, und die Kerzen warfen seltsame Schatten auf ihr strenges, unnachgiebiges Gesicht."

Die Darstellung der Frau als Verkörperung des Übels und Satans Werkzeug wird von Salman Rushdi immer wieder betont.

Diese Darstellung ist vollkommen gegen die Darstellung des Islam. Weder der Qur'ān noch die Aussprüche Muhammads betrachteten die Frau als Ursache des Übels oder als Werkzeug des Teufels. Laut Koran unterscheidet der Islam nicht zwischen der Frau und dem Mann.

Der Qur'ān betont, daß der Mann und die Frau aus einer einzigen Seele geschaffen sind:

„Er schuf euch aus einer einzigen Seele, dann machte Er aus ihr ihren Teil des Paares," Sura 39, Vers 6.

Von Anfang an waren der Mann und die Frau gleich.

Diese Gleichberechtigung wurde vor dem Islam in der ganzen Welt von einem Geschlecht mißbraucht.

Der Islam gab der Frau zur Zeit Muhammads ihre geraubte Freiheit und Würde.

Die verschiedenen Qur'ān-Verse und die zahlreichen, unverfälschten Aussprüche (Ahadieth) des Propheten sprechen für die Gleichberechtigung.

Warum sollten dann die unterdrückten Frauen (der Araber vor dem Islam) den Islam später bekämpfen?

Welches Interesse hat Hind, die den Befreier der Frauen getötet haben soll? Salman Rushdi's Antwort lautet: (siehe S. 393 der Satanischen Verse)

„. . . nur weil die Rache süß ist!" Das ist das Bild der Frau nach Salman R.

Laut Salman Rushdi's Träumen wollte Hind sich rächen, weil sie vielleicht den Fluß der Geschichte nicht umkehren kann, „aber Rache ist süß".

Gewiß kann Salman Rushdi's Unterstützung den Fluß der Geschichte auch nicht umkehren.

Salman Rushdi & Co. haben sicherlich nicht vergessen, daß der Sohn jener Hind und des Abu Sufyan einer der größten Verbreiter des Islam war.

Ihm, Mu'awiya, Sohn der Hind und des Abu Sufyan, gelang es, den Islam, gegen die Byzantiner zu verteidigen.

Er hatte sicherlich Fehler gemacht. Dafür ist er allein vor Gott verantwortlich.

Ruckartig bringt Salman Rushdi, wortwörtlich: im Traum, den Propheten Muhammad um.

Und weil er feige ist, läßt er Gabriel, den Erzengel, von jenem Tod des Propheten träumen. Mit diesem Traum beendet er auf S. 394 das sechste Kapitel seines Romanes:

„Gibril träumte von Mahounds Tod:

Als der Kopf des Verkünders zu schmerzen begann wie nie zuvor, wußte Mahound, daß die Zeit gekommen war und er vor die Wahl gestellt würde:

Da nämlich kein Prophet sterben darf, ehe er nicht das Paradies geschaut hat, um anschließend zu wählen zwischen dieser Welt und der nächsten:

Er lag da, das Haupt in den Schoß der geliebten Aischa gebettet, schloß die Augen, und das Leben schien von ihm zu weichen, doch nach einer Weile kam er wieder zu sich:

Und er sprach zu Aischa: „Ich bin vor die Wahl gestellt worden und habe mich für das Reich Gottes entschieden."

Da weinte sie, denn sie wußte, daß er von seinem Tod sprach, woraufhin sein Blick an ihr vorbeiging und sich auf jemand anders zu richten schien, wiewohl Aischa, als sie sich umwandte, dort nur eine Lampe auf ihrem Halter brennen sah.

„Wer ist da?" rief er. „Bist du es, Asrael?"

Aischa aber vernahm eine entsetzliche, süße Stimme, eine Frauenstimme: „Nein, Verkünder Al-Lahs, ich bin nicht Asrael."

Und die Lampe verlöschte, und Mahound fragte in das Dunkel hinein: „Ist diese Krankheit dann dein Werk, Al-Lat?"

Und sie sagte: „Es ist meine Rache an dir, und ich bin zufrieden. Man wird einem Kamel die Kniesehnen durchschneiden und es auf deinem Grab zurücklassen."

Die Stimme entfernte sich, und die erloschene Lampe flammte wieder auf zu einem großen und sanften Licht, und der Verkünder murmelte: „Dennoch, Al-Lat, danke ich dir für dieses Geschenk."

Kurz darauf starb er. Aischa ging hinaus in den Nebenraum, in dem die anderen Frauen und Jünger mit schwerem Herzen warteten, und sie hoben an, laut zu klagen:

Aischa aber trocknete sich die Augen und sagte: „Wer unter euch den Verkünder angebetet hat, der möge trauern, denn Mahound ist tot. Wer aber unter euch Gott anbetet, der möge frohlocken, denn Er lebt gewiß."

Das war das Ende des Traums.

Es ist mehr als lächerlich und unverschämt, daß ein Mensch, vor allem ein angeblich guter Schriftsteller, eine Religion, vor allem eine Weltreligion, angreift, weil er diese Religion nicht leiden kann.

Wäre dies zulässig, dann gäbe es auch keine Gesetze.

Ich kann nicht und ich darf nicht einen Menschen beleidigen oder verachten, bloß weil er sich auf eine bestimmte Art und Weise reinigt, bevor er seine Gebete verrichtet.

Dies macht aber Herr Salman Rushdi, vielleicht weil sein verstorbener Vater ihn als Kind zwang, sich vor dem Gebet zu waschen.

Auf S. 109–110 sagt Salman Rushdi:

„Der Grande (d. h. Abu Sufyan, Oberhaupt der Mekkaner) setzt sich auf, und sofort nähern sich Konkubinen, um die Ölungen und Massagen wieder aufzunehmen. Er winkt sie fort, klatscht in die Hände. Der Eunuch tritt ein. „Schick einen Boten zum Haus des Kahin Mahound", befiehlt Abu Simbel. „Wir werden ihm eine kleine Aufgabe stellen. Einen fairen Wettstreit: drei gegen einen" (gemeint Gott gegen drei Göttinnen).

Wasserträger, Einwanderer, Sklaven: Mahounds drei Jünger waschen sich am Brunnen von Zamzam. In der Sand-Stadt gelten sie aufgrund ihrer Besessenheit vom Wasser als Freaks. Waschungen, immerzu Waschungen, die Beine bis zu den Knien, die Arme bis zu den Ellbogen, der Kopf bis zum Hals. Wie absonderlich sie aussehen, mit dem trockenen Rumpf, den nassen Gliedern und dem feuchten Kopf! Plitsch, platsch, waschen und beten. Kniend schieben sie Arme, Beine, Kopf wieder zurück in den allgegenwärtigen Sand, und dann fängt der Kreislauf von Wasser und Gebet von vorne an. Sie sind ergiebige Zielscheiben für Baals Feder. Ihre Wasserliebe ist so etwas wie Verrat, die Leute von Jahilia fügen sich der Allmacht des Sandes. Er klebt zwischen Fingern und Zehen, überzieht Wimpern und Haar, verstopft Poren. Sie öffnen sich der Wüste: komm, Sand, wasch uns in Trockenheit. So halten es die Jahilier, vom höchsten Bürger bis zum Niedrigsten der Niedrigen. Es sind Menschen aus Silizium, und Wasser-Liebhaber sind unter sie geraten."

Die falsche und naive Vorstellung des Salman R. über die arabische Gesellschaft vor dem Islam läßt ihn mehrere Fehler machen; z. B. seine Darstellung der Religion der Araber vor dem Islam, seine Darstellung der Dichtung der Araber, vor allem was er als Satire bezeichnet, seine Darstellung des Streites zwischen Aischa und den anderen Frauen, seine Darstellung des Usman und der islamischen Gesellschaft.

Ein flüchtiges Lesen dieses billigen Romanes zeigt, daß Salman Rushdi höchstens die kritischen Bemerkungen der Orientalisten und einige Geschichten bzw. Koran-Verse (Übersetzung) gelesen hat, um dieses Werk zu schreiben.

Dabei blieb er die ganze Zeit mit Herz und Seele in Europa bzw. in London. Seine Helden bewegen sich in Europa, auch wenn er arabische Orte und Namen erwähnt. Wir können überall europäische Orte und Namen statt der arabischen schreiben, ohne daß die Handlung darunter leidet.

Muhammad, in der Darstellung des Salman R., erinnert uns an die Redner, die im Londoner Hyde Park ihre Reden halten. Der Leser braucht nur folgende Zeilen (Seite 112) zu lesen, um dies festzustellen:

Salman der Perser habe zu Muhammad gesagt – natürlich nach der Fantasie des Salman Rushdi –, er soll nicht die Göttinnen der Heiden anerkennen: „Oder es ist eine andere Falle", beharrt Salman. „Wie lange schon tragen wir das Glaubensbekenntnis vor, das du uns gebracht hast? Es gibt keinen Gott außer Gott. Was sind wir noch, wenn wir es jetzt aufgeben? Das wird uns schwächen, lächerlich machen. Wir werden keine Gefahr mehr darstellen. Niemand wird uns je wieder ernstnehmen."

Mahound lacht, aufrichtig belustigt. „Vielleicht bist du noch nicht lange genug hier", sagt er freundlich. „Hast du es nicht bemerkt? Die Leute nehmen uns nicht ernst. Wenn ich spreche, habe ich nie mehr als fünfzig Zuhörer, und die Hälfte davon sind Touristen. Liest du die Schmähschriften nicht, die Baal in der ganzen Stadt anschlägt?" Er rezitiert:

Verkünder, hör gut zu.
Dein Glaube an nur einen Gott
Bringt dir nichts als Hohn und Spott.
In Jahilia bist der Dumme du.

„Überall verspotten sie uns, und du nennst uns eine Gefahr", ruft er.

Merkwürdig ist es aber, daß Salman Rushdi auf Seite 242 fragt: „Haben Frauen Seele? Ist Gott schwarz oder weiß?" Merkwürdig ist diese Fragerei, weil der Islam niemals behauptete, Frauen hätten keine Seele. Niemals wird im Koran erwähnt, daß Gott den Menschen nach Seinem Bilde schuf.

Mag sein, daß Anhänger anderer Religionen sich verteidigen wollen, weil sie etwas darüber aussagen.

Mag sein, daß der „Gelehrte" Salman Rushdi den Koran mit anderen Schriften verwechselt hat.

Noch dazu behauptet der Herr Salman Rushdi, daß der Prophet Muhammad das oder dies gesagt oder getan habe (siehe z. B. Seite 366), was vollkommen seine Naivität zeigt. Er kann nicht mal den Rosengarten „Gulistan" von Saadi (13. Jahrhundert), welchen er auf Seite 366 erwähnt, um seine Scheinkenntnis zu zeigen, von den islamischen Schriften unterscheiden.

Die Frau und der Islam: Was ist das?

Teil IV dieses Buches wird auf diese Frage im Einzelnen eingehen.

Um dies zu verstehen, müssen wir zuerst fragen, was die Frau z. B. in der westlichen Gesellschaft darstellt.

Als Mann erlaube ich mir, eine Frau zu hören, wenn sie über Frauen spricht. Es ist sogar besser, wenn ich mehrere Frauen höre, damit ich ungefähr weiß, was das Wesen der Frau sein könnte.

Prof. Dr. Uta Ranke-Heinemann ist für mich eine der klügsten Frauen unserer Geschichte.

In ihrem Buch „Widerworte", Goldmann Verlag 1989, 2. Auflage, S. 163 ff, schreibt sie u. a.:

Die Frau als Blumentopf: Ehe und Eros im christlichen Abendland:

„Der verhängnisvolle Prozeß der Enterotisierung ehelicher Liebe wird im Abendland, in Europa durch Augustinus († 430) entscheidend vorwärtsgetrieben. Das stoische Ideal der Apatheia (Leidenschaftslosigkeit) beschreibt z. B. Seneca - († 65) in seiner Schrift „de matrimonio": „Der Weise läßt bei der Liebe zu seiner Gattin die Vernunft walten, nicht den Affekt. Er widerstrebt dem Ansturm der Leidenschaften, nichts ist häßlicher, als die Gattin wie eine Dirne zu lieben." Oder: „Eine fremde Gattin zu lieben ist immer schändlich. Schändlich ist es aber auch, die eigene über das Maß zu lieben."

Das Maß ist die Kinderzeugung. So Seneca an seine Mutter Helvia: „Wenn du bedenkst, daß die Geschlechtslust dem Menschen nicht zum Vergnügen, sondern zur Fortpflanzung seines Geschlechts gegeben ist, so wird, wenn dich die Wollust nicht mit ihrem Gifthauch berührt hat, auch jede andere Begierde, ohne dich zu berühren, an dir vorbeigehen." Gnostisch beeinflußt z. B. ist die Qumransekte am Toten Meer zur Zeit Jesu: „Deshalb nahmen sie nur solche Frauen, deren Fruchtbarkeit sie in dreijähriger Beobachtung festgestellt hatten, und den Gebrauch der Ehe schränkten sie auf die Zeugung ein. Mit Schwangeren verkehrten sie nicht mehr, um zu bekunden, daß sie nicht der Lust, sondern der Nachkommenschaft wegen geheiratet hatten" (Josephus: Der jüdische Krieg). Vor seiner Bekehrung zum Christentum hatte Augustinus neun Jahre einer gnostisch gefärbten Sekte, dem Manichäismus, angehört. Der Pessimismus dieser Sekte äußerte sich z. B. in der Verweigerung, Kinder zu zeugen. Die Manichäer ermahnten ihre Anhänger, für den Geschlechtsverkehr möglichst die empfängnisfreien Tage zu benutzen, Seite 164. Diese Methode der Verhütung verwirft Augustinus:

„Dadurch sind Ehemänner schändliche Liebhaber, sind Ehefrauen Huren, Hochzeitsbetten sind Bordelle und Schwiegerväter Zuhälter," (Ich muß den Leser erinnern, diese Art über Menschen zu sprechen unterscheidet sich nicht von der schmutzigen Art des Salman Rushdi.).

Auf der nächsten Seite (165) der „Widerworte" sagt Prof. Dr. U. R.-H.:

„Das Verbot der Empfängnisverhütung ist jedoch nur ein Symptom für eine erosfeindliche kirchliche Eheauffassung, für Lustfeindlichkeit und inhumane Betrachtungsweise ehelicher Beziehungen. Deutlich wird das z. B., wenn Augustinus die alttestamentlichen Patriarchen lobt, die mit ihren vielen Frauen „lediglich zur Zeugung verkehren" gegenüber denjenigen Christen, die ihre einzige Frau „mit sinnlicher Lust" gebrauchen. Thomas von Aquin, die zweite große

Säule katholischer Sexualmoral († 1274) schreibt später im Anschluß an Augustinus, daß die Frau lediglich Hilfe zum Kindergebären und nützlich im Haushalt sei, für das Geistesleben des Mannes jedoch keine Bedeutung besitze.

Nach Albert (dem Lehrer von Thomas) und Thomas folgt auch die Unauflösbarkeit der Ehe aus der geistigen Minderwertigkeit der Frau: Insofern die Natur nicht nur die Zeugung, sondern auch die Aufzucht intendiert, ergibt sich für den Menschen die Forderung des dauernden Zusammenlebens der Gatten, denn die Erziehung kann von der Mutter nicht allein getätigt werden. Die geistige Erziehung kann nur vom Mann her geschehen, da er der geistig Führende ist. (Also auch die Unauflöslichkeit der Ehe wird dem Zweck der Kinderaufzucht zugeordnet). Warum aber der Mann „ratione perfectior et virtute fortior" (vollkommener im Verstand und tugendhafter) ist, übernehmen Albert und Thomas von Aristoteles: Weil das Aktive wertvoller als das Passive ist. Erst 1827 wurde das weibliche Ei entdeckt, vorher sah man die Frau als eine Art Blumentopf (passiv) an, in den der Mann seinen Samen steckt (aktiv). Daß Orest seine Mutter ermordet hat, findet deswegen schon Aischylos († 450 v. Chr.) nicht so schlimm wie einen Vatermord: „Die Mutter ist dem Kinde, das sie Mutter nennt, nicht Quell des Lebens, sondern hegt den jungen Keim. Der Vater zeugt ihn." Thomas meint, man müsse deswegen den Vater mehr lieben als die Mutter. Nur der Vater ist aktiv, er zeugt, die Mutter empfängt.

Folgen wir weiter Aristoteles, Albert und Thomas: Nach dem Grundsatz „jedes Aktive bewirkt etwas ihm Ähnliches" müßten eigentlich immer Männer geboren werden. Denn an sich will die aktive Kraft im männlichen Samen etwas gleich Vollkommenes hervorbringen, nämlich einen Mann, Frauen entsprechen nicht der ersten Absicht der Natur, die auf Vollkommenheit zielt, sondern der sekundären Absicht der Natur, wie Alter und Mißbildung. Das männliche Geschlecht ist „edler". Die Frau ist deficiens, ein Mängelwesen.

Bei solchem Männlichkeitswahn, von den Griechen in die Theologie eingeschleppt, kann sich Eros, kann sich personale Beziehung der Ehegatten nur spärlich, nur trotz solcher Philosophen und Kirchenmänner entwickeln. Die Beziehung der Gatten wird total dem Zeugungszweck untergeordnet. Thomas vertritt die Meinung, daß der Inzest (Verkehr mit Mutter oder Schwester) keine so schwere Sünde sei wie die Empfängnisverhütung. Das Wort „Liebe" kommt in der Sprache der Theologen als Motiv für den ehelichen Akt nicht vor. Ehelicher Verkehr wird in vier Gruppen eingeteilt: erstens zur Zeugung, zweitens zur Vermeidung der Unzucht des Ehegatten, drittens zur Vermeidung der eigenen Unzucht, viertens aus Lust. (Letzteres wurde lange als Sünde gewertet, vorletztes war umstritten, einwandfrei gemäß Augustinus und Thomas nur Möglichkeiten eins und zwei.)

Gegen die „laxe Jesuitenmoral", die entgegen dem strengen Augustinismus, der auch von Thomas vertreten wird, ein wenig mehr Lockerung bringen will (winzige Lockerungen: z. B. Eheverkehr zu heiligen Zeiten nicht sündhaft; Verkehr mit Schwangeren nicht sündhaft; das Wollen beim ehelichen Akt darf auch auf das Luststreben gerichtet sein, muß nicht allein auf die Zeugung ausgerichtet werden; Verkehr mit der unfruchtbaren und älteren Frau ist nicht zu beanstanden usw.) wendet sich später der Jansenismus, eine Übertragung des Augustinismus vom 5. ins 17. Jahrhundert. Der Jansenismus ist ein Aufleben der Prüderie im Frankreich des 17. und 18. Jahrhunderts. Eine Auswirkung des Jansenismus zeigt sich z. B. bei jenen Ehefrauen, die noch vor nicht allzu langer Zeit beichteten, wenn sie Verkehr gehabt hatten. Denn wer verkehrt schon immer und ausschließlich nur zur Zeugung? „Wahrhaftig, das ist das Ideal christlicher Eheführung, die dem geschlechtlichen Verlangen wehrt, sich mit der menstruierenden, der schwangeren, der gänzlich unfruchtbaren Frau oder durch Alter gebärunfähigen Frau zu verbinden. Und weiter sage ich: Nicht das geringste darf geschehen um der geschlechtlichen Lust willen", schreibt Jansenius. Der berühmteste Anhänger der Jansenisten und Gegner der Jesuiten war übrigens Pascal.

Die Auswirkungen des Augustinismus zeigten sich nicht nur im 17. und 18. Jahrhundert (Jansenismus), sondern setzten sich fort in unserem Jahrhundert, das uns bis 1981 schon die dritte Verhütungsenzyklika bescherte (1930, 1968, 1981). Wo aber die Zeugung derartig in den Vordergrund der Reflexion tritt, ist der Eros zwischen den Ehegatten, was die Erwägungen der Theologen betrifft, zur Zweitrangigkeit, zum Kümmerdasein verurteilt.

In der Tradition ihrer Zeit stehen auch die Reformatoren Luther und Calvin. Die personale Sicht der Ehe wird auch von ihnen zu wenig erkannt. Für Calvin ist die Ehe ausschließlich zur Kindererzeugung und -erziehung eingesetzt, eine Ansicht, die vom englischen Puritanismus übernommen wird. Es ist konsequent, wenn der Methodist Whitefield († 1770), großer Erweckungsprediger seiner Zeit, sich dessen rühmt, daß keinerlei sündhafter Trieb, keine Liebe bei seiner Eheschließung mitsprachen: „Gott sei gelobt, wenn ich mein Herz irgend kenne, so bin ich frei von jener törichten Leidenschaft, welche die Welt Liebe nennt." Luther betont einen Aspekt der Ehe, wie er in der Frühscholastik (11.–13. Jahrh.) vorherrschend war (bis dann in der Hochscholastik Thomas von Aquin das Kind wieder in den allesbeherrschenden Vordergrund schob). Für Luther ist die Ehe ein „Spital der Siechen", Arznei gegen die Unkeuschheit. „Um der Hurerei willen sollen die Christen heiraten." Die Ehe ist also Präservativ gegen sexuelle Entgleisungen.

Beide Aspekte, die Ehe vorwiegend zum Zweck der Kindererzeugung und die Ehe vorwiegend zum Zweck der Vermeidung von Unzucht, haben auch der protestantischen Eheauffassung eine unerotische Komponente gegeben. Die Tatsache, daß heute die evangelische Kirche anders als die katholische Kirche die Empfängnisverhütung nicht zum Moralthema Nr. 1 erhebt, vielmehr den Eheleuten hier Freiheit zugesteht, zeigt, daß die evangelische Kirche inzwischen eine erosfreundlichere Richtung als die katholische Kirche eingeschlagen hat."

Man muß nicht mit Prof. Dr. Uta Ranke-Heinemann in allen ihren Ansichten übereinstimmen, jedoch ist die Wichtigkeit und die Tiefe ihrer Studie anzuerkennen.

Der Islam lehrt uns, die Mutter mehr als den Vater zu lieben:

Ein Mann fragte den Propheten: „Wer hat am meisten Anspruch, daß ich ihm ein guter Gefährte bin (daß ich für ihn sorge und ihn mehr liebe)?

Muhammad antwortete: „Deine Mutter." Der Mann fragte wieder: „Und wer dann?" Muhammad sagte wieder: „Deine Mutter." Der Mann fragte: „Und wer dann?" Er sagte: „Deine Mutter." Der Mann fragte (zum 4. Mal): „Und wer dann?" Der Prophet sagte: „Dann dein Vater."

Der Muslim weiß, daß er für seine Eltern beten soll, auch wenn sie selbst keine Muslime sind.

Muhammad sagte: „Allah schiebt die Bestrafung aller Sünden bis zum Tage der Auferstehung auf, außer Ungehorsam gegenüber den Eltern, wofür Allah den Sünder in diesem Leben vor seinem Tode bestraft."

Die Beleidigung eines Elternteiles ist eine schwere Sünde, deshalb sagte Muhammad:

„Zu den größten Sünden gehörte das Verfluchen der Eltern." Die Anwesenden wunderten sich, wie könnte ein vernünftiger Mensch seine Eltern selbst verfluchen. Er (erklärte es ihnen, indem er) sagte:

„Indem der Mensch den Vater eines anderen beleidigt, dann beleidigt der (Betroffene) seinen Vater (zurück), und der Mensch beleidigt die Mutter des anderen, dann beleidigt dieser (Betroffene) seine Mutter."

Aus diesen Gründen ist es nicht leicht für die Muslime, die Lästerungen und die Beleidigungen ihrer Mütter und Väter durch Herrn Salman Rushdi zu verzeihen.

Gottes Lästerung und die Beleidigung der Weltreligionen Judentum, Christentum und Islam lehnt jeder Gläubige ab.

Das bedeutet aber nicht, daß wir mit dem Todesurteil Ayatollah Chomeinis einverstanden sind.

Teil III

Die Frau im Westen

Neben der Schilderung der Frau als Blumentopf bei Prof. Dr. Uta Ranke-Heinemann gibt es sicherlich andere Schilderungen.

In seinem Buch „Liebe und Sex ohne Ehe", Scherz-Verlag 1969, Seite 9 sagt der Verfasser Dr. Eustace Chesser:

„Wir glauben nicht alles, was in der Bibel steht. Darüber hinaus dürfte es gar nicht leicht sein, eine Bibelstelle zu finden, die sich auf vorehelichen Verkehr bezieht.

Die Bestimmungen des Alten Testamentes, eine Braut, die nicht mehr Jungfrau ist, müsse gesteinigt werden, beeindruckt uns nicht.

Paulus verdammt im Neuen Testament die Hurerei, macht aber auch einige sehr sauere Bemerkungen über die Ehe, die er für das kleinere von zwei Übeln hält." Auf Seite 10 sagt er:

„Uns fehlt eine grundlegende Neuorientierung unseres Lebens, die den völlig veränderten Bedingungen des zwanzigsten Jahrhunderts entspräche.

Eine Moral, die auf die Stämme im Alten Palästina oder auf das Leben im zerfallenen römischen Reich zugeschnitten war, kann kaum den Bedürfnissen des modernen Menschen gerecht werden."

Auf Seite 171 schreibt Dr. Eustace Chesser:

„Monogamie heißt, daß man zur selben Zeit nur mit einem Partner verheiratet sein kann. Wir sind in dem Glauben erzogen worden, daß dies menschlicher Bestimmung entspricht. Wenn nun aber inzwischen Scheidung möglich geworden ist, wenn die Gesellschaft eine tolerantere Haltung einnimmt, dann beweist es, daß auch Monogamie nicht vor Schwierigkeiten gefeit ist.

Zwar möchte der Mann einerseite nur mit einer Frau verheiratet sein, weil er eine wirklich enge Bindung sucht; andererseits ist er aber polygam veranlagt. Das heißt, er möchte mit mehr als einer Frau sexuelle Beziehungen haben. Die meisten Männer versagen sich das Vergnügen lieber, als daß sie ihre Ehe gefährden; viele finden aber den Verzicht zu schwierig – wie die Zahl der Ehebruch-Affären zeigt.

Manche Ehemänner und -frauen könnten die sogenannte Untreue ertragen, ohne daß ihre ehelichen Bindungen darunter leiden; das ist aber die Ausnahme und nicht die Regel. Für die große Mehrheit wäre das unmöglich – wenn auch nur deswegen, weil wir in der Überzeugung erzogen wurden, daß die Ehe uns gewisse Rechte über den Partner einräumt. Man vergißt, daß das einzige lohnenswerte wirkliche Recht, das die Ehe gibt, das Recht auf die Persönlichkeitsentwicklung ist; keiner besitzt den andern, sondern beide sind der Ehe untertan."

Eva Windmöllers Buch „Ehen in Deutschland", Marion von Schröder Verlag Hamburg, 1971, ist eine Suche nach neuen Formen des Zusammenlebens. Die Verfasserin schreibt:

1. Auf Seite 39–40: „Die Ehe hat sich in Deutschland im industriellen Zeitalter von der Produktionsgemeinschaft zur Konsumgemeinschaft (Prof. Pross) hin entwickelt. Ihr Fundament ist nicht mehr wirtschaftlich, sondern personal. In den personalen Ehen haben Mann und Frau nichts mehr, auf das sie sich verlassen können, als sich selber. Sind sie damit überfordert?"
    Die Ehe ist ein Vertrag über ein Besitzverhältnis mit Nutzungsrecht. Die Monogamie hat nichts mit Eros zu tun, sondern ist eine ökonomische Zwangsveranstaltung, die bestimmte Produktionsbedingungen wie den Besitz an Grundeigentum, Kapital, Prestige, Ausbildung stabilisiert. Die Ehe fixiert die gesellschaftliche Abhängigkeit der Menschen durch Aufrechterhaltung einer klassenspezifischen Erziehung, die mit einem Gewaltmonopol gegenüber den Kindern verbunden ist. (Karin Schrader-Klebert in Kursbuch 17)
    Viel Unterschiedliches über die Ehe findet sich auch beim Durchblättern beliebter Literatur:
    „Nit ein Mann allein und nit eine Frau allein, sondern beide zusammen ein Ding" (Paracelsus);
    „Die Ehe ist der Anfang und der Gipfel aller Kultur" (Goethe);
    „Die Ehe ist die verlogenste Form des Geschlechter-Verkehrs" (Nietzsche)

2. Auf Seite 75 schreibt die Verfasserin:
    „Materielle Schwierigkeiten werden von den meisten „jungen Ehepaaren" nicht als Belastung der Ehe empfunden. Am Anfang hat man so viel Dampf darauf, daß man darüber hinweggeht. Überhaupt macht man ja Sachen, wenn man jung ist, die man sich später nicht mehr vorstellen kann. Im Laufe der Ehejahre ändert sich das."
    „Geld ist bei den Deutschen das A und O" sagt eine junge Psychologin vom Münchner Meinungsforscherteam.
    Die deutsche Ehe dreht sich ja fast nur noch um die Anschaffungen.

3. Auf Seite 89:
    „Der Pflege seines Autos opfert jeder dritte Deutsche zwischen 16 und 59 Jahren die meiste Freizeit."

4. Auf Seite 132:
    „Das Zusammenleben mit einem einzigen Menschen? Ich würde sagen, das ist eine erfundene Sache. Man sollte heiraten ohne diesen ganzen sakramentalen und juristischen Überbau. Man sollte es so machen wie in Schweden: Eintragung genügt."

5. Auf Seite 137:
„Selbstlosigkeit findet man weder beim typischen deutschen Ehemann noch bei der typischen deutschen Ehefrau. Sie gilt für das normale Eheglück offenbar nicht als unbedingt notwendig, eher im Gegenteil. Sex ist entscheidend in der Ehe, wenn er stimmt, stimmt auch alles."
„Das Sexuelle ist die Stunde der Wahrheit."

6. Auf Seite 337:
„Polygamie war in allen Kulturen Vorrecht der Männer, ist es teilweise heute noch. Die Männer durften mehrere Frauen heiraten, einen Harem halten, außereheliche Liebe kaufen. Die Griechen hatten Gemahlinnen für die Kinder, Hetären für die Unterhaltung, Sklaven für die Lust. Die Römer und später auch die Germanen hatten das Recht, eine untreue Ehefrau zu töten, denn schließlich brachte sie Schande ins eigene Haus, während der Mann sie auf fremde Häuser verteilte. Männer sind polygam, das wissen die Frauen, das ist halt so."

7. Auf Seite 341, 342, 344 und 358 schreibt die Verfasserin:
„Moraltheologisch ist die Monogamie für den Menschen nach der Schöpfungsordnung gottgewollt. Die Einehe gilt als „rechtmäßige Verbindung eines Mannes mit einer Frau zu unzertrennlicher Lebensgemeinschaft." So alt wie das Christentum ist die eheliche Treueverpflichtung jedoch keineswegs. Noch bis zu Karl dem Großen (800 n. Chr.) betrieben die weltlichen Herrscher Vielweiberei, und erst nach jahrhundertelangen Kämpfen gegen Polygamie und Konkubinat konnte die Kirche im 16. Jahrhundert die Ehe zum Sakrament erheben:
„Was Gott zusammenfügt, das soll der Mensch nicht scheiden." Freie Geister haben zu allen Zeiten die Reglementierung biologischen Triebverhaltens attackiert. Nietzsche sprach höhnisch vom christlichen Geschlechtstrieb und nannte die Ehe „die verlogenste Form des Geschlechtsverkehrs." Anthropologen stellten fest, daß der Mensch das einzige Wesen sei, das sich Gesetze gegen die Natur schaffe. Ein aus der Kirche ausgetretener Katholik fragt aggressiv: „Wenn zwei Männer in Ihr Schlafzimmer eindrängen, was würden Sie tun? Sie würden sie hinauswerfen, mit Recht. Nur beim Pfarrer und beim Richter können Sie das nicht tun, die haben das Recht und sogar die Pflicht, sich in Ihre intimsten Angelegenheiten einzumischen."
Ein junger Sexualwissenschaftler sagte: „Ich kenne Ehepaare, die vereinbart haben, daß jeder einen anderen Sexualpartner haben darf und trotzdem eine gute Ehe führen. Allein solche Eheleute sind in der Lage, auch sinnvolle und qualifizierte außereheliche Beziehungen zu haben. Sie gefährden ihre eigenen ehelichen Beziehungen dadurch nicht."

Ein Mädchen aus Berlin (20jähriger Schriftsetzerlehrling) sagte:
Für mich ist das Leben in der Kommune deshalb interessant, weil es einmal unerträglich ist, ständig mit einem Partner allein zu sein. Die Macken, die der andere hat, lassen sich in so einer Bindung nicht überwinden. Fähigkeiten auch für das eigene Leben, zum Beispiel die Entfaltung der Zärtlichkeit, würden wahrscheinlich immer mehr abgeblockt werden. Zum anderen ist die Kommune eine Unterstützung für uns als politisch Kämpfende, überspitzt ausgedrückt. Kindererziehung, Betriebsarbeit, politische Aktivität überhaupt möchte ich einfach nicht allein machen, auch nicht allein mit einem Mann zusammen. In solidarischer Zusammenarbeit kommt man viel weiter."

Kein Kommentar, jedoch möchte ich hinweisen, daß die Kommune mich an das Leben der Großfamilie (bzw. der Familie) in einem großen Haus erinnert. Die Kinder eines Ehepaares werden von den anderen Mitgliedern betreut (auf Deutsch das falsche bzw. harte Wort: erzogen), ohne gegen die eigenen Eltern zu sein. Dieses Bild ist man in den Dörfern Ägyptens gewohnt.

Von großer Bedeutung ist das Buch „Geschlechtsrollen" von Annemarie Allemann-Tschopp: Verlag H. Huber, Bern-Stuttgart-Wien 1979; weil berühmte Autorinnen wie Simone de Beauvoir, Shulamith Firestone, Alice Schwarzer, Katt Millett, Esther Vilar, Betty Friedan, Germine Greer und andere Exponenten der markantesten Richtungen zitiert oder dargestellt werden.

1. Auf Seite 17 sagt die Verfasserin:
„Frühe Feministen träumten von einer Welt, in der männliche Privilegien und Ausbeutung infolge von Einsicht und gutem Willen ausgerottet wurden. Dies ist aber nicht eingetreten, weil sie nicht wirklich verstanden haben, wie soziale Ungerechtigkeit abzuschaffen ist."

Die Verfasserin lehnt die These der Wissenschaftlerin Dr. Esther Vilar ab, indem sie auf Seite 22 sagt: „Zustimmung vor allem aus den Reihen der Männer erntete Esther Vilar mit ihrem Buch „Der dressierte Mann 1973" und „Das Polygame Geschlecht: 1976." Der Mann wird von Dr. Vilar in der Beschreibung auf den Sexualtrieb reduziert. Die Frau ist das raffinierte kluge Wesen, das den Mann aufgrund dieser Triebabhängigkeit manipuliert und ausnützt. Die Folge davon ist, daß es dem Mann nie gelingt, eine richtige Frau zu finden und er sich immerzu auf der Suche nach ihr befindet, so daß ihm das Recht auf zwei Frauen zugestanden werden muß."

Annemarie Allemann-Tschopp kommentiert: „Diese allzu einfache These darf wohl von niemandem ernstgenommen werden, der an der Lösung der bestehenden Konflikte interessiert ist."

Prof. Dr. Karl Saller: Sexualität heute, Nymphenburger Verlagshandlung, München 1967, S. 46–57:

„Für den ersten Geschlechtsverkehr in seiner Bedeutung für Promiskuität und Prostitution gilt, daß er unter den Bedingungen unserer Zeit in seiner vorehelichen und außerehelichen Form immer mehr an Bedeutung gewonnen hat." Für Deutschland wird angegeben, daß 76 % seiner Frauen heute nicht unberührt in die Ehe gehen. Was den außerehelichen Geschlechtsverkehr überhaupt betrifft, so hatten in den USA 70 % der Männer mit Prostituierten verkehrt, 40 % der Verheirateten hatten ihre Frauen betrogen. 37 % der Männer und 19 % der Frauen hatten zu irgendeiner Zeit ihres Lebens homosexuelle/lesbische Beziehungen getätigt. Jeder sechste unter den amerikanischen Farmboys trieb Sodomie, d. h. sexuellen Verkehr mit Tieren. In anderen Ländern liegen die Verhältnisse grundsätzlich nicht anders; auf das Schwanken der Prozentzahlen in den verschiedenen Kategorien den in den USA erhobenen Verhältnissen gegenüber kann es dabei nicht ankommen. Daß die Selbstbefriedigung, fälschlich Onanie genannt, eine normale erste Äußerung des Geschlechtstriebs, ohne schädigende Folgen für das weitere Leben für nahezu 100 % der männlichen Pubertierenden ist, hat inzwischen allgemeine Anerkennung auch bereits der öffentlichen Meinung gefunden; mit 35 Jahren masturbiert (noch) mehr als ein Drittel der Gesamtbevölkerung. Was die heute noch geltende Rechtsordnung in solchen Zusammenhängen betrifft, so sagt Kinsey: „Man könnte sogar mehr als 95 % aller Männer als pervers bezeichnen, wenn die Masturbation als Perversion gelten soll, wie es in den orthodox-jüdischen und katholischen Gesetzen der Fall ist." Der eheliche Verkehr macht noch nicht einmal die Hälfte aller Orgasmen aus.

Für die Prostitution, die damit in ihrer realen Bedeutung für das praktische Leben gekennzeichnet ist, wird in den höheren, zumal in den städtischen Kulturen eine öffentliche und eine geheime Prostitution unterschieden. Sicot definiert Prostitution als „die gewohnheitsmäßige und bezahlte Befriedigung der sexuellen Gelüste von jedermann." Sie ist als eine Art Ventil und das Hurenhaus ist als Bedürfnisanstalt zu bezeichnen für einen Geschlechtstrieb, der von der Ehe oder in der Ehe, außer durch Selbstbefriedigung, nicht anders abreagiert werden kann; die Prostitution entspricht damit (nach Lewinsohn/Morus) der geschichtlichen Erkenntnis: „Je strenger das Familienrecht geregelt ist, desto stärker ist unter den Männern der Drang nach einer Freizone, wo sie ohne nachhaltige Verpflichtung ihr Sexualbedürfnis befriedigen können." Die Frau wird dabei zum bezahlten Gegenstand der Samenentleerung. Eine Untersuchung von A. Mergen (1963) erwies unter 500 Prostituierten 56 % als „offensichtlich schwachsinnig"; 81 % bekannten sich als frigid. Andere Autoren allerdings bezeichnen die Mehrzahl der Prostituierten als intelligenter als den Durchschnitt.

Die öffentliche Prostitution wird als „das älteste Gewerbe" bezeichnet. In der Tempelprostitution früher theokratischer Staaten war sie geradezu eine heilige

Handlung. Im alten Griechenland verschrieb Solon (640–561 v. Chr.) den Athenern das Freudenhaus (als Staatsbordell) zur Abhilfe für die weit verbreitete Homosexualität. Für das alte Rom ist die Säugung der Stadtgründer Romulus und Remus durch eine Wölfin eine fromme Legende; lupa kann ebensogut mit Hure wie mit Wölfin übersetzt werden.

Cato, Cicero, Seneca hielten die Prostitution für eine Einrichtung zum Schutz der Ehe, weil durch sie die Männer abgehalten würden, andere Ehen zu zerstören. Zu Beginn der christlichen Kultur äußerte Christus selbst (Matthäus 21, 31) zu den Hohenpriestern und Ältesten: „Wahrlich, ich sage euch: Die Zöllner und Huren mögen wohl eher ins Himmelreich kommen denn ihr." Bestimmend auf lange Sicht wurde für sie jedoch der Ausspruch des Paulus (1. Kor. 7, 1–2): „Es ist dem Menschen gut, daß er kein Weib berühre. Aber um der Hurerei willen habe ein jeglicher sein Weib und eine jegliche habe ihren eigenen Mann." Auf der Basis dieses Ausspruchs haben die christlichen Konfessionen, zumal die Katholische Kirche, einen harten Kampf um die Familie geführt, der zugleich ein Kampf gegen die Sexualität war. Der hl. Clemens (für die Jahre 88–97 als Papst gewählt) proklamierte als einzigen Zweck der Ehe die Kinder; die Gatten müßten sich dabei „immer vor Augen halten, daß sie vor Gott stehen und sollen ihre von Ihm geschaffenen Körper achten, indem sie sich vor jeder Unkeuschheit bewahren".

Doch mußte auch die Kirche in der Praxis die Prostitution mindestens dulden. Schon die alten Kirchenlehrer hielten sie für unvermeidlich. Später zog die Kirche aus ihr sogar Nutzen. So bezeichnete sie Thomas v. Aquin (1225–1274) als eine notwendige Begleiterscheinung der allgemeinen Sittlichkeit. In Straßburg baute Bischof Johann 1309 selbst ein Frauenhaus. Papst Sixtus IV. (1414–1484), ein Renaissancepapst, hob ein Konkubinenverbot wieder auf, das sein Vikar betrieben hatte. Die Kurie erhob Hurensteuern, und die Basilika von St. Peter in Rom wurde mit einer Sondersteuer der Kurtisanen errichtet. An vielen Orten kam es während des Mittelalters zur Überwachung der Huren und der Hurenhäuser durch Äbtissinnen; auch manche Nonnenklöster entarteten geradezu zu solchen Häusern. Die Huren galten als eine Zunft wie die anderen Zünfte auch; sie empfingen bei besonderen Festlichkeiten sogar offizielle Besuche hoher und höchster Persönlichkeiten. Ehemänner und Juden allerdings waren in den meisten Städten vom Besuch der Frauenhäuser ausgeschlossen; Priester durften in der Regel einen solchen Besuch kaum wagen. Für die „doppelte Moral", die sich aus solchen Verhältnissen bis in unsere Zeit hinein erhalten hat, ist die Äußerung einer französischen Dirne des vorigen Jahrhunderts, Casque d'Or, bezeichnend: Die Welt „setzt sich auf den Richterstuhl und richtet uns andere ohne Mitleid. Ihre Polizei drangsaliert uns; ihre Priester versprechen uns die Hölle, und ihre Geldleute spielen mit unserem Hunger. Kaum aber wird die Straßenbeleuchtung auf halb geschaltet, da ziehen sie alle aus, uns zu suchen. Und dann, wenn wir im Hemd vor ihnen stehen, dann bleibt ihnen die Suada weg, die Einbildung fällt in sich zusammen, die Arroganz verschwindet; dann stammeln sie alle wie die kleinen Jungen, die zwei Sous für Süßigkeiten haben wollen."

Es ist ein offenes Geheimnis, daß auch heute Massenveranstaltungen wie die Olympiaden, das Münchner Oktoberfest, der Hamburger Dom oder andere ebenso zu einem Massenzuzug von Dirnen führen wie früher die Konzile und Reichstage, und daß das Militär in den beiden Weltkriegen wie heute in den Garnisonstädten ebenso seine Bordelle eingerichtet hat (getrennt für Mannschaften und Offiziere) und noch einrichtet, wie es in früheren Kriegen geschah und wie schon die Kreuzzüge ihre Huren mitführten. Auch der Kommunismus konnte die Prostitution nicht beheben, trotz seiner Theorie, daß es soziale Verhältnisse seien, die in den Prostituierten die Befriedigung des Geschlechtstriebes zur Ware machten und die Dirnen zu Parasiten der menschlichen Gesellschaft. Nicht die sozialen Verhältnisse sind es, sondern der Geschlechtstrieb des Mannes in seiner übermächtigen Stärke allen Vernunftserwägungen gegenüber ist es, der die Hurenhäuser errichtet. Der Trieb der Seeleute und Soldaten ebenso wie derjenige anderer Männerorganisationen erzwingt die Prostitution einfach.

Über die Geschichte der Prostitution als Ganzes schreibt Bassermann, der sie das älteste Gewerbe genannt hat: „In einer Geschichte der Folter kämen viel extremere Perversionen zur Sprache, in einer Geschichte der Diplomatie wäre von sehr viel mehr Schlechtigkeit, Käuflichkeit und Verschlagenheit die Rede, und käme gar zu irgendeiner Zeit eine aufrichtige und aktengetreue Darstellung des bloßen Haftstrafvollzugs oder der Sklaverei oder der Ehe auf den Markt, so könnte jeder Staatsanwalt sie mit größerem Recht beschlagnahmen lassen als unser Buch vom ältesten Gewerbe." Auf die Gegenwart Bezug nehmend sagt Bassermann abschließend, „daß wir die käufliche Liebe als einen Bestandteil des städtischen Lebens der Menschheit ansehen: als eine der vielen konstanten und schwer kontrollierbaren Gefahrenquellen dieses Lebens in der geballten Gesellschaft".

Der Begriff der geheimen Prostitution kann neben dem der öffentlichen Prostitution sehr weit gefaßt werden und nicht nur die „dezentralisierte Prostitution" umfassen, sondern überhaupt jeden außerehelichen Geschlechtsverkehr. So hat ihn jedenfalls die Kirche lange Jahrhunderte hindurch gehandhabt, ohne dabei selbst ihre eigenen Gebote zu befolgen. Daß sowohl Päpste als auch Bischöfe und Äbte sowie der niedere Klerus im Mittelalter oft zahlreiche Kinder hatten, ist bekannt. Die dezentralisierte Prostitution war nach Einschleppung der Syphilis in Europa vor allem der Herd der Geschlechtskrankheiten. In Paris wurden in der Zeit nach der Französischen Revolution von den Geheimprostituierten 40 %, im

Bordell bei ständiger Überwachung nur 1,5 % als geschlechtskrank festgestellt. In unserer Zeit handelt es sich bei derartigen Prostituierten vor allem um die Partygirls u. dergl. Der Ehebruch, oft auch mit Minderjährigen und Abhängigen ausgeführt, ist häufig, wofür die Zahlen schon angeführt wurden. Bestraft wird er selten. „Schöpfte die Praxis den Wortlaut des Gesetzes aus, so wäre für die Delinquenten nicht Raum in den Gefängnissen", sagt Adorno.

Die Gesamtlage für die Prostitution in ihrer öffentlichen und in ihrer geheimen Form schildert L. Feuchtwanger in seinem Schlüsselroman aus den Zwanziger Jahren „Erfolg. 3 Jahre Geschichte einer Provinz" treffend folgendermaßen: „Die Gesetzgebung schützte und förderte die Monogamie, privilegierte und ächtete die Prostitution, erschwerte die Verhinderung der Empfängnis, verbot die Fruchtabtreibung, sah unverständliche Maßnahmen vor für den Unterhalt der unehelich Geborenen, bestrafte den Ehebruch. In der Praxis aber übten weite Teile der Bevölkerung unter stillschweigender Duldung der Regierung Geburtenkontrolle, verhinderten die Empfängnis, trieben die unwillkommene Frucht ab. In der Praxis bestand auch überall unter den Weißen sexuelle Anarchie, Promiskuität. Nirgendwo klafften Gesetz und Lehre mehr auseinander als in diesem Bezirk. Alle Komödienschreiberei der Epoche zog ihren Stoff aus dem Gegensatz zwischen natürlichem Trieb und allgemeiner Praxis auf der einen, Gesetzgebung und offizieller Moral auf der anderen Seite." Unter dem Gesichtspunkt der Gleichberechtigung beider Geschlechter wird darauf verwiesen, daß zu jedem „gefallenen Mädchen" auch ein gefallener Mann gehört. Dr. Fisher, der Erzbischof von Canterbury, stellte sich im Hinblick auf diese Gleichberechtigung geradezu auf den Standpunkt: „Das am schnellsten wirkende Mittel, die Prostitution einzuschränken, wäre, sich an den Kunden zu halten und diesen zu bestrafen", eine Konsequenz, die freilich voraussichtlich mittelalterliche Zustände heraufbeschwören würde.

Havelock Ellis, Bertrand Russell u. a. zogen demgegenüber die Konsequenz einer Empfehlung an die Eheleute, beiderseits großzügige Toleranz gegenüber außereheliche Liebesbeziehungen zu üben; die außereheliche Befriedigung des Geschlechtstriebes könne nicht als Ehebruch gewertet werden, die Triebbefriedigung berühre die Ehe nicht. Sie zerrütte die Ehe auch nicht, sei aber oft die Folge der Ehezerrüttung. S. de Beauvoir schließlich, die Lebensgefährtin Sartres, meint, die Anerkennung der freien Liebesbingungen sei die Vorbedingung für das Verschwinden der Prostitution; die größte dänische Frauenorganisation Dansk Kvinde Samford hat vollends 1965 geradezu gefordert, der Staat solle die Wiedereröffnung der verbotenen Bordelle erlauben, ja er möge die Freudenhäuser in staatliche Obhut nehmen und den Insassinnen dieser Häuser die Berufsbezeichnung „Sexualhelferin" geben, eine Art Anerkennung der modernen Prostitution im selben Sinn, wie sie im Mittelalter als Zunft anerkannt war.

Andere Bücher, die vor mir liegen, sind von großer Bedeutung, jedoch möchte ich weiteres darüber nicht sagen; z. B. das Buch: „Psychologie der Frau" von Josef Rattner, Claassen Verlag 1969, vor allem die Seiten: 8–13, 120–132, 163–168.

Ein wichtiges Buch schrieb Marie-Louise Fischer: Frauen heute: „Die Lüge vom schwachen Geschlecht", München 1973, vor allem ihre Antworten auf Esther Vilar auf S. 97–102.

Bevor ich Frau Dr. Vilar zitiere, möchte ich den grausamen Artikel der Zeitschrift „Der Spiegel, Nr. 42 vom 16. Oktober 1989" erwähnen, damit er weiß, warum der Islam Prostitution verbietet.

Unter dem Titel: „Kinder-Prostitution in der Dritten Welt" (S. 226–240) wird berichtet:

„Sie kommen aus armen Dörfern oder aus den Slums der Städte – in Brasilien, Kenia, Thailand und den Philippinen: zehn Millionen Kinder, 4 bis 15 Jahre alt. Von den Eltern verkauft, zur Prostitution gepreßt, von westlichen Sextouristen geschändet. Abhilfe gegen diese widerwärtigste Form moderner Sklaverei gibt es kaum.

Siriporn, 12 Jahre alt, arbeitete ab, mit ihrem Leib, für acht Mark die Stunde. Ihren Anteil davon, zwei Mark, schickte sie der Mutter. Nach zwei Jahren hatte sie ihren Vertrag erfüllt. Sie verließ das schmierige Provinzbordell und hoffte auf besseren Verdienst im Urlaubsbabel Pattaya an der Küste. Ihre Kunden – fünf bis sieben pro Tag – sind Sextouristen aus Westeuropa, den USA und Japan."

Den Rest dieser Schande möchte ich dem Leser hier ersparen. Es genügt ihm, die Lügen des Salman Rushdi in den Satanischen Versen zu lesen, um zu wissen, daß der Islam die Hurerei bekämpfen soll und muß, sogar wenn Salman Rushdi beklagt, daß Muhammad Dichter und Huren nicht akzeptierte.

Dr. Esther Vilar und die Frau im Westen

Es ist notwendig, die Meinung dieser Wissenschaftlerin zu kennen, bevor wir die Mehrehe des Propheten bzw. des Mannes im Islam im II. Teil dieses Buches behandeln.

1. Das polygame Geschlecht, München 1974, S. 125–132:

„Frauen sind für die Welt, was Aktionäre für ihre Firmen sind: obwohl sie von nichts etwas verstehen, obwohl sie selbst kaum etwas tun, wird alles, was getan wird, in ihrem Interesse getan. Häuser werden so gebaut, wie sie sie brauchen, Gesetze so verfaßt, daß sie sie schützen, Kapital wird so angelegt, daß es ihnen zugute kommt, Konsumgüter werden so fabriziert, wie sie sie zu kaufen wünschen. Männer – die Gesetzgeber – schicken sich selbst per Gesetz in den Krieg und lassen die Frauen zu Hause, Männer – die Börsenmakler – vermehren ihr Geld so, daß in mehreren großen Industriestaaten Frauen bereits die absolute Aktienmehrheit halten, Männer – die Geistlichen – zwingen ihr eigenes Geschlecht zur Keuschheit, Treue und Monogamie.

Wie man den Aktionär auf der Jahresversammlung fragt: „Wollen Sie, daß wir so weitermachen?" und er darauf antwortet, „ja, das will ich, aber die Gewinne müssen noch größer werden", unterbrechen auch Ehemänner zuweilen ihre Aktivitäten und fragen „ist es euch recht so, sollen wir so weitermachen?" und die Frauen sagen: „Ja, macht weiter so, aber gebt euch in Zukunft noch ein bißchen mehr Mühe." Was die Männer wie weitermachen sollen, auf welchem Gebiet sie sich mehr Mühe geben könnten, brauchen Frauen nicht zu wissen: der Apparat ist so perfekt, daß sie selbst weder seine Mängel erkennen, noch die Qualifikation der Verantwortlichen beurteilen müssen – die Männer selbst werden eventuelle Schwächen des Systems aufdecken und die Tüchtigsten aus ihren Reihen für Spitzenpositionen vorschlagen.

Das einzige, was Frauen verlangen, ist der Nachweis, daß der Bewerber den weiblichen Schutzobjektstatus respektiert, denn auf diesem Status beruht ja ihre Macht. Diesen Nachweis erbringt er durch sein makelloses Privatleben."

Auf S. 195–198, unter dem Titel: Der Polygame betrügt immer nur Männer, schreibt die Verfasserin:

Männer sähen in ihnen nichts als Sexobjekte, klagen die Frauen. Wie schön, wenn es so wäre! Tatsächlich muß ein Mann schon ziemlich viel Phantasie aufbringen, um in seiner Partnerin ein Sexobjekt zu sehen. Die meisten Frauen wählen vorsätzlich Männer, denen sie sich unterlegen fühlen – „zu einem Mann muß ich aufblicken können", lautet der Slogan. Ein Unterlegener ist kein Sexobjekt, sondern ein Schutzobjekt – ein Kind. Damit man jemand als Sexobjekt sehen kann, müßte er physisch gegensätzlich und geistig gleich stark sein. Frauen sind meist nur gegensätzlich zu ihrem Partner. Dummheit ist keine geschlechtsspezifische Eigenschaft: sie ist nicht der Gegensatz zu männlich, sondern zu intelligent. Sie macht eine Frau daher nicht weiblicher, wie viele meinen, sondern kindischer.

Ein Unterlegener fordert statt des Sextriebs den Brutpflegetrieb seines Partners heraus und treibt ihn dadurch zur Polygamie: da er das Bedürfnis hat, ihn zu schonen, bekommt er beim Sex ein schlechtes Gewissen. Er sucht sich einen zweiten, hat bei ihm, falls er ebenfalls unterlegen ist, wieder ein schlechtes Gewissen, geht deshalb zum nächsten usw. Homosexuelle Männer sind sicher oft nur Resignierte, die unter Frauen lange Zeit vergeblich nach einem erwachsenen Sexpartner gesucht haben. Sie nehmen in der Liebe noch eher die Gleichheit des Geschlechts in Kauf als einen kindischen Intellekt.

Obwohl der durchschnittliche Polygame eigentlich nicht seine Frau, sondern einen anderen Mann betrügt, ist er sich dessen selten bewußt: eine Frau, die in ihrem Mann den Vater sieht, kann man in sexueller Hinsicht nicht betrügen. Für eine „Adoptierte" ist ihr Partner kein Liebhaber, sie ist daher auf die andere Frau nur dann eifersüchtig, wenn die Versorgung durch sie gefährdet ist. Natürlich wäre sie lieber das Einzelkind ihres Mannes, doch wenn die „Schwester" schon da ist, soll sie wenigstens nicht bevorzugt werden. Wenn alles gerecht verteilt wird und der Vater wohlhabend genug ist, mehrere Kinder zu ernähren, ist es im Grunde gleichgültig, was er mit den anderen macht.

Der polygame Mann müßte deshalb nicht den Frauen, sondern den Männern gegenüber ein schlechtes Gewissen haben. Da sich die männliche und die weibliche Bevölkerung zahlenmäßig annähernd die Waage hält, nimmt jeder Mann, der sich zwei Frauen genehmigt, einem anderen die Partnerin weg. Ein Scheich mit hundert „Sexobjekten" tut den Frauen nicht viel Böses an: in seinem Harem sind sie gut versorgt, die sexuelle „Ausbeutung" verteilt sich auf viele und ist deshalb minimal, sie müssen sich nicht von ihren Kindern trennen und haben immer Gesellschaft.

Wirklich demütigend ist das nur für die ärmeren Männer: der Scheich bringt neunundneunzig von ihnen um die Partnerin.

Auch bei der bereits erwähnten südamerikanischen Form der Bigamie ist nicht die Frau der Verlierer, sondern der Mann. Das wirkliche Opfer des Machismo ist immer ein anderer Macho, denn jeder Macho mit zwei Frauen stiehlt einem anderen seine einzige. Da der reiche Macho von allen seinen ausgehaltenen Frauen als einzige Gegenleistung Treue verlangt, und da die jungen Mädchen durch Unberührtheit ihren Marktwert zu steigern suchen, hat der ärmere Macho auch kaum Aussicht auf gelegentlichen Gratissex. Die Folge davon ist ein Bordellwesen, das auf der Welt seinesgleichen sucht – die vielen Armen, denen man die Partnerin genommen hat, müssen sich die wenigen übriggebliebenen Frauen teilen. Doch der arme Macho merkt, dank der bereits beschriebenen Gehirnwäsche, so wenig wie der reiche, was gespielt wird. Auch er ist davon überzeugt, daß Männer Frauen unterdrücken, und wenn er soviel verdient hat, daß er sich für eine halbe Stunde einen Sexpartner mieten kann, fühlt er sich allen Frauen überlegen

Man darf sicher sein, daß die ärmeren südamerikanischen Männer – vorausgesetzt, sie könnten aus ihrem Wahn erwachen – ihren vielgerühmten Machismo sofort vergessen würden. Doch die weibliche Moral – die Moral der vielen Frauen, die sich ein Leben lang aushalten lassen möchten – bietet dafür nicht die geringste Chance. Die Machos, die zu Huren gehen müssen, weil sie sonst keine Frau bekommen, repräsentieren bestimmt nicht die vielbesungene lateinamerikanische „Männergesellschaft". Die sogenannten käuflichen Frauen sind nicht die Opfer der Männer, die zu ihnen kommen, sondern der Käuflichkeit der sogenannten anständigen Frauen, die sie ihnen in die Arme treibt."

2. Esther Vilar: Das Ende der Dressur: Droemer Knaur München, 1977:

Es ist wichtig zu wissen, was „männlich" heute bedeutet. Die Verfasserin behandelt dieses Problem auf den Seiten 11–37:

männlich = bestraft, verkauft, kastriert, entmündigt, erpreßt und feige.

Wir wollen hier noch die Seiten 34–37 zitieren:

männlich = feige?

Zugegeben, die Frauen haben aus den Männern das gemacht, was sie jetzt sind. Sie haben ihre kleinen Söhne auf diese Rolle vorbereitet, haben sie ihnen als männliches Privileg angepriesen und haben ihnen eingeredet, daß sie so – und nur so – für das andere Geschlecht begehrenswert sein würden. Und letzten Endes haben auch die Frauen den Nutzen.

Doch konstruieren wir einmal den Fall, es gäbe Frauen – und es muß sie geben –, die keine abgerichteten Lebenslänglichen suchen. Was könnten diese begehrenswert finden an all den servilen, bestechlichen, geschundenen, gefälligen und selbstgefälligen Masochisten, die man ihnen im Lauf ihres Lebens als Männer vorstellt? Bliebe ihnen denn überhaupt etwas anderes übrig, als allein zu bleiben oder sich stillschweigend in die Reihen derer einzuordnen, die den Nutzen haben?

Werden solche Frauen vielleicht nur aus Mitleid dazu bewogen, ihren Partnern immer wieder zu bestätigen, wie stark und kompromißlos – wie männlich – sie sich verhalten, wenn sie genau das tun, was man von ihnen erwartet? Sehen sie sich vielleicht nur aus Menschlichkeit dazu verpflichtet, ihre Söhne genauso abzurichten, wie früher deren Väter von wieder anderen Frauen abgerichtet wurden, damit diese niemals ihre eigene Lächerlichkeit erkennen müssen? Werden sie vielleicht nur durch Resignation dazu getrieben, Männer als Maschinen zu mißbrauchen? Resignation darüber, daß es das, was sie eigentlich suchen – Männer, die sie lieben könnten – so selten gibt?

Die Rolle des Mannes ist sinnlos geworden. Sie beschützen Menschen, die sich selbst beschützen könnten – sie beschützen nichts. Sie opfern sich für Leute, die keine Opfer nötig haben – sie opfern sich für nichts. Sie sind stolz auf Erfolge, die sie dem mangelnden Ehrgeiz anderer verdanken – sie sind stolz auf nichts. Warum suchen sie sich dann aber keine andere Rolle? Sie müßten doch längst bemerkt haben, daß ihre Vorstellungen auf subventionierten Bühnen stattfinden und daß sie den Beifall nur noch der Bequemlichkeit, dem Opportunismus, der Korruptheit und dem Mitgefühl ihres Publikums verdanken? Macht ihnen das nichts aus? Sind sie damit zufrieden? Oder spielen sie aus Angst das erprobte Renommierstück Männlichkeit immer weiter? Sind die Männer zu feige, um sich endlich an ein neues Stück zu wagen?

Daß sie zumindest von einem anderen Leben träumen, läßt sich leicht beweisen: Als Krimi- und Westernhelden riskieren sie Kopf und Kragen für eine Überzeugung. In Abenteuerserien und Zukunftsromanen entdecken sie die Welt, die man ihnen täglich vorenthält. In Sportübertragungen lassen sie andere Männer stellvertretend ihre Kräfte messen. In Sexfilmen unterwerfen sie sich den Teil der Gesellschaft, der sie unterworfen hat. In seiner bevorzugten Unterhaltung bewältigt der Mann seine Hafterlebnisse – beleidigt seine Wärter, verprügelt seine Kontrolleure, quittiert Kränkungen mit Fausthieben und nimmt die Frauen so, wie es ihm selbst gefällt. Soll man nun daraus schließen, daß er sich nach diesem Phantasieleben sehnt, oder – da er ja am nächsten Morgen wieder in seine Anstalt zurückkehrt – daß ihm gutgemachte Illusionen allemal lieber sind? Sind die Träume der Männer Selbstzweck, oder muß man in ihnen unterdrückte Bedürfnisse sehen?

Es ist leider unmöglich, diese Fragen zum jetzigen Zeitpunkt zu beantworten. Es heißt zwar, daß die Männer im Grunde gar nicht frei sein möchten, doch eigentlich gibt es dafür keinen Beweis. Denn im Gegensatz zu den Frauen können sie ja ihre Lebensweise nicht selbst bestimmen. Die Vorbereitung auf ihre Rolle beginnt mit der Geburt, und später ist diese dann durch ein System aus Lob, Tadel, Bestechung und Erpressung dermaßen abgesichert, daß es für einen einzelnen Mann beinahe unmöglich ist, sich zu entziehen. Und selbst wenn es ihm gelingt, macht es ihn nicht unbedingt glücklich. Männer, die anders leben als Frauen es wünschen, bleiben in der Regel allein. Die meisten versuchen es daher gleich gar nicht. Sie beteiligen sich lieber an dem Terror, mit dem solche Außenseiter verfolgt werden, und akzeptieren sie erst dann in ihren Reihen, wenn sie sich ebenfalls in Demutstellung begeben. Erst dann sind sie richtige Männer – solche, die den Frauen mit dem gleichen Eifer dienen wie sie selbst.

Mit anderen Worten: Auch wenn der Mann sich mehr Unabhängigkeit wünschte, könnte er diese aus eigener Kraft niemals erlangen. Seine Freiheit könnte er nur von einem bekommen – von dem, der sie ihm genommen hat: von der Frau. Und erst wenn ihm diese Freiheit angeboten ist und er sie zurückweist, könnte man behaupten, daß er sich im Grunde gar kein anderes Leben wünscht. Erst dann könnte man sagen, daß er sich gern einsperren läßt, daß er sich auch freiwillig verkaufen würde, daß ihm seine Kastration willkommen ist, daß ihn seine wirtschaftliche und politische Entmündigung nicht stört und daß er gegen eine Manipulation der öffentlichen Meinung sowieso nichts einzuwenden hat. Man dürfte dann sagen, daß man den Männern einen Gefallen tut, wenn man sie zur Arbeit abrichtet, weil sie für alles andere sowieso nicht zu gebrauchen sind. Und man dürfte sagen, daß die heutige Art Männlichkeit genau dem männlichen Niveau entspricht und daß die Männer im großen und ganzen das Leben führen, das sie sich wünschen. Es handelt sich also darum, die Männer auf die Probe zu stellen. Es wäre an der Zeit, ihnen endlich ihre Freiheit anzubieten. Erst dann könnte man entscheiden, ob man resignieren soll."

In dem 3. Kapitel dieses Buches spricht Dr. Esther Vilar über die Voraussetzungen für eine neue Männlichkeit (S. 72–123), dann behandelt das 4. Kapitel die Folgen einer neuen Männlichkeit (210–217). Hier muß ich gestehen, daß Frau Vilar – nach wie vor – sachlich blieb und die Krankheiten unserer Zeit richtig erkannt hat.

Von großer Wichtigkeit ist das 5. Kapitel: Für einen weiblichen Feminismus (S. 218–255).

Aus diesem fünften Kapitel zitiere ich (S. 218–223):

5. Für einen weiblichen Feminismus:

Der männliche Feminismus ist frauenfeindlich.

Die Theorie von der Unterdrückung der Frau wurde, wie bereits an anderer Stelle beschrieben (Das polygame Geschlecht, Kap. „Journalisten als öffentliche Väter"), von Männern aufgestellt – von Männern wie Marx, Engels, Bebel und Freud –, und sie wird auch heute noch hauptsächlich von Männern in die Diskussion gebracht. Man findet kaum einen Intellektuellen, der nicht davon überzeugt wäre, daß die armen Frauen in einer von seinem Geschlecht beherrschten Gesellschaft leben. Diese Theorie wird jedoch nicht von der weiblichen Wirklichkeit abgeleitet, sondern von dem, was die, die solche Männer zur Arbeit abrichten, über diese Wirklichkeit erzählen. Die freiwillige Selbsterniedrigung der Frau ist, wie gesagt, ein wichtiges Element der Dressur des Mannes, denn nur für jemand, der sich schwach und unterlegen gibt, wird er gern und viel arbeiten. Auch die großen Frauenrechtler waren dieser Gehirnwäsche ausgeliefert: Sie wurden von frühester Kindheit an von ihren bourgeoisen Müttern manipuliert und blieben bis zum Lebensende Objekte weiblicher Ausbeutung. Ihre bourgeoisen Ehefrauen ließen, wann immer das möglich war, sogar ihr bißchen Hausarbeit noch vom Personal erledigen.

So kommt es, daß die Gedankengänge dieser Koryphäen – vor allem, wenn man sie auf die heutige Frau westlicher Industrieländer anwendet – sich ausnehmen wie ein Kursus in alogischem Denken. Die langlebigere, entweder gar nicht oder nur zeitweise erwerbstätige und insgesamt trotzdem vermögendere Mehrheit wird einem als Opfer der kurzlebigeren, immer erwerbstätigen und insgesamt trotzdem ärmeren Minderheit präsentiert. Es gibt jedoch wenig Frauen, die über diese Auslegung laut lachen. Die meisten lächeln aus naheliegenden Gründen still in sich hinein.

Es gibt aber auch Frauen, die von dieser männlichen Logik dermaßen beeindruckt sind, daß sie sich ihr nicht nur unterwerfen, sondern sie auch noch respektvoll bestätigen. Diesen Frauen – Frauen wie Beauvoir, Friedan, Millett, Firestone, Greer – haben die anderen viel zu danken. Nicht nur, weil sie mit soviel Fleiß ihre Position gefestigt haben und weil sie ihre Monopole mit soviel Engagement verteidigen, sondern auch, weil sie sie ganz allgemein als denkende Wesen salonfähig gemacht haben. Denn wie ein afrikanischer Stammeshäuptling auf Staatsbesuch im zivilisierten Westen am meisten durch gekonnte Imitation seiner Gastgeber imponiert – etwa durch makellose Tischsitten und einen Zitatenschatz hier anerkannter Dichtkunst –, mußten auch intellektuelle Frauen, bevor sie in der Welt der Geisteswissenschaften Erfolg haben konnten, zunächst einmal beweisen, daß sie genauso denken können wie intellektuelle Männer. Erst im Schutz dieser Pionierarbeit konnten dann andere Frauen den nächsten Schritt wagen und zeigen, daß Frauen auch anders denken können. Sie konnten die Männer sowohl über die Fehler in ihrer Gesellschaftstheorie als auch über die Ursachen dieser Fehler aufklären.

Denn ihre Wiederholung durch weibliche Intellektuelle machte die These von der weiblichen Unterdrückung ja nicht plausibler. Man kann als Frau über die männliche Vorherrschaft lange oder kurze, temperamentvolle oder langweilige Bücher schreiben – und all das ist hinreichend geschehen –, doch logische Bücher kann man darüber nicht schreiben. Es sei denn, man gäbe den Wörtern einen neuen Sinn: Wenn Ausbeutung bedeutet, daß das ausgebeutete Geschlecht länger lebt, seltener arbeitet und trotzdem reicher ist als das ausbeutende, dann allerdings muß man zugeben, daß Frauen von Männern schamlos ausgebeutet werden. Wenn Privilegiertsein bedeutet, daß man beim Verteilen von Nachteilen bevorzugt wird – daß man im Krieg an die Front darf, daß man gefährlichere, schmutzigere und anstrengendere Arbeiten ausführen darf, und dies auch noch viele Jahre länger –, dann allerdings sind Männer maßlos privilegiert.

Diese Umdeutung der Begriffe ist jedoch unterblieben, und deshalb muß man, dem herkömmlichen Sprachgebrauch folgend, die Frauenbefreiung heute als gescheitert betrachten. Befreien kann man nur jemanden, der unterdrückt wird. Fühlt sich keiner als Opfer, gibt es auch keine Möglichkeit, einen Aufstand anzuzetteln. Alles, was die Lage der Frau in den letzten fünfzig Jahren positiv verändert hat und was Frauenrechtlerinnen so gern auf ihr eigenes Konto buchen, wäre sowieso gekommen: Die sexuelle „Befreiung" der Frau ist die Folge sensationeller Entdeckungen auf dem Gebiet der Schwangerschaftsverhütung und der Bekämpfung der Geschlechtskrankheiten (also eine von Männern gemachte Revolution). Die steigende Tendenz weiblicher Berufstätigkeit ist die Folge der durch Automatisierung der Hausarbeit und durch Geburtenregelung verursachten häuslichen Langeweile (also ebenfalls eine von Männern gemachte Revolution). Die Legalisierung des Schwangerschaftsabbruchs ist die Folge des schwindenden Einflusses der Kirche auf die Gesetzgebung – ein Wandel, der zuvor von den weit häufiger als Männer konservativ wählenden Frauen blockiert wurde. (Wie jede Statistik zeigt, sind und waren in westlichen Industrieländern immer mehr Männer als Frauen für die Legalisierung des Schwangerschaftsabbruchs. Die Schweiz hatte vor der Einführung des Frauenwahlrechts auf diesem Gebiet sogar die damals fortschrittlichste Gesetzgebung.) Frauenrechtler, die diese Erfolge auf ihre Initiative zurückführen, verhalten sich wie jener kleine Junge, der sich neben dem Bahnhofsvorsteher aufstellt und sich einbildet, er selbst habe mit seinem Gestikulieren den Zug abfahren lassen. Die einzige, bis zu einem gewissen Grad auf weibliche Initiative zurückgehende Veränderung war bisher die Einführung des Frauenwahlrechts. Da hiermit für alle Zeit alles erreicht schien, wurde jeder weitere Schritt überflüssig.

Und weil die Frauen nicht unterdrückt sind, konnte man trotz aller Bemühungen der Frauenrechtler auch nicht die vielgepriesene weibliche Solidarität zum Aufflammen bringen. Was heute unter diesem Stichwort läuft, sind sexistische Kartelle – als feministische Bewegungen getarnte Interessengemeinschaften. Je nach Zielsetzung kann man hier im Augenblick fünf verschiedene Gruppierungen unterschieden:

a) Organisationen zur Ausschaltung der männlichen Konkurrenz im öffentlichen Leben (protektionistischer Feminismus).

b) Organisationen zur Bekämpfung der Langeweile (unterhaltender Feminismus).

c) Organisationen zur Ausschaltung der männlichen Konkurrenz auf dem Gebiet der Sexualität (lesbischer Feminismus).

d) Organisationen zur Errichtung totalitärer Systeme (marxistischer Feminismus).

e) Organisationen zur rationelleren Verwertung der männlichen Arbeitskraft (reaktionärer Feminismus).

Alle diese Organisationen sind frauenfreundlich, solange man den Sinn des Feminismus in der Gewinnung und Verteidigung weiblicher Privilegien sieht. Wenn man es jedoch als Ziel einer Frauenbewegung betrachtet, aus Frauen vom ethischen Standpunkt her vollwertige Menschen zu machen – also nicht mehr auf Kosten anderer lebender Erwachsener –, dann sind sie frauenfeindlich. Wie chinesische Mütter vor der Revolution ihre Töchter zu hochbezahlten körperlich Behinderten machten, indem sie ihnen von klein an die Füße einbandagierten, wie westliche Frauen ihre Töchter heute zu hochbezahlten, geistig Behinderten machen, indem sie ihnen von klein an die Ehe „versprechen" (ein Leben, in dem ein anderer für sie denken wird), verhindern Organisationen, die den Mann als Feind der Frau darstellen, daß ihre Mitglieder jemals so sein können, wie sie eigentlich sein möchten: intelligente, unabhängige, von ihren Männern geliebte und begehrte weibliche Erwachsene."

Ich bin der Meinung, daß Dr. Esther Vilar die Krise des Feminismus sachlich schildert. Auf S. 249–252 zeigt sie, mit Recht, daß sie eine Lösung für den heutigen Feminismus sucht.

Ihre Kritik der feministischen Informationen sowie der Haltung der Frau am Arbeitsplatz ist sicherlich von großer Bedeutung.

Dies kann der Leser, wie gesagt, auf S. 249 ff ihres Buches „Ende der Dressur" lesen.

TEIL IV
Leuchtsterne um den Propheten
Der Prophet Muhammad und seine Frauen

MÜTTER DER GLÄUBIGEN

VORWORT

Früher dachte ich, daß es nichts Neues über die Mütter der Gläubigen (d. h. die Frauen des Propheten) zu schreiben gäbe, und daß die Behandlung dieses Themas nur Wiederholtes darbietet.

Ich wunderte mich immer wieder, wenn ein neues Buch darüber erschien. Ich fragte mich oft, woher der Verfasser Neues darüber bringen könne. Das Schicksal sollte mich jedoch mit zwei Problemen prüfen.

1. Ich wollte eine Frau heiraten, deren Kinder noch klein waren, und erhoffte eine gute Beziehung zwischen ihren Kindern und mir. Was sollte ich tun, um mit den Kindern eine enge Beziehung einzugehen?

2. Mein Bruder stritt mit der Familie seiner Frau und dachte an eine Scheidung, um diese zu ärgern.

Die Lösung dieser Probleme fand ich für uns alle in der Rechtleitung des Propheten.

Seit jenem Tag war es mir gelungen, zur Lösung eines jeden Problems, bei dem die Frau mitwirkt, im Leben des Propheten ein ähnliches Beispiel zu finden. Ich versuchte das Verhalten des Propheten, nicht der betreffenden Ehefrau, zu studieren und eine Lehre daraus zu ziehen.

Am Ende meiner Studie war es mir gelungen, einen Schatz an Kenntnissen zu sammeln. Ich darf sogar behaupten, daß die Verfasser vor mir die Seite, die ich behandelte, nicht richtig betrachteten. Dies gilt für die Bücher, die über die Frauen des Propheten geschrieben wurden, aber auch für die Bücher, die das private Leben des Propheten behandeln. Diese schildern das vorbildhafte Verhalten des Propheten in der Gesellschaft. Je mehr ich mich in die Sache vertiefte, desto mehr gewann ich Verständnis für jeden, der nicht darüber schrieb, denn dieses Thema bedarf mehrerer Fachleute auf verschiedenen Gebieten.

Der Leser wird feststellen, daß die folgenden Seiten meine Behauptungen bestätigen. Wir werden auch den Sinn des Satzes in der Biographie Muhammads (As-Sira) verstehen: „Der Prophet war 15mal verheiratet."

Mit 13 Frauen hatte er den ehelichen Verkehr ausgeübt. Nur elf davon zählen als „Mütter der Gläubigen". Für jede dieser elf Frauen hatte er eine eigene Wohnung eingerichtet. Nur Maria wohnte extra, in einer nicht weit entfernten Wohnung. Den Sinn dieser Entschließung werden wir verstehen, wenn wir die Aussage des Propheten beachten: „Nie heirate ich eine Frau, oder verheirate eine meiner Töchter ohne Eingebung Gottes – erhaben und mächtig ist Er – durch Gabriel, Friede sei über ihm."

Die wichtigste und auch gefährlichste Beziehung bei einzelnen Menschen, Gruppen und Völkern ist die Beziehung zwischen Mann und Frau. Diese Beziehung steht an erster Stelle, vor den wirtschaftlichen, politischen und gesellschaftlichen Beziehungen. Sie ist der Kern aller anderen Beziehungen. Daher ist es nur logisch, daß Gott uns darüber belehrt und unterrichtet. Er, der Barmherzige, hat dem Menschen eine Gnade erwiesen, indem Er ihn zum Glauben bekehrte. Durch Seinen treuen Gesandten Muhammad zeigte Er uns praktische und gesunde Lösungen hinsichtlich dieser Beziehungen zwischen den Geschlechtern. Jeder, der Allah fürchtet und an den Jüngsten Tag glaubt, hat an Muhammad ein vortreffliches Beispiel. Nicht nur seine Äußerungen, sondern auch seine Taten, sein Verhalten und seine Entscheidungen bilden die „Sunna" (Die Sunna ist eine der Hauptquellen des islamischen Rechtes, der Schari'a). All diesem hat die islamische Gemeinde zu folgen. Die Meinung über die Worte und Entscheidungen kann allerdings unterschiedlich sein.

Man könnte behaupten, Muhammad habe dies oder jenes nicht gesagt, oder er habe damit dies oder jenes gemeint. Aber die Tatsache, daß er mehrere Ehen führte, bleibt bestehen. Alle Gelehrten sind sich darüber einig, daß der Prophet diese oder jene seiner Frauen heiratete, oder daß Aischa – möge Allah Gefallen an ihr haben –, ein jungfräuliches, junges Mädchen war, als er sie heiratete, oder daß Khadidscha – möge Allah Gefallen an ihr haben – älter war als er, oder daß die ehemalige Jüdin Safyya – möge Allah Gefallen an ihr haben – die Tochter des Bint Huyay Ibn Achtab, des Oberhauptes der Juden, gewesen war, oder daß Maria, die christliche Koptin, aus Ägypten stammte.

Das Leben des Propheten hilft uns, unsere Probleme zu meistern in Bezug auf die gesunde Erziehung, die Aufklärung, die geistliche Wegeleitung und die richtige Führung. Seine Ehen umfassen alle Formen der Beziehung zwischen Mann und Frau. Diese Ehen sind für uns die Gnade Allahs. Jene stabilen und harmonischen Ehen stellen vor allem die Rechte und Pflichten der Frau dar, ob alt oder jung, ob reich oder arm, ob jungfräulich oder nicht, ob Witwe oder Geschiedene, ob schön oder gewöhnlich, ob kontaktfreudig und fruchtbar oder sehr alt und unfruchtbar. Wir können behaupten, daß für fast alle Probleme, die den Frauen in der Ehe begegnen, eine Lösung vorhanden ist, wenn wir das Verhalten des Propheten (und seiner Frauen) studieren. Nehmen wir an, daß wir eine Mauer um ein Stadtviertel in einem islamischen oder nichtislamischen Land bauen. Dabei ist es egal, ob wir uns in der Zeit der modernsten Verkehrsmittel oder gar der Reittiere befinden. Und nun wollen wir alle Ehen statistisch festhalten (z. B. ein Partner könnte folgendes für den anderen Partner sein: verliebt in den Partner, gleichalt, jünger, älter, ärmer, reicher, gebildeter oder nicht, adelig oder nicht, allein (ohne Verwandte oder ein Findling) oder nicht, das Kind von Freund oder Feind, geschieden, mit oder ohne Kind, verwandt oder Freund, fruchtbar oder unfruchtbar). Wie aber hat jeder Partner den anderen kennengelernt? Wie haben solche Partner die Verlobung und die Hochzeit gefeiert? Welche Geschenke oder Brautgelder wurden gegeben? Wie wohnten die Menschen?

Hier finden wir in jedem Stadtviertel verschiedene Bilder. Es handelt sich um ein sehr risikoreiches Netz komplizierter Beziehungen. Was diese Beziehungen verbergen, ist viel mehr als was sie zeigen. Was zwischen den beiden Partnern und Gott ist, ist viel mehr als was zwischen jedem Einzelnen und Gott ist. Die Ehe sollte den einen zum anderen führen, um zusammen Eins zu werden.

Diese Beziehung ist sehr kompliziert, hat viele Wurzeln, und trägt viele Früchte.

Wie können aber Eheleute den richtigen Weg finden?

Wie können sie gesunde Beziehungen aufbauen?

Wie können sie auf der Erde und nach dem Tode glücklich sein?

Die Lösungen hat uns Gott – gepriesen sei Er – durch die Ehen Seines treuen Gesandten gezeigt. Das heißt, der Prophet hat vor allem unseretwegen geheiratet. Erst als er 50 Jahre alt war und seine erste Frau starb, sollte er die Verantwortung tragen, um den Schwachen, den Ratlosen und den Gelehrten zu helfen.

Was für eine Verantwortung!

Was für Bereicherungen und gute Taten für uns Unwissende. Was für ein Hohn gegen die Feinde des Islams!

Wenn wir Muslime jene Ehen verstehen und erklären oder den Propheten verteidigen wollen, müssen wir zuerst sein Leben (seine Worte und Taten) studieren, ansonsten schaden wir uns selbst.

Durch Unwissenheit sind wir nicht in der Lage, den Islam zu verstehen oder verständlich zu machen. Dadurch tun wir dem Koran Unrecht. Der Prophet hat Recht gehabt, als er sich bei Gott beschwerte: „Mein Herr, dein Volk möchte nichts vom Koran wissen."

Es sind verschiedene Fragen, die uns veranlassen, dieses Thema zu behandeln:

1. Warum heiraten die Menschen, und was waren die Motive des Propheten, als er heiratete?

2. Welche Verlobungsarten und Eheschließungen gibt es im Leben der Menschen, und wie hat der Prophet sie vollzogen?
3. Die mit der Hochzeit und Hochzeitsnacht verbundenen Zeremonien sowie die Einrichtungsgegenstände im Leben der Menschen und im Leben des Propheten.
4. Glück und Nöte im Leben der Eheleute und im Leben des Propheten sowie im Leben seiner verwitweten Frauen.

Meine einzige Frage an die Leser wäre nun: „Kennen Sie noch eine Beziehung zwischen Eheleuten, die nicht in den Ehen Muhammads vorkommt bzw. die man nicht mit einer seiner Ehen vergleichen kann?" Wenn der Leser hier mit „Nein" antwortet, kann er auch begreifen, daß diese Vielzahl von Ehen des Propheten nur unseretwegen stattfand und nicht seinem Vergnügen diente. Dies wäre die erste Lektion.

I. Heiratsmotive

Unter „Heiraten" versteht der Muslim, was der Koran darüber sagt, nämlich: „Gott schuf euch eure Partner, um euch das Gefühl der Geborgenheit zu vermitteln. Er säte unter euch Zärtlichkeit und Liebe." Danach bleibt eine Frage offen: Warum entscheidet sich der Mann für eine bestimmte Frau?

Bei welcher Frau kann der Mann Geborgenheit, Zärtlichkeit und Liebe finden? Warum hat dein Herz sich für eine bestimmte Frau entschieden? Sicherlich sind hier die Motive der Männer unterschiedlich. Einige denken an die reiche Frau, andere an die von edler Herkunft oder an die Jungfräulichkeit, andere an die Keuschheit. Dies sind Motive, die wir bei vielen Freiern kennen. Manchmal gibt es sogar mehrere Motive für eine Heirat. Der Gewissenhafte, Gläubige, der mit Verantwortung an die vielen Aufgaben seiner Familie und der Gesellschaft gegenüber denkt, hat bestimmte Motive und Maßstäbe, wenn er eine Frau heiratet.

Gewissenlose Menschen haben auch bestimmte Motive. Manche denken nur an die sexuelle Seite und toben in der Ehe ihre Aggressivität aus.

Die Ehe ist eine Macht, die Gott dem Menschen schenkt. Ein gewissenhafter Gläubiger wird durch die Ehe stärker und kann dadurch auch seinen Mitmenschen nützlich sein. Ein gewissenloser Mensch kann diese Macht auch mißbrauchen und viel Böses anrichten. Es gibt viele Möglichkeiten für den Mißbrauch der Ehe:

Als die Kreuzfahrer nicht mehr in der Lage waren, die Muslime zu besiegen, verheirateten sie die Schwester des byzantinischen Königs mit dem Mongolenkönig. Als Preis dafür sollten die Mongolen die muslimische Welt angreifen und den Islam vernichten. So geschah, durch die Heirat im 13. Jahrhundert, der geplante Einfall der Mongolenhorden in Bagdad. Selbst die westlichen Historiker schrieben über die Massaker am Volk und Zerstörung der alten Kulturen im Jahre 1258. Der Tod des Mongolenkönigs war damals eine Gnade Gottes, um die Bevölkerung der islamischen Welt zu schonen.

Der Leser möge mir bitte verzeihen, wenn ich behaupte, daß auch die Juden sich dieser Aktivitäten seit langer Zeit bedienen. Ist es ein Zufall, daß viele Persönlichkeiten entweder eine jüdische Mutter oder eine jüdische Frau hatten? Warum feiert Israel jährlich Salwin als Heldin?

Gelang es ihr nicht (als Vorbild für solche Damen), den König (Feind der Juden) zu heiraten und zu veranlassen, 70.000 Feinde der Juden in einer Nacht töten zu lassen?

Ich selbst las vor einigen Jahren über Veranstaltungen in Israel, um eine Frau auszuzeichnen, die ein Bordell neben dem Hauptquartier der UNO in den USA eröffnet hatte. In diesem Haus habe sie die schönsten Damen, um Vertreter der verschiedensten Nationen einzufangen, diese zu beeinflussen und die Politik Israels zu unterstützen.

Diese Beispiele zeigen deutlich, daß die Beziehung zwischen Mann und Frau eine wichtige politische Rolle in der Geschichte des Menschen spielt. Es ist unwichtig, ob die Beziehung eine legitime Form hat (z. B. Heirat) oder nicht. (In Deutschland werden auch Eheschließungen von manchen gewissenlosen Asylanten genutzt, um hier leben zu können; denn das Gesetz respektiert die „guten Absichten" der Deutschen, die diese Ehen eingehen und bietet diesen Schutz und Unterkunft.) Die Heirat könnte hier auch eine Waffe im Kampf um das Überleben sein. Es ist also nicht unnütz, daß wir dieses Buch mit den Heiraten des Propheten beginnen wollten.

Es ist eine Auszeichnung von Gott, daß sich der Mensch in Bezug auf sein Verlangen vom Tier unterscheidet. Der Geschlechtstrieb oder die „fleischliche" Lust soll nicht das Ziel sein. Das Ziel ist die Beziehung und was sie aus dem Menschen macht. Führt sie zu Gott, so ist sie eine beständige Bereicherung. Tut sie das nicht, dann vergeht sie. Willst du heiraten, dann habe bitte auch gesunde Motive. Dann hast du das große Glück deines Lebens.

1. Die erste Frau Khadidscha
   Der Prophet entschied sich für Khadidscha – möge Allah Gefallen an ihr haben –, weil sie eine vernünftige Person war. Es war auch bekannt, daß sie keusch und sehr überlegen war. Er dachte weder an ihren Reichtum und an ihre Schönheit, noch daran, daß sie älter war als er.
2. Die zweite Frau Sauda Bint Zamᶜa
   Nachdem seine erste Frau starb, schlug ihm Frau Khaula Bint Hakim As Sulamiya vor, Aischa (die Tochter seines Freundes Abu Bakr) zu heiraten. Er aber erwiderte, sie sei noch ein Kind. Sie meinte jedoch: „Gewiß! Du kannst dich

mit ihr verloben und heiratest sie erst dann, wenn sie reif dafür ist." Er erwiderte: „Wer soll sich um den Haushalt und um meine Töchter kümmern, nachdem Khadidscha gestorben ist?" Sie empfahl ihm die 55jährige Sauda Bint Zamᶜa, deren Mann für den Islam gestorben war. Daher lebte sie einsam und leidend. Dieses Angebot lehnte er nicht ab. Er heiratete jene nicht von Schönheit begnadete Frau. Sie kümmerte sich um alles, und es gelang ihr, die Feindschaft zwischen ihrem Stamm ('Abd Scharussᶜ) und dem Stamm des Propheten (Banu Haschim) dem Islam gegenüber stark abzuschwächen. Es wurden sogar viele ihres Stammes Muslime. Dies waren die Motive seiner Heirat mit Sauda.

3. Ehefrau Aischa
   Die Motive der Heirat mit Aischa waren seine großen Erwartungen bezüglich ihrer Rolle in der Geschichte des Islam. Bevor er für sie überhaupt Gefühle empfand und sie noch ein Kind war, hatte er einen Traum: Gabriel brachte ihm ein grünes Tuch und sagte zu ihm: „In diesem Tuch liegt deine Braut von dieser Erde und vom Jenseits." Als er es aufdeckte sah er Aischa darunter. Er wunderte sich und sagte: „Wenn Allah diese Sache vollziehen will, dann wird er sie vollziehen." Deshalb akzeptierte er den Vorschlag der Frau Khaula.

4. Ehefrau Haffsa
   Nach Aischa heiratete er Haffsa, um ihrem Vater Umar Ibn Al Khattab, der später zweiter Kalif wurde, eine Ehre zu erweisen. Wir wissen, daß Umar seine Tochter einmal kritisierte, als diese den Propheten ärgerte. Er sagte kurz und bündig: „Mein Töchterchen! Ich warne Dich vor der Strafe Gottes und der Unzufriedenheit des Propheten. Du sollst dich nicht mit Aischa vergleichen, nur weil sie schön ist und er sie sehr liebt. Bei Allah! Ich weiß, daß der Gesandte Gottes dich nicht liebt und sich nur mir zuliebe nicht von dir scheiden läßt." Ein anderes Mal sagte Umar zu ihr: „Und wer bin ich im Vergleich zu Abu Bakr?"

5. Ehefrau Zeinab Bint Dschahsch
   Vor dem Islam war die Adoption weit verbreitet. Diese Frau selbst hatte der Prophet überredet, vor dem Islam seinen von ihm freigelassenen und später adoptierten Sklaven zu heiraten. Es war von Anfang an eine ungute Ehe, denn sie wollte nichts von ihm wissen. Es folgte die Scheidung. Der Islam verbietet aber die Adoption. Deshalb wurde der adoptierte Sohn nicht anerkannt. Um dies zu bekräftigen, befahl Allah Seinem Gesandten, die Geschiedene seines ehemaligen adoptierten Sohnes zu heiraten.
   Gott sprach: „Dann aber als Zaid tat, was er mit ihr zu tun wünschte, verbanden wir sie ehelich mit dir, damit unter den Gläubigen keine Beunruhigung bestünde in Bezug auf die Frauen ihrer angenommenen Söhne, wenn sie ihren Wunsch ausgeführt haben. Allahs Ratschluß muß vollzogen werden" (33–37).

6. Ehefrau Zeinab Bint Khusaima

Diese Frau, die nur einige Monate im Haus des Propheten lebte und kurz danach starb, mußte sehr leiden, bevor der Prophet sie heiratete. Ihr letzter Mann vor dem Propheten hieß Ubaida Ibn Abu-Harith. Er war einer der ersten Muslime, die in der Schlacht von Badr im März 625 fielen. Ihr Leben widmete sie den Armen und den Hilflosen, und sie wollte nichts mehr von Männern wissen. Sie wurde Umm-Al-Masakien (d. h. die Mutter der Elenden) genannt. Der Prophet heiratete sie, um sie zu würdigen und sie zu unterstützen. Dies ist eine Art von Mitleid und eine Lehre für das menschliche Zusammenhalten, das der heutige Mensch nicht kennt, es sei denn als „künstliche Pflege" in den Altenheimen. Der Prophet ermöglichte ihr ein ruhiges Leben unter seinem Schutz als Ehefrau. Diesen Schutz genoß vor ihr schon die ältere Sauda Bint Sam'a, die dem Propheten sagte: „Bei Allah! Behalte mich, Gesandter! Ich verzichtete auf meine Nacht (mit dir) für 'Aischa, denn ich brauche nicht, was die Frauen vom Manne brauchen. Ich möchte nur deine Nähe auf dieser Erde und nach dem Tode als eine deiner Ehefrauen genießen." Vielleicht können wir nun den Kalif 'Umar Ibn Al-Khattab – Gott erbarme sich seiner – verstehen, als er zu einem Mann, der sich von seiner Frau scheiden lassen wollte, weil er sie nicht mehr liebte, sagte: „Wo bleibt denn deine Verantwortung und das Recht der Kinder, dich als Vater zu haben?"

7. Ehefrau Umm Salama

Sie war Mutter von vier Kindern und Witwe eines Muslims, der im Kampf fiel. Wer sollte für die Kinder seelisch und materiell aufkommen? Der Koran berücksichtigte dies und empfahl den Muslimen, die Witwe zu heiraten, damit die Kinder u. a. die vermißte Liebe des verstorbenen Vaters wieder genießen können.

Hier rechtfertigt der Koran ein Motiv für eine zweite, dritte oder vierte Ehe, um eine liebevolle und gerechte Behandlung der Kinder zu gewährleisten, so daß sie in einer familiären Umgebung aufwachsen können.

Dies ist auch ein Beitrag, um die gesellschaftlichen Krankheiten zu vermeiden, z. B. das Unterbrechen der Kontakte mit der Witwe und den Kindern des Verstorbenen, da manche Menschen Hemmungen haben, Kontakte zu ihnen zu pflegen.

Manche Leute verbinden solche Versuche auch mit häßlichen Gerüchten oder Lügen.

Dies zeigt uns, daß der Prophet Umm Salama aus diesem Grund heiratete. Er konnte ja nicht wissen, was ihm diese Ehe in der Zukunft bringen würde. Dies allein wußte Allah.

8. Die 10. Frau: Umm Habiba Ramla Bint Abi Sufiyan
Es ist den Muslimen klar, daß diese die Tochter des Hauptfeindes der Muslime war, und daß ihr Stamm Bani Abd Schamms ein alter Feind des Prophetenstammes Banu Haschim war.
Später erwies die Geschichte des Islam, daß diese Heirat sehr nützlich für die Religion und die islamische Nation war.
Es ist daher nicht verwunderlich, daß er jedem Führer der zu den Feinden gesandten Truppen empfahl, eine Tochter des feindlichen Stammesoberhauptes zu heiraten. Dies geschah auch, wenn er Islamverkünder zu den nichtmuslimischen Stämmen sandte. Solch eine Gruppe schickte er auch nach Daumat Al-Dschandal. Der Führer dieser Gruppe – Abd Ar-Rahman Ibn Auf – erklärte den Arabern dort die Botschaft des Islams. Am dritten Tag ließ sich das christliche Oberhaupt des Stammes – Al-Isbagh Ibn Amr Al-Kalbi – zum Islam bekehren.
Abd Ar-Rahman unterrichtete den Propheten darüber durch Rafi Ibn Makieth aus Dschuhaina. Der Prophet sagte: „Er solle Tumadir, eine Tochter von Al Kalbi, heiraten." Diese gebar ihm später den berühmten Sohn Salama.
Würden unsere arabischstämmigen Brüder im Nord-Sudan mit den Stämmen des Südens solche Ehen schließen, dann könnten die Kämpfe heute und Probleme dort bald ein friedliches Ende nehmen.
Dies erzählten mir persönlich viele Prominente des Südens, als ich das Glück hatte, den Sudan zu besuchen.
Wir können also diese Heirat zwischen dem Propheten und der Tochter des islamischen Hauptfeindes sowie die Worte des Propheten verstehen: Solch einem Hengst schneidet man nicht die Nase ab.

II. Vielfalt der Verlobungen

Hätte der Prophet nur eine einzige Frau geheiratet, dann könnten wir denken, daß nur jene Art von Verlobung legitim und daß jede Abweichung davon nicht islamisch sei. Manche hätten sicher wie gewohnt den Abweichenden vorgeworfen, sie seien Abtrünnige, Ketzer oder Ungläubige.
Es ist also sogar eine Erleichterung für uns, daß Allah – gepriesen Sei Er – Seinen Gesandten mehrere Male heiraten ließ, denn nur so können wir verstehen, daß die Verlobung vielfältige Formen hat und wir uns nicht auf eine Form beschränken müssen. Die Beziehungen zwischen Mann und Frau sollten dadurch leichter werden. Die Religion läßt uns genügend Spielraum, um uns frei bewegen zu können. Würde dies nicht so sein, wären wir vielleicht noch Opfer der alten Vorstellungen. Es ist zu erwähnen, daß einige jener Verlobungen des Propheten fortschrittlicher waren als viele der unsrigen Möglichkeiten einer Verlobung. Es

ist sogar zu erwarten, daß einige Fanatiker uns zu Abtrünnigen erklären oder uns sogar töten würden, würden wir diese Vielfalt nachahmen wollen.

1. Verlobungsart – direktes oder indirektes Heiratsangebot

Es ist mir nicht bekannt, daß eine Frau öffentlich um die Hand des Mannes anhielt, weder in einem arabischen noch einem westlichen Land. Es ist nicht denkbar, daß die Musliminnen (vor allem aus vornehmen Familien) vom Verlobten die Eheschließung verlangen. Aber im Jahre 594, vor Eintreffen des Gesandten (608), hatte die wohlhabende, edle Khadidscha dies gewagt. Sie ließ Muhammad zu sich kommen und sprach zu ihm: „Hör zu, ich möchte Dich heiraten, wegen Deiner Verwandschaft, Deinem Ansehen und Deiner Würde."

Würde dies eine Frau heute tun, so würde sie schief angesehen oder verdächtigt werden. Die Geschichte sagt aber auch, Khadidscha habe ihm diese Botschaft durch Nafissa Bint Munya übermitteln lassen (Sirat Ibn Hischam Teil 1 Seite 201 Al-Habbi Kairo 1936). Als Muhammad sagte, er habe kein Geld, sagte sie zu ihm: „An Geld brauchst Du nicht zu denken, Du bist gerufen und gewählt, wo es nicht an Schönheit und Würde fehlt." Muhammad akzeptierte und versprach, die Angelegenheit mit seinem Onkel zu besprechen. Danach begleiteten Hamza und Abu Talib ihren Neffen Muhammad zum Hause, wo sie ihr Onkel und Trauzeugen erwarteten (vor allem der Gelehrte Waraqa Ibn Naufal und die Pflegemutter Muhammads, Halima As-Sa'diyya welcher Khadidscha vierzig Schafe wegen ihrer Mühe in Muhammads Kindheit schenkte (siehe Teil 1, Seite 214 des Buches As-Suhaile's, Ar-Raud Al-Unuf-Al-Azhariyya.). Wie es zu seiner Zeit üblich war, hielt der Onkel Abu Talibs eine Rede zur Verlobung, in der er unter anderem sagte: „Gepriesen sei der Herr, der uns als Nachkommen Abrahams von seinem Sohne Ismael erschuf. Es ist eine Tatsache, daß es keinen jungen Mann aus dem Stamme Quraisch gibt, den wir mit Muhammad bezüglich der Würde, der adeligen Herkunft, der Tugend und der Überlegenheit vergleichen können. Und wenn Muhammad auch nicht wohlhabend ist, weiß man, daß Reichtum vergänglich ist.

Er möchte Khadidscha Bint Chuwalid heiraten, und sie möchte ihn heiraten." Ihr Onkel verlobte sie und segnete die Ehe. Außerdem akzeptierte er das gebotene Brautgeld von 20 weiblichen jungen Kamelen. In jener Sitzung wurde die Ehe zwischen Muhammad und seiner ersten Frau beschlossen. Zur Eheschließung sagte der Vertreter der Braut folgendes: „Hiermit mache ich die Anwesenden des Stammes Quraisch zu Zeugen für die Heirat des Muhammad Ibn Abdullah mit Khadidscha".

2. Verlobungsart durch Brautwerberin

Nach dem Tode Khadidschas – möge Allah Gefallen an ihr haben – besuchte Frau Khaula Bint Al-Hakim Muhammad und sagte: „Ich fühle, Gesandter Allahs, daß du unter der Trennung von Khadidscha leidest." Darauf antwortete er: „Ja, sie war die Mutter meiner Kinder und die Herrin meines Hauses." Bint Al-Hakim schlug ihm vor, abermals zu heiraten. Muhammad fragte: „Wen nach Khadidscha?" „Aischa, die Tochter Deines vertrauten Freundes", schlug sie vor (siehe Tarikh At-Tabari, Teil 3, Seite 175). Er meinte: „Sie ist noch ein Kind." Sie jedoch entgegnete: „Du kannst jetzt um ihre Hand bitten und sie heiraten, sobald sie reif dafür ist." Damit war er einverstanden, vor allem wegen des bereits erwähnten Traumes.

Später, im Jahre 622, heiratete Muhammad Aischa in Madina. Brautwerberin war die bereits erwähnte Frau Khaula, die später auch den Antrag an Zam'a Bint Sauda verkündete. Dies bedeutet, daß die Heiratsvermittlung durch eine gläubige Person akzeptabel ist. Die Frauen spielen hier die Hauptrolle vom Anfang der Verlobung bis zur Eheschließung. Danach wird der Vater der Braut nach seiner Meinung gefragt.

Es ist sogar normal gewesen, daß Muhammad sich gleichzeitig mit zwei Frauen verlobte, ohne dies zu verstecken, denn jede der beiden Frauen hatte eine bestimmte Aufgabe zu erledigen. Wir brauchen nur unsere Gesellschaft zu betrachten, um zu wissen, daß kein Mensch öffentlich mehrere Frauen heiraten kann. Viele jedoch sind verheiratet und haben eine oder mehrere heimliche Geliebte, eine Sekretärin oder eine Mitarbeiterin, die die Ehefrau akzeptieren. Muhammad heiratete (wie viele seiner Zeit) mehrere Frauen. Erst der Islam beschränkte übrigens die Frauenanzahl auf vier Frauen pro Mann. Anschließend mußten sich viele Männer von der fünften oder sechsten Frau trennen.

Aus der Bibel kenne ich nicht die ausdrückliche Beschränkung der erlaubten gleichzeitigen Ehen, und hatten nicht David und Salomon mehr als hundert Frauen?

Der Muslim von heute sucht Zuflucht bei der Entschuldigung des Druckes der Erotik und kann die Worte nicht in Taten umsetzen. Doch die Frist zwischen der Verlobung und der Heirat Aischas sollte eine Lehre für uns sein, damit wir wissen, wie sich die Verlobten vernünftig verhalten sollten. In der Erläuterung der vierzig Hadithe versicherte Al-Faschni, daß es überliefert sei, daß Abu Bakr dem Propheten sagte, daß Aischa noch ein Kind und nicht für die Heirat mit Muhammad reif sei. Jedoch werde er Muhammad das Mädchen senden, um ihm ein Bild von ihr zu vermitteln. Und wenn sie geeignet wäre, wäre es das vollkommene Glück.

Darauf sagte der Prophet: „Gabriel zeigte mir bereits ein Bild von ihr auf einem Blatt aus dem Paradies und sagte, daß Gott meine Ehe mit Aischa schon bestimmt habe."

Abu Bakr ging nach Hause und ließ Aischa, die erst sechs Jahre alt war, einen Teller voller Datteln zu Muhammad bringen und sagen: „Gesandter Allahs! Hier ist, was Du von meinem Vater verlangst, gefällt es Dir, so nimm es mit Gottes

Segen." Trotz ihres geringen Alters tat sie wie ihr geheißen. Der Prophet lächelte und sagte: „Es gefällt mir." Dann zog er sie scherzend am Rockzipfel. Sie aber schaute verärgert drein und eilte nach Hause, um dort von dem Vorgefallenen zu erzählen.

Anschließend sagte Abu Bakr zu ihr: „Denke nicht schlecht über den Gesandten Gottes, denn Gott hat deine Ehe mit ihm schon vorbestimmt, so wie ich das auf Erden getan habe."

Als Aischa erwachsen war, erinnerte sie sich an diese Dinge und sagte: „Die schönste Aussage, die ich je hörte, war, als mein Vater sagte, daß er mich dem Propheten zur Frau geben werde," (siehe die Geschichte in Ryad Ar-Rayahin fi Hikayat As-Salihin, am Rande des Buches Umdat At-Taqniqu fi Bascha'ir Ahl-As-Siddiq, Kairo-Al-Bab Al-Halabi 1955).

3. Verlobungsart – der Vater sucht der Tochter einen passenden Mann.

Es ist heute nicht üblich, daß einer von uns für seine Tochter oder Schwester einen Mann sucht, um ihn zu fragen, ob er sie heiraten möchte. Man kann vielmehr erwarten, daß solche Fragen Gerüchte hervorrufen würden.

Erreichen wir aber die Stufe des Glaubens jener vortrefflichen Genossen Muhammads (Shahaba), dann genießen wir einen ganz anderen Geschmack der Religion. Infolgedessen verhalten wir uns anders und gehen mit neuer Kraft an die Arbeit.

Der betreffende Vater ist hier der zweite Kalif Umar, dessen Tochter Hafsa jung verwitwet war. Er ging zu Abu Bakr und fragte ihn höflich, ob er die achtzehnjährige Witwe heiraten wolle. Abu Bakr antwortete nicht (eine höfliche Art der Ablehnung.) Danach ging Umar zu Usman, und dessen Antwort war auch nicht besser. Als Umar dem Propheten von seiner Enttäuschung erzählte, beruhigte ihn Muhammad, indem er sagte: „Hafsa bekommt einen besseren Mann als Usman, und Usman bekommt eine bessere Frau als Hafsa." So wurde Umar gewürdigt, da der Prophet selbst seine Tochter heiraten wollte. Schnell eilte er nach Hause, um seiner Tochter die frohe Botschaft zu überbringen. Als Abu Bakr ihm unterwegs begegnete, verstand er die Situation sofort und sagte: „Nun Umar! Du solltest nicht auf mich böse sein, da der Prophet mir seine Absicht gegenüber Hafsa bereits vorher verriet. Ich verrate nie den Gesandten Gottes. Hätte der Prophet Hafsa nicht geheiratet, so hätte ich es sofort getan." Später hörte Umar dasselbe auch von Usman – möge Allah Gefallen an ihm haben.

4. Verlobungsart: Der Freier bittet die Frau um Heirat.

Hier möchte ich von einem bekannten oberägyptischen Inspektor für gerichtliche Ermittlungen im Bildungsministerium, Firky Hussein, erzählen:

Durch seine Tätigkeit lernte er eine muslimische Lehrerin kennen. Er erzählte ihr von seiner Absicht, sie zu heiraten, was sie auch begrüßte. Er besuchte ihren

Vater und bat ihn um die Hand seiner Tochter. Der konservative Vater erschrak und fragte: „Hast Du etwa mit meiner Tochter darüber gesprochen?" Der schlaue Herr erwiderte sofort: „Nicht einmal sah ich sie. Aber ich hörte von ihrer Frömmigkeit." Das beruhigte den Vater, doch schließlich fand die Hochzeit doc h nicht statt, weil man sich über das Brautgeld nicht einig wurde.

Mit dieser Geschichte will ich betonen, daß der Glaube, gesprochen mit der Zunge, kein Glaube ist. Der Glaube wird durch Taten erkennbar. Es ist viel leichter, große Worte zu machen als große Taten zu vollbringen. Solche Väter und viele von uns können ausgeben was sie wollen. Selbst wenn es den Berg Uhud aus Gold an Gewicht überträfe, würde es nicht einmal ein Stäubchen an guten Taten jener Genossen Muhammads übertreffen. Der Prophet verwies auf einen Mann, der hochtrabende Reden führte und übertrieben genau sein wollte. Er sagte: „... aus dem Rückgrat dieses Mannes werden Nachkommen entstehen, die den Koran so gut lesen, daß euer Lesen im Vergleich zu ihrem nicht zählen wird. Sie werden entschieden und direkt wie der Schützenpfeil handeln."

Der Islam verlangt das Handeln, um die Krankheiten der Gesellschaft zu bekämpfen. Das aber nicht mit leeren Worten und Geschwätz. Daher pflegte der Prophet zu wiederholen, daß derjenige, der die nichtislamischen Neuerungen (z. B. überhöhtes Brautgeld) bekämpft und der Lebensweise des Propheten folgt, nach dem Tode die höchste Belohnung bekommt, als wäre er ein Märtyrer, der im Kampf gegen die Feinde fiel. Muhammad sagte: „Allah sieht weder auf euer Äußeres noch auf euren Reichtum. Er sieht allein auf eure Herzen und eure Taten." Er sagte außerdem: „Wer von euch Übel oder ungerechte Handlungen sieht, sollte es mit eigener Hand ändern. Hat er nicht die Kraft, dies zu ändern, so soll er es mit der Zunge versuchen. Geht auch dies nicht, so soll er es mit dem Herzen versuchen." Der Muslim kann sich direkt mit der Muslimin verloben und sie persönlich um ihre Hand bitten. So handelte der Prophet im Jahre 627, als er die achte Frau Barra Bint Al-Harith, eine Tochter des besiegten Oberhauptes der Bani Al-Mustalaqu, heiratete. Sie war Kriegsbeute der Muslime und bat den Propheten um Hilfe (Anm. d. Übers: Ohne seine Hilfe wäre sie Sklavin von Qais Ibn Thabit). Muhammad fragte diese ehemalige Herrin ihres Stammes: „Darf ich dir einen besseren Vorschlag machen?" „Und der wäre?" fragte sie. Er sagte: „Ich bezahle dein Lösegeld und heirate dich." Mit ihrem Einverständnis tat er dies und nannte sie „Dschuwairiya".

Dasselbe tat der Prophet, als er die sechste Frau Umm Salama heiratete, deren Mann noch im Sterben sagte: „Mein Gott! Gib meiner Familie einen guten Ersatz und verlasse sie nicht." Nach vier Monaten wollten Abu Bakr und Omar in Anwesenheit von Muhammad Umm Salama heiraten. Sie lehnte die beiden und noch vier andere höflich ab. Dann bat der Prophet um ihre Hand. Sie jedoch sagte: „Ich bin alt, eifersüchtig und habe kleine Kinder." Er sagte: „Ich bin älter als du und werde zu Gott beten, damit er dich von deiner Eifersucht befreit. Für die Kinder sind Allah und sein Gesandter da."

Aus dieser Ehe haben wir folgende Schlußfolgerungen zu ziehen: Das Heiraten einer weiteren Frau bedeutet nicht, daß der Mann die erste Frau nicht mehr liebt. Der Prophet heiratete andere Frauen nach Aischa, und trotzdem blieb sie seine über alles geliebte Frau. Der Mensch kann also auf Grund anderer Veranlassungen mehrere Frauen heiraten. Unsere ägyptischen Filme aber z. B. zeigen solche „neuen" legalen Ehen, als wären sie der ersten Frau gegenüber ein Verbrechen.

Die Muslimin kann man heute verstehen, wenn sie sich von diesen Ehen abwendet und ihre Abneigung zeigt, obwohl diese im früheren Islam nicht nur normal waren, sondern auch die Lösung vieler Probleme darstellten. Nur die Liebesromane und Filme zeigen, daß die zweite Ehefrau nur auf Kosten der ersten existiert. Das Leben der ersten Frau wird übertrieben „melodramatisch", leidend, und unglücklich geschildert, als wäre sie ein Opfer des Mannes und der zweiten Frau. In der Tat üben solche Filme und Romane schlechten Einfluß auf die muslimische Frau aus und veranlassen sie, sich solchen Ehen entgegen zu stellen, obwohl die zweite Ehe früher viele Aufgaben erfüllte. Probleme der islamischen Gesellschaft konnten durch jene Ehen eine glückliche Lösung finden. Wir können die Aussage von Umm Hani, der Tochter des Abu Talib, verstehen als sie erzählte: „Der Gesandte Allahs bot mir an, ihn zu heiraten. Ich jedoch entschuldigte mich, und er billigte meine Entschuldigung." Wir wundern uns jedoch über die Filme und Romane, die die Ablehnung des Freiers als Beleidigung oder Verletzung darstellen, worauf sich der Freier rächt und die Gewünschte anderweitig zu bekommen versucht.

5. Art der Verlobung

Hier erleben wir eine neue Art der Verlobung. Der Prophet verlobte sich folgendermaßen mit Umm Habiba: Diese war mit einem Muslim verheiratet, der jedoch in Äthiopien zum Christentum übertrat. Nachdem sie vergeblich versucht hatte, ihn zu überreden, Muslim zu bleiben, verließ sie ihn. Es ist sogar heute ungewöhnlich, daß eine Frau ihren Mann verläßt, weil er kein guter Muslim ist. Jene Frau aber wollte nicht mit so einem Mann leben. Als der Prophet in Madina von ihrem Schicksal erfuhr, sandte er einen Boten zu An-Naaschi, dem christlichen Äthiopierkönig. Der Bote sollte, falls Umm Habiba einverstanden wäre, die Ehe zwischen ihr und dem nicht anwesenden Propheten schließen. Der König schickte eine Dienerin namens Abraha zu ihr, die für den Balsam und die Kleidung des Königs verantwortlich war, um ihr zu sagen: „Der König sagt zu dir, daß der Prophet der Araber dich heiraten will. Nenne einen Bevollmächtigten wegen der Eheschließung," (siehe die ganze Geschichte in Al-Isaba des Ibn Hadschar 8/ 84; As-Sira des Ibn Ishaq, und Bint As-Sati S. 373–394. – Anmerkung des Übersetzers.).

Ramla ließ sich die Botschaft wiederholen, um sich zu vergewissern, ob sie richtig gehört hatte. Freudig über diese Botschaft schenkte sie der Dienerin zwei silberne Armbänder. Dann beauftragte sie ihren Verwandten Khalid Ibn Sa'id, den Ältesten der Muslime in Äthiopien, sie bei der Eheschließung zu vertreten. Später lud der König alle Muslime aus Äthiopien zu sich ein. Viele kamen. Unter anderem auch der Cousin des Propheten Dscha'far Ibn Abu Talib und der Beauftragte der Ramla. Nun sprach der König, und sein Dolmetscher übersetzte: „Muhammad, Sohn des Abdallah, beauftragte mich, ihn mit Ramla zu vermählen. Wer ist dafür zuständig?" Die Anwesenden sagten: „Khali Ibn-Sa'id ist von ihr benannt worden." Da sagte der König zu ihm: „Dann verheirate die Betroffene mit eurem Propheten, und ich schenke ihr in seinem Auftrag 400 Dinare als Brautgabe." Khalid nahm das Geld entgegen und schloß die Ehe. Dann lud der König die Anwesenden zu einem Gastmahl ein, indem er sagte: „Nehmt Platz, denn die Propheten pflegen, wenn sie heiraten, den Anwesenden ein Gastmahl zu geben."

6. Art der Verlobung

Die Verlobung mit Zeinab Bint Dschahsch.

Es ist sehr wichtig für den Muslim, die richtige Lehre aus dieser Ehe zu ziehen, denn diese versucht, den Menschen von Haß und Eifersucht zu befreien. Hier hat der Prophet eine geschiedene Frau geheiratet. Sein Vermittler war niemand anderes als ihr ehemaliger Gatte selbst. In unserer arabischen Gesellschaft heiratet niemand gern eine Geschiedene, weil sie zuvor schon einen Mann hatte. Solche Männer heiraten viel lieber eine Witwe, da deren Gatte nicht mehr irgendwo auf der Erde angetroffen werden kann. Muhammad handelte als Vorbild, um solche gefährlichen Sitten und ungerechten Einstellungen zu beseitigen. Deshalb schickte er den frisch Geschiedenen zu seiner früheren Frau, die der Prophet bereits sehr gut kannte, da ihre Mutter die Tante des Propheten väterlicherseits war. Er sollte die Heirat vermitteln. Als ihr früherer Mann ihr die Botschaft brachte, daß Muhammad sie heiraten wollte, ließ sie alles stehen und liegen, und ging, um zu beten und um Gott zu danken. Sie war immer stolz darauf, daß Allah – gepriesen sei er – wegen ihrer Koranverse herabsandt hatte.

(Anmerkung des Übersetzers: Diese Ehe konnten, oder wollten viele Feinde des Islams nicht verstehen. Es ist wichtig zu erwähnen, daß jener 35jährigen, schönen Frau, die Muhammad heiratete, bewußt war, daß sie mit der Heirat ein Haus betrat, in dem außer ihr schon fünf Frauen lebten. Zuvor lebte sie als Einzelfrau mit einem Mann zusammen, der mindestens 20 Jahre jünger war als Muhammad.

Weder der junge, geschiedene Mann noch der „alte" Muhammad äußerten sich unzufrieden. Alle Gäste feierten und genossen das Essen im Hause des Ehegatten.)

7. Art der Verlobung

Es handelte sich um eine Frau namens Qatila, die Muhammad nie zu Gesicht bekommen sollte. Ihr Bruder erzählte ihm von ihr und bat Muhammad, sie zu heiraten. Er gab sein Einverständnis und ließ sie von ihrer Heimat kommen (dieses Gebiet liegt heute in der demokratischen Volksrepublik Jemen). Doch schon bevor sie eintraf, lag Muhammad im Sterbebett. Als letzten Willen ließ er ihr die Wahl, ob sie als Witwe leben und keinen Mann nach ihm heiraten, oder ob sie als Geschiedene weiterleben wollte, worauf sie abermals heiraten durfte, (Die Frauen des Propheten galten als „Mütter der Muslime". So durften die Söhne der Muslime nicht die „Mütter der Muslime" heiraten; Anm. des Übersetzers). Sie entschied sich für die Scheidung und heiratete Ikrima (einen Sahabi, d.h. ein Genosse des Propheten). Dies zeigt uns, daß unter Umständen auch eine Verlobung oder Heirat stattfinden kann, wenn die Partner vorher nie Gelegenheit hatten, sich kennenzulernen. Allerdings ist dies eine Ausnahmesituation, denn Muhammad selbst empfahl zuvor, daß sich die Partner vor der Ehe kennenlernen sollten. Der erste Eindruck könne sicherlich von Bedeutung sein. Dies bedeutet, daß uns Gott durch Seinen Propheten zeigen will, daß eine legale Handlung dieser Art keine Einschränkung kennt, die die Freiheit derjenigen, die heiraten wollen, begrenzt. Doch kommt diese Art der Heirat sehr selten vor.

8. Art der Verlobung

Safiyya Bint Huyay war 17 Jahre alt. Ihr zweiter Mann, der Herr der Festung „Al-Qamus" in Khaibar, wurde hingerichtet (siehe As-Sira 3/343–351; Tarikh At-Tabari 3/95 und Bint As-Sati; Saiydat Bait-N. 363–376; Anm. d. Übers.). Die Genossen Muhammads schlugen ihm vor, Saffiya, die Tochter von Huyay Ibn Achtab, dem Judenoberhaupt, zu heiraten. Es wurden viele Gründe genannt:

1. Ihr, der gedemütigten Herrin eines geschlagenen Stammes, eine Zuflucht und Geborgenheit zu geben.
2. Die Beendigung der Kriege mit ihren beiden Stämmen Banu-Quraiza und An-Nadir.
3. Ihr und ihren Stämmen zu ermöglichen, die friedliche, menschliche Botschaft des Islams kennenzulernen.

Diese Heirat fand statt, obwohl die Probleme der Muslime mit den Ungläubigen, vor allem in Mekka, nicht gerade wenig waren.

Der Prophet dachte nicht an sich. Denn er hatte bereits fünf Frauen, die immer auf ihn warteten, wobei er bei jeder von ihnen eine Nacht verbringen mußte. Er mußte an das Gemeinwohl der islamischen Gemeinde denken und die Bitte seiner Genossen erfüllen. Als Folge dieser Heirat traten viele Juden dieses Stammes zum Islam über. Kann einer von uns heute eine neue Frau heiraten, wenn das Gemeinwohl der islamischen Gemeinde es notwendig macht? Würde er nicht versuchen, Ausreden zu erfinden, damit er keinen Ärger zu Hause bekommt? Denkt eine Frau mehr an sich oder an das Wohl der Gemeinde? Hier zeigte der Prophet, wie sich der Mann in einer solchen Situation verhalten sollte. Es ist aber zu erwähnen, daß der Prophet immer sehr gerecht war. Es wird zum Beispiel erzählt, daß seine Frau Zainab Bint Dschahsch, eine adelige Enkelin des Abdul-Muttalib, über Safiyya verächtlich sagte: „Diese Jüdin." Daraufhin war Muhammad ihr böse und verkehrte drei Monate nicht mit ihr, bis sie einsah, daß es böse ist, andere Menschen zu verachten (siehe Ibn Hadschar: Al-Isaba; Biographie der Safiyya).

9. Art der Verlobung

mit Barra Bint Al-Harit Ibn Hazan Ibn Bagier (siehe ihre Biographie unter anderem in As-Sira 4/14; At-Tabari 3/101; Al-Isti'ab 41 1918 Tabaqat Ibn Sa'd; Bint As-Sati: Sayiydat B.-An-N. 411–418. – Anm. d. Ü.). Diese Frau freute sich über den Sieg der Muslime in Khaibar im Jahre 629, so daß ihr ungläubiger Mann sie verstieß (Anm. des Übersetzers: Nach Ibn Ishaq in As-Sira 4/196 war sie 26, als ihr Mann Abu Raham Ibn Abd Al-Al'Uzza starb). Sie vertraute sich ihrer muslimischen Schwester Umm Al-Fadl (Ehefrau des AL-Abbas, Onkel Muhammads an, daß sie den Propheten über alles liebe und ihn heiraten wolle.

Als Al-Abbas dies erfuhr, sprach er mit seinem Neffen Muhammad darüber. Nach der Eroberung Mekkas im Jahre 630 heiratete Muhammad Barra. Er nannte sie Maimuna (die Glückbringende). Er durfte die Leute nicht zum Hochzeitsessen einladen, weil er wegen des Abkommens von Al-Hudaibia Mekka noch am selben Tag verlassen mußte. Barra verließ Mekka in Begleitung von Muhammads Diener Abu-Rafi' und reiste zum Propheten nach Madina. Wir Muslime können verschiedene Lehren aus jener Ehe ziehen:

1. Eine Frau darf sich ohne Brautgeld mit einem Mann verheiraten, denn nach der Sura 33:50 glaubte man, Barra hätte dies getan (siehe Ibn Hischam As-Sira 4/296 u.a. – Anm. d. Übers.).

2. Der Ehemann darf den Namen der Frau ändern, wenn sie damit einverstanden ist.

10. Art der Verlobung

Als Muhammad umgeben von seinen Genossen (Sahaba) saß, sagte eine Frau zu ihm: „Oh, Gesandter Allahs! Ich möchte mich dir ganz hingeben", (das heißt, ohne Brautgabe heiraten). Er schaute zu ihr und sah daraufhin mit gesenktem Haupte wieder weg. Als sie vor ihm stand, ohne Antwort zu erhalten, erhob sich einer der Anwesenden und sagte: „Gesandter Allahs! Wenn du sie nicht heiraten willst, dann verheirate mich mit ihr." Daraufhin fragte ihn der Prophet: „Was kannst du ihr als Brautgabe geben?" Der Mann antwortete: „Ich besitze nur dies eine Gewand, welches ich trage." Der Prophet antwortete: „Besorge dir etwas, auch wenn es nur ein Ring aus Eisen ist." Der Mann konnte selbst dies nicht beschaffen. Der Prophet fragte ihn, ob er einige Verse aus dem Qur'an kenne. Der Mann sagte, daß er einige Suren kenne. Daraufhin schloß er die Ehe mit der Bedingung an den Mann, daß er seine Frau die Suren als Brautgabe lehre. Manchen Überlieferungen nach schlug jener arme Mann dem Propheten vor, sein Gewand mit der Frau zu teilen. Doch fragte Muhammad, wem von beiden ein halbes Gewand etwas nütze, da es weder sie noch ihn verhüllen könne.

11. Art der Verlobung
Über die Heirat der jüngeren Schwester vor der Älteren. Muhammad hatte sich mit Aischa verlobt, noch bevor ihre ältere Schwester Assma sich mit Az-Zubair Ibn Al-'Auwam verlobte. Dies bedeutet, daß die Verlobung der jüngeren Schwester vor der älteren möglich ist. Es ist aber bekannt, daß fanatische Familien solch eine Heirat als Schande betrachten. Deswegen scheitern viele gute Ehen.

III Brautgeld und Hochzeitsfeiern im Leben Muhammads

Der Prophet gab jeder Frau ca. 400 Drachmen als Brautgeld. Das Alter, die soziale Lage, das Aussehen und die finanzielle Lage des Propheten spielten ebensowenig eine Rolle wie sein Gefühl für die Betroffenen und deren Herkunft. Der Prophet gab somit nicht so viel Brautgeld wie sein Onkel Abu Talib oder der König Äthiopiens.

Dies bedeutet, daß der Muslim nicht übertreiben darf und nur das Erforderliche zahlen sollte.

Muhammads Verhalten zeigt uns deutlich, daß er die Verschwendung verabscheute. Als Brautgeld bekam Aischa – möge Allah Gefallen an ihr haben – einen Trinkbecher, eine mit Palmfasern gefüllte Matratze und eine Handgetreidemühle, die im Preis auf 400 Drachmen geschätzt wurde.

2. Hafsa – möge Allah Gefallen an ihr haben – bekam 400 Drachmen in Form eines Teppichs, zweier Kopfkissen, eines großen Gewandes, das als Laken und Decke für den Winter zugleich dienen konnte, und zwei grüne Gefäße.

400 Drachmen bekamen auch seine anderen Frauen Maimuna, Dschuwairia, Zainab Bint Khuzaima und Raihana.

Das Brautgeld von Saffiya – möge Allah Gefallen an ihr haben – war ihre Befreiung aus der Gefangenschaft (sie war Kriegsbeute).

Der Prophet lehnte es bewußt ab, mehr als 400 Drachmen als Brautgeld zu bezahlen. Als der junge Salama ihn fragte, was er seiner Mutter als Brautgeld gäbe, antwortete Muhammad: „Ebensoviel wie ich Aischa gab."

Als Muhammad sich mit Asma Bint An-Nu'man verlobte, gab er ihr 400 Drachmen, obwohl ihr Vater mehr verlangte. Darauf sagte er: „Ich gab keiner Frau mehr als dies."

Dieser bescheidene Betrag blieb im Leben des Propheten immer gleich. Ebenso als er Sauda Bint Zam'a unter harten Kriegsumständen heiratete, wie im Jahre 630, als er Maimuna heiratete und der Islam in Arabien herrschte. Es ist nicht natürlich und selbstverständlich, daß der Mensch in Reichtum und Armut so bleibt, ohne daß ihn die Gnade Allahs leitet. Deshalb warnte der 2. Kalif Umar – möge Allah Wohlgefallen an ihm haben – vor der unverschämten, abscheulichen Verschwendung, die der Koran selbst als teuflisch bezeichnet. Neulich hat das deutsche Fernsehen eine Hochzeit in einem Golfstaat geschildert, bei der die Verschwendung maßlos war. Der Film brachte nicht nur einen ironischen Kommentar des Sprechers, sondern zeigte auch die Betenden in den Moscheen, während sich die anderen Teilnehmer beim Fest amüsierten. Das Ganze war allerdings nicht ohne den üblichen Hohn und Spott. Der Name dieser Sendung lautete: „Männer und Kinder." Hier muß ich die Chefredakteurin der kuwaitischen Zeitschrift „Usrati" loben, die einige solcher Hochzeitsfeiern in Kuwait kritisierte. In der Tat leben viele Muslime heute weit entfernt vom wahren Islam. Solche Muslime handeln nicht nach den Anweisungen des Korans und Muhammads. In den Ehen, die sie schließen, ist die Braut fast eine Ware geworden.

Jede Braut hat ihren Preis. Am übelsten dran waren die Geschiedenen und Witwen. Diese wurden nicht so gut wie die jungfräulichen Bräute behandelt.

Mussab bezahlte der schönen Aischa Bint Talha als Brautgeld 1.000.000 Drachmen. Für die Heirat mit der schönen Sukaina, einer Tochter des Al-Hussein (Enkel Muhammads), gab er ihr ebenfalls 1.000.000 Drachmen. Außerdem schenkte er ihrem Bruder Zain Al-Abidien 40.000 Dinare, weil er sie bis zum Haus des Bräutigams begleitete (siehe Ibn-Quataiba Uyun Al-Achbar 2/258).

Die verschiedenen Arten der Hochzeitsfeste

1. Hochzeitsfest der ersten Frau Khadidscha
   In diesem Falle war die Braut selbständig. Sie hatte bereits Kinder aus zwei Ehen in ihrem Haushalt. Ihr Haus eignete sich gut für das eheliche Leben. Sie betrieb außerdem Handel von ihrem Haus aus und hatte dort ihr gesamtes Hab und Gut. Es wäre umständlich gewesen, wenn sie in ein anderes Haus hätte ziehen müssen, das eventuell nicht für ein eheliches Leben geeignet gewesen wäre. Praktisch ist in so einem Falle, daß Frau und Kinder in der gleichen Umgebung wie zuvor weiter leben können und der Mann zur Frau zieht. Damit zeigte der Prophet, daß die Ehe nicht an bestimmten unreifen Vorstellungen und Sitten scheitern sollte (z. B. daß die Frau zum Mann ziehen muß).

2. Hochzeitsfest der dritten Frau Aischa
   Der Prophet vollzog die Ehe mit der dritten Frau Aischa im Hause ihres Vaters
   Abu-Bakr, weil das eheliche Haus noch nicht fertig war. Muhammad ließ ihr,
   wie jeder seiner Frauen, ein Haus an die Moschee bauen.
   Später erzählte sie: „Während Muhammad im Haus meiner Eltern umgeben
   von Männern und Frauen des Stammes Al-Ansar war, betrat meine Mutter
   das Haus. Sie ließ mich allein in einem Zimmer auf ihn warten und sagte ihm,
   daß er die Ehe mit mir vollziehen könne, und daß Allah uns segnen möge.
   Nachdem die Gäste das Haus verlassen hatten, machte er mich zu seiner Frau.
   Er schlachtete weder ein junges Kamel noch ein Schaf für die Hochzeit.
   Jedoch schickte uns Sa'd Ibn-'Ubada eine Schüssel mit Speisen. Muhammad
   nahm einen Becher Milch, trank einen Schluck und gab mir den Becher, damit
   ich auch trinken konnte. Ich geriet in Verlegenheit und trank davon." Die Einrichtung ihres Hauses bestand aus einem Speiseholzgefäß, einem Trinkbecher, einer Matratze mit Palmfaserfüllung, einer Getreidemühle und ihren
   Spielpuppen.
3. Hochzeitsfest der vierten Frau Hafsa
   Die Muslime, die nach Madina ausgewandert waren, buken einen Kuchen mit
   Butter und Datteln für die Hochzeit. Muhammads Ehe mit Raihana begann
   im Hause des Umm Al-Mun.
5. Hochzeitsfest mit seiner zehnten Frau Umm Habiba
   Diese Hochzeit wurde im Namen Muhammads vom äthiopischen König ver-
   anstaltet. Nachdem der König dem Vertreter der Braut das Brautgeld gegeben
   hatte, gab er den Anwesenden ein Hochzeitsmahl, da es eine Sitte der Propheten war, bei der Eheschließung den Gästen ein Hochzeitsessen anzubieten.
6. Das Hochzeitsfest der sechsten Frau Umma Salama
   Nach dem Tode der fünften Frau Zainab Bint Khuzaima heiratete der Prophet
   Umm Salama. Sie übernahm die Wohnung der Verstorbenen, die einen mit
   Gerste gefüllten großen Tonkrug, eine Getreidemühle, einen Tontopf, einen
   Kessel und ein Trinkgefäß aus Ton hinterließ.
   Umm Salama – möge Allah Wohlgefallen an ihr haben – mahlte die Gerste
   und kochte daraus einen dicken Brei. Diesen gab sie Muhammad zu essen.
7. Das Hochzeitsfest der fünften Frau Zainab Bint Khuzaima
   Der Gesandte Allahs schlachtete für das Hochzeitsmahl ein junges Kamel. Er
   lud die Leute, vor allem die Armen, dazu ein. Die Gäste brachten gewürzte
   Weizengrütze mit. Der Prophet segnete die Gäste.
8. Das Hochzeitsfest der siebten Frau Zainab Bint Dschahsch
   Das Benehmen der „lästigen" Gäste war der Anlaß für die Herabsendung des
   Verses über die „Trennung": Sura 33:53: „Ihr Gläubigen! Tretet nicht in die

Wohnungen des Propheten ein – es sei denn, es wird euch erlaubt, zur Teilnahme an einem Essen, ohne zeitig vor dem Essen zu erscheinen. Tretet erst ein, wenn ihr hereingerufen werdet. Habt ihr gegessen, dann verabschiedet euch, ohne auf eine Unterhaltung zu warten (oder: ohne euch einer Unterhaltung hinzugeben). Gewiß ist dies dem Propheten lästig, aber er schämt sich, es euch zu sagen. Allah aber schämt sich nicht vor der Wahrheit. Bittet ihr seine Frauen um einen Gegenstand, dann bittet sie hinter einem Vorhang. Das ist doch reiner für eure Herzen und für ihre Herzen. Und es steht euch nicht zu, dem Propheten wehzutun, oder seine Frauen nach seinem Tode zu heiraten. Dies wäre bei Gott eine ungeheuerliche Sünde."

9. Hochzeitsfest der neunten Frau Safiyya Bint Huyay
   Nach dem Sieg über die Juden in Khaibar 629 nach islamischer Zeitrechnung wollte Muhammad die Hochzeit nicht weit von den Häusern der Juden Banu An-Nadir feiern, jedoch lehnte die 17jährige Witwe dies ab. Später, weit entfernt von den Juden, erklärte sich die Braut zur Vollziehung der Ehe bereit. Als der Prophet sie nach dem Grund ihrer Ablehnung fragte, sagte sie: „Ich fürchtete, die Juden könnten dich überfallen," (siehe: Ibn Hadschar: Al-Isab 1/126.). Die Mutter des Anas Ibn Malik schmückte die Braut und kämmte ihr Haar. Der Prophet breitete ein Ledertuch aus und bat die Anwesenden, von ihrem Reiseproviant ein Gastmahl zu bereiten. Die Anwesenden bereiteten ein Gastmahl, hauptsächlich aus Datteln, Butter und Quark, vor.
   Ein Genosse Muhammads namens Abu Ayyub Al-Ansari überwachte das Zelt des Propheten, ohne dazu beauftragt zu sein. Am anderen Morgen erklärte er dem Propheten, er habe gedacht, diese Jüdin würde ihn vielleicht im Schlaf töten, weil ihr Vater, ihr Mann und viele ihres Stammes getötet worden waren. Daraufhin sprach Muhammad seine Segenswünsche aus, indem er zu Gott betete: „Mein Herrgott, schütze ihn, wie er mich die ganze Nacht schützen wollte."
   Als die Muslime in Madina eintrafen, ließ er Safiyya im Hause eines Genossens namens Haritha Ibn An-Nu'man, bis er ihr eine eigene Wohnung eingerichtet hatte.

10. Hochzeit mit Asma Bint Nu'man. Er ließ sie zu sich in Begleitung des Abu Usais As-Saidi kommen, jedoch zählt sie nicht als Mutter der Gläubigen.

11. Hochzeit mit Maria der Koptin: Der christliche König Äthiopiens sandte mit dem Boten Muhammads Hatib Ibn Balta'a die Mädchen Maria und Sierin, einen weißen Maulesel (Duldul), einen Eunuchen, 1000 x 4,68 g Gold, zwanzig ägyptische, weiche Kleiderstoffe, Honig und Weihrauchstäbchen (Anm. d. Üb. siehe Bint-As-Sati: 395–410). Der Prophet vollzog die Ehe mit Maria in einem für sie eingerichteten Haus in der Nähe des Prophetenhauses.

12. Hochzeit mit Maimuna Bint Al-Harit, der 12. und letzten „Mutter der Gläubigen".

Der Prophet schloß die Ehe mit ihr in Mekka, jedoch erst in Saraf, etwa sechs Meilen von Mekka entfernt, wohnte er ihr bei. Als Hochzeitsmahl schlachtete er ein junges Kamel und schenkte ihr einen Diener, eine Einrichtung und eine Wohnung. Vor Freude schenkte sie der Person, welche ihr die gute Nachricht brachte, daß Muhammad sie zur Frau nehmen möchte, ihr eigenes Kamel und dessen Ladung.

Ihr Name vor der Heirat war Barra, welchen Muhammad in Maimuna änderte. Schließlich wollen wir hier folgendes berichten: „Es wird überliefert, daß Frau Ar-Rabi' Bint Mu'auwd sagte: „Mein Mann Ilyas Ibn Al-Bakir Al-Laitni und ich feierten unsere Hochzeit gerade, als der Prophet uns besuchte. Er nahm Platz, während einige Mädchen Tamburin spielten und unsere in der Schlacht von Badr Gefallenen beklagten. Ein Mädchen sang stolz „und unter uns ist ein Prophet, der weiß, was der Morgen verbirgt". Er verbot ihr, dies zu sagen, und sagte zu ihr: „Sing, wie zu zuerst gesungen hast und spiele auch, aber laß mich aus dem Spiel."

Lehren, die wir aus diesen Berichten ziehen können

1. Es gibt keine bestimmten Vorschriften, welche die Hochzeitsfeste betreffen, solange man nicht verschwenderisch ist oder übertreibt.
2. Die Eheschließung kann überall stattfinden. Sie ist nicht an Ort und Zeit gebunden.
3. Das Ehepaar soll dort zu Hause sein, wo es leichter ist, gleich ob bei dem Mann, bei der Frau oder sogar bei einem Dritten.
4. Die Eheleute können die Liebe, wo und wann es ihnen erlaubt ist, genießen; z. B. im Hause der Schwiegereltern, im Zelt oder auf einer Reise, in der Wohnung des verstorbenen Partners, in der Wohnung eines Freundes oder einer Freundin usw. Es muß nicht eine eigene Wohnung oder ähnliches vorhanden sein, um ein eheliches Leben zu führen.
5. Das Gastmahl ist symbolisch. Es geht um das Zusammensein, deshalb war das Gastmahl nicht immer reichlich; z. B. ein junges Kamel; ein Schaf; aber auch Früchte wie Datteln, Grütze, Quark und Butter; Brei, ein Becher Milch oder der Proviant, den die Anwesenden unterwegs für ihren eigenen Bedarf mitführten.
6. Gesang und Musik sind auch bei der Hochzeit erlaubt, wie der Prophet es dem Mädchen mit dem Tamburin erlaubte.

Das Verhalten des Propheten bezüglich der Beziehungen zwischen Mann und

Frau ist sicherlich eine Quelle der Freude und Geschenke für jeden Menschen mit gesundem Verstand.

Der Mensch hat viele Eigenschaften. Einige von ihnen schildern die folgenden Qur'ān-Verse der Sura 70:

(19) Der Mensch ist von Natur kleinmütig geschaffen.

(20) Wenn Unheil ihn trifft, ist er mutlos.

(21) Und wenn er zu Vermögen kommt, ist er geizig (wörtlich: verweigert er es, weiterzugeben).

(22) Ausgenommen sind die immer betenden Gläubigen.

Menschen mit gesundem Verstand sind diejenigen, die den Tag des Gerichts für wahr halten und stets an die Mitmenschen denken. Sie folgen den Anweisungen des Qur'ān und des Propheten.

Diese Menschen bilden leider die Minderheit der Gläubigen. Sie halten zusammen ohne die Unterstützung der meisten „Gläubigen", jedoch geben sie nicht auf, sich selbst und das Böse zu bekämpfen. Der Lohn eines jeden von ihnen ist sehr hoch, so wie der Lohn eines Märtyrers.

Wir wollen hier nicht über die Tugenden der islamischen Erziehung im Lichte des Qur'ān sprechen, aber wir erinnern an die Worte des Propheten zu seinen männlichen Genossen: „Der Beste unter euch ist derjenige, der seine Frau und Kinder am besten behandelt, und ich bin ein Vorbild in der Behandlung meiner Familie."

Er betonte dies, weil das Leiden und die Probleme immer das Leben und die Erziehung zwischen den beiden Geschlechtern belasten werden, trotz aller Gesetze und Handlungen, welche dieser Sache gewidmet sind.

IV. Die Jungfrau und die Nichtjungfrau im Leben des Propheten.

Es ist ein Glück für uns, daß Muhammad verschiedene heiratsfähige Frauen heiratete, damit wir daraus Lehren ziehen können.

Es ist bemerkenswert, daß er nur eine einzige Jungfrau, nämlich Aischa heiratete, wogegen alle anderen Frauen geschieden oder verwitwet waren. Der Betrachter kann hier folgendes feststellen:

- Wäre der Prophet dazu geneigt gewesen, Frauen nur zu genießen, wie Unwissende, Oberflächliche oder die Feinde des Islams es darstellen, dann hätte er sicher mehrere unberührte Jungfrauen geheiratet.

- Eine Jungfrau, die mit keinem Mann verkehrt bzw. keine Erfahrungen in dieser Beziehung hat, ist stets dasselbe. Daher genügte das Eheleben mit einer, um das Zusammensein mit ihr unter einem Dach zu vermitteln.

- Jede Nichtjungfrau hat allerdings verschiedene Erfahrungen, daher die Vielfalt dieser Ehen, um uns zu belehren.

156

Sicherlich hat jede Frau, die nicht mehr Jungfrau ist, bestimmte Erlebnisse und Erfahrungen mit einem oder mehreren Männern. Es gibt die Geschiedene und die Verwitwete, die Mutter, die Frau, die für alte Eltern oder Verwandte sorgt, die Verspielte und die Reife, die Arme und die Reiche, die Verträumte und die Kämpferin.

Es ist nicht der Mann allein, der das Böse bekämpfen kann, sondern auch die Frau. Es gab Frauen z. Zt. Muhammads, welche die Heimat, die Kinder, die große Familie, den Ehemann und alles verließen und sich für Gott entschieden, weil sie überzeugt waren, daß sie eine große Verantwortung zu tragen und eine bedeutende Rolle im Kampf gegen das Böse zu spielen hatten.

Solche Frauen haben es verdient, Vorbilder für jede Muslimin zu sein.

Jede dieser Frauen verdient sicherlich einen liebevollen, vorbildlichen Ehemann, welcher sie bereichert, hochschätzt und liebt. Dadurch kann die Frau „in der Männergesellschaft" ihre unentbehrliche Rolle spielen.

Betrachten wir die „Mütter der Gläubigen", dann begegnen uns folgende Frauen, möge Allah Wohlgefallen an ihnen haben, welche wie leuchtende Sterne um uns sind.:

1. Khadidscha:

Sie war zweimal verheiratet. Nach dem Tode des zweiten Mannes heiratete sie Muhammad. Sie war reich und hatte aus erster Ehe eine erwachsene Tochter und aus der zweiten Ehe einen Knaben. Sie gebar dem Propheten sechs Kinder.

2. Sauda:

Sie war muslimische Witwe des As-Sakran; beide waren unter den Auswanderern nach Äthiopien gegangen wegen der Unterdrückung durch die Mekkaner. Sie war arm, alt und einsam.

3. Aischa:

Sie war ein Kind (sieben Jahre alt), als Muhammad sie erwähnte. Trotzdem war sie schon (wie es heute noch in manchen arabischen Familien der Fall ist) einem bestimmten, passenden Jungen versprochen. Dieser Verlobte hieß Dschubair Ibn Al-Mut°am Ibn Adiy. Die Verlobung scheiterte, weil Abu Bakr zum Islam übertrat (siehe Al-Muhibb At-Tabari: As-Samt At-Tamien, Seite 31 u. a.). Solche Ehen waren vor 1400 Jahren normal. Außerdem war sie zehn Jahre alt, als sie ihre Wohnung in Madina betrat. Sie war eine kluge Schülerin, die alles über den Islam aufnahm und später wiedergab.

4. Hafsa Bint Umar:

Sie war eine 18jährige, schöne Witwe des muslimischen Kämpfers Khunaiss Ibn Huda'fa. Ihr Vater (später der zweite Kalif Umar) wünschte, daß sie ein Ende ihrer Trauer habe. Er und die Braut waren sehr glücklich, als der Prophet sie heiratete. Später bewahrte sie den geschriebenen, vollkommenen Text des Koran, welcher der erste Kalif Abu Bakr – möge Allah Wohlgefallen an ihm haben – ihr anvertraute. In der Religion (Überlieferung des Hadith) war sie sehr bewandert, aber nicht so gut wie die hervorragende Aischa, welche die meisten Worte des Propheten auswendig wußte.

5. Zainab Bint Khuzaima (Mutter der Armen)
Sie war mindestens zweimal vorher verheiratet.

6. Umm Salama:
Sie war eine ältere Witwe des muslimischen Kämpfers Abdullah Ibn Abd Al-Assad. Sie brachte in die Ehe mit Muhammad zwei Jungen und zwei Mädchen (Salama, Umah, Zainab und Darra). Die Kinder wuchsen im Hause des Propheten auf, als wären sie seine eigenen Kinder.

7. Zainab Bint Dschahsch (früher Barrah):
Eine schöne 35jährige Geschiedene. Sie war kinderlos.

8. Dschuwairiya Bint al-Harit:
Eine schöne 20jährige Kriegsgefangene. Sie war vorher mit Musafi Ibn Safwan verheiratet. Sie war eine der beliebtesten Frauen des Propheten, kinderlos und bewandert in der Hadith-Überlieferung.

9. Umm Habiba Ramla Bint Abu Sufiyan:
Sie verließ ihren Mann, weil er in Äthiopien zum Christentum übertrat, nachdem sie ihm die kleine Habiba gebar. Mit der kleinen Tochter kam sie in das Haus des Propheten, als willkommene Ehefrau. Die Mutter und ihre Tochter waren eine Freude für den Propheten und für die Muslime später, wegen der Hadith-Überlieferungen und wegen des Übertretens ihres Vaters und seines Stammes zum Islam.

10. Die Koptin Maria:
Sie war die einzige, außer Khadidscha, die ihm ein Kind gebar. Der Junge Ibrahim starb, bevor er zwei Jahre alt war, kurz vor dem Tod des Propheten. Fünf Jahre später starb Maria selbst.

11. Maimuna Bint Al-Harit (früher Barrah):
Eine 26jährige Witwe des Abu Raham Ibn Abd Al-Uzza. Ihr Wunsch war, daß Muhammad sie heiratet. Er nahm sie zur Frau und sorgte für ihre Tante und ihre Schwester, welche Maimuna seinerzeit betreuen mußte.

Solche Frauen kann nicht ein Mann heiraten, nur weil er Freude an Frauen hat, vor allem, wenn er ihnen allen gerecht zu sein hat, wie Muhammad. Welcher Mann würde heute diese Anzahl von Frauen mit ihren Sorgen und Problemen und Kindern und sogar Verwandten zu sich nehmen?

Welcher Muslim würde es heute wagen, für solche Frauen aufzukommen, ihnen seinen Namen zu geben und ihnen eine ehrenhafte Stellung in der Gesellschaft zu ermöglichen?

Welcher Muslim will heute solche Ehefrauen zum Lernen bringen und ihnen eine positive Rolle im Leben geben? Und würde eine Muslimin eine solche Initiative ihres Mannes akzeptieren?

Den arabischen Filmemachern, die das westliche Kino als Vorbild vor Augen haben, ist es zu verdanken, daß die Muslimin dies heute ablehnt, und daß der Muslim heute weder eine Geschiedene noch eine Witwe „sehr" gern heiratet.

Solche Filmemacher üben Kritik, Lösungen aber können sie wohl nicht zeigen.

Dieses Kapitel wollen wir nun mit folgenden Quran-Versen beenden: Sura 2, Verse 231–232: „ Und wenn ihr euch von euren Frauen scheidet und sie nähern sich dem Ende ihrer Wartefrist, dann behalt sie oder verlaßt sie in Liebe freundlich; aber haltet sie nicht, um ihnen zu schaden und sie schlecht zu behandeln."

„Und hindert sie nicht, ihre Gattinnen zurückzuheiraten, wenn sie sich versöhnt haben (sich vertragen können). Dies ist eine Mahnung für diejenigen unter euch, welche an Allah und an den jüngsten Tag glauben. Dies ist reiner und lauterer für euch, denn Allah weiß es, ihr aber nicht."

V. Liebe und Haß im Leben der Gesandten Allahs.

Liebe und Haß sind zwei Schicksalsanteile im Leben des Menschen. Sie sind auch zwei Hauptpole in der ehelichen Beziehung, und zwischen diesen Polen liegt der Zorn. Der Gesandte Allahs war nur ein Mensch, der die hohen und tiefen Punkte der Gefühle – wie wir alle – erlebte. Es ist die Gnade Gottes, daß Er Muhammad so – als Mensch – erschuf, damit wir aus seinem Leben Lehren ziehen können. Er selbst betonte, daß er trotz seiner vorbildlichen Erziehung nicht unfehlbar war.

Er zeigte uns, daß die Ehe auch ohne Liebe harmonisch existieren kann, obwohl die Liebe der Motor der Ehe ist. Die Ehe ist der Verlauf einer sehr komplizierten Beziehung, welche mit der Verlobung beginnt und mit der Trennung (durch Scheidung oder Tod) endet. In jedem solchen Verlauf gibt es aber viele Erscheinungen, die der Betrachter wahrnehmen kann.

Im Leben des Propheten gibt es verschiedene solche Eheverläufe. Sie bieten den Enttäuschten von uns Trost und Hilfe, die richtige Entscheidung zu treffen. Er erlebte in seinen Ehen die Liebe, die Zuneigung, die Abneigung, die Scheidung und das Mitleid. Er hat verlassen und er wurde verlassen, und sein Leben ist für jeden Menschen ein offenes Buch geblieben, damit jeder lernen kann.

Seine große Liebe

Die große Liebe des Propheten war seine erste Frau Khadidscha – möge Allah an ihr Wohlgefallen haben. Er schätzte sie hoch in ihrem Leben und nach ihrem Tode und erwähnte sie immer als Muster für Liebe, Gnade und Großzügigkeit (Sie gab ihm alles, was eine Frau einem Mann geben kann, sogar sechs Kinder, obwohl sie vor ihm aus zwei Ehen eine erwachsene Tochter und einen jungen Sohn hatte. Sie unterstützte ihn in jeder Situation, und in ihr hatte er neben der Ehefrau auch die Mutter (welche er schon als Kind verlor), die Schwester und vor allem die Freundin. Sie bereicherte mit ihrer Erfahrung sein Leben mehr als jede andere Frau; Anm. d. Übersetzers.). Es wurde überliefert, daß Aischa – möge Allah Wohlgefallen an ihr haben – sagte: „Auf keine der Frauen des Propheten war ich so eifersüchtig wie auf Khadidscha, obwohl ich sie nie sah. Er pflegte sie oft zu erwähnen. Schlachtete er ein Schaf, dann sandte er Anteile davon an die am Leben gebliebenen Freundinnen Khadidschas, weil sie sie liebten. Wenn dies mir zuviel war, sagte ich zu ihm wütend: „Zählt in dieser Welt überhaupt für dich eine andere Frau außer Khadidscha?" Gelassen sagte er immer: „Sie war mein Leben, und mir schenkte sie Kinder."

Eines Tages sagte er zu ihr: „Ich liebe jeden Menschen, der sie liebte." Eine alte Frau besuchte ihn in der Wohnung Aischas. Er freute sich sehr, breitete sein Gewand auf dem Boden aus und ließ sie darauf sitzen. Aischa fragte ihn, nachdem die Frau weg war: „Wer war diese Frau, welcher du solche Liebe und Achtung zeigtest?" Daraufhin sagte er: „Sie war eine Frau, die Khadidscha öfter besuchte."

Halla, die Schwester Khadidschas, kam aus Mekka, um Muhammad in Madina zu besuchen. Als er ihre Stimme – die der Stimme Khadidschas ähnelte – im Hof hörte, rief er laut: „Lieber Gott! Hoffentlich ist es Halla, die Schwester Khadidschas."

Eines Tages ärgerte sich Aischa sehr und sagte zu ihm: „Warum erwähnst du immer wieder jene tote Khadidscha, hochbetagt und gebrechlich? Allah hat dir doch nun eine bessere Frau gegeben, oder?"

Sein Gesicht zeigte, wie sehr er sich aufregte, indem er ihr sagte: „Schweig, bei Allah! Er hat mir keine bessere Frau gegeben. Sie glaubte an mich, als die Menschen nicht glaubten. Sie glaubte mir, während die Menschen mich für einen Lügner hielten. Sie gab mir ihre finanzielle Unterstützung, als keiner mich unterstützte, außerdem war sie die einzige Mutter meiner Kinder, was keine andere Frau war." Aischa war sprachlos und sagte sich selbst: „Bei Allah, ich werde sie nie wieder erwähnen."

Im Jahr 630, als die Muslime Mekka einnahmen, ließ der Prophet sich sein Zelt neben dem Grab von Khadidscha errichten, damit er die Einnahmeverhandlungen von dort leitete (siehe Tarikh At-Tabari, Geschehnisse des 8. Jahres = 630). Als Khadidscha starb, starb nicht die Liebe zu ihr. Die Liebe – oder die Treue – zu einer Verstorbenen genügt nicht, die täglichen Probleme einer Existenz zu meistern. Stellen wir uns das Leben als Wagen vor, dann ist die Liebe die Treibkraft oder der Motor, mit deren Hilfe man diesen Wagen bewegen kann. Will der Mensch nur mit der Kraft der Liebe oder der Treue zu dem verstorbenen Partner weiterleben, dann ähnelt er einem, der den Wagen mit bloßen Händen statt dem Motor und der Treibkraft bewegen will. Dieser Mensch tut seiner Seele unrecht, quält sich und nutzt nicht die Möglichkeiten und die Rechte, welche Gott ihm gibt.

Aus diesem Grund sagte der Prophet Muhammad: „Es gibt kein Mönchtum im Islam."

Er liebte Khadidscha, blieb ihrem Gedenken immer treu, jedoch liebte er Aischa, weil er als Mensch diese Liebe brauchte.

Er heiratete aber andere Frauen neben Aischa, nicht weil seine Liebe zu Aischa geringer wurde, sondern damit die Muslime Lehren aus jenen Ehen ziehen können.

Er sagte zu ihr: „Deine Liebe, Aischa, ist in meinem Herzen fest verankert wie ein festgebundener Knoten, den kein Mensch lösen kann." Daher fragte sie ihn ab und zu: „Oh Gesandter Allahs, wie fest ist der Knoten jetzt?" Daraufhin sagte er immer lächelnd: „Der ist gleich, unveränderlich fest geblieben."

Er pflegte sie zärtlich mit den Namen, welche sie mochte, zu rufen: z. B. Aisch, Schuqaira (d. h. kleine Blonde) oder Humaira (d. h. kleine Rose).

War er bei ihr in ihrer Wohnung und wollte ein Gebet verrichten, dann fragte er sie: „Erlaubst du mir, mit meinem Gott zu sprechen?" Daraufhin sagte sie: „Bei Allah, ich möchte nur mit dir sein, aber die Pflicht hat Vorrang."

Manchmal betete er nachts, wobei sie sehr nah vor ihm lag, so daß er sie am Fuß berühren mußte, damit sie ihm Platz machte.

Sie wuschen sich oft gemeinsam aus einer Wasserschüssel. Er pflegte, ohne sich davor zu ekeln, von dem Becher nach ihr zu trinken und beim Küssen an ihrer Zunge zu lutschen. In der Schlacht von Khaibar (629?) fertigte Aischa aus ihrem schwarzen Kleid die schwarze Fahne der Muslime.

Eines Tages sah Aischa – möge Allah Wohlgefallen an ihr haben – wie er in seinem Schweiß badete, als er seine Schuhe selbst nähte und reparierte. Da sagte sie: „Du siehst aus, als hätte der Dichter, der den Schweiß auf deinem schönen Gesicht sah und ihn mit den Perlen verglich, in denen der Mond badet, dich mit seinen Versen gemeint." Daraufhin erhob er sich und küßte sie.

Al-Baihaqy überlieferte: Als Amr Ibn Al-ᶜAss aus der Schlacht Dhat-As-Salasil zurückkam, fragte er Muhammad: „Oh Gesandter Gottes, welchen Menschen liebst du am meisten?" Er sagte: „Aischa." Amr sagte: „Ich meine von den Männern." Er sagte: „Ihren Vater Abu Bakr."

Er pflegte seine Liebe zu Aischa zu zeigen, jedoch war er seinen anderen Frauen bezüglich aller ehelichen Pflichten, welche der Islam der Ehefrau garantiert, ein guter Ehemann, und er sagte einmal: „Herrgott, verzeih mir, wenn mein Herz für Aischa allein schlägt, denn ich kann nichts dafür, jedoch den anderen Frauen bin ich gerecht in allen Sachen außer der Liebe des Herzens."

Er spielte oft mit ihr, ermöglichte ihr z. B. den Tanz der schwarzen Äthioper zu sehen, rannte mit ihr um die Wette, und als sie einmal Kopfweh hatte und schrie: „Oh, mein Kopf!" sagte er: „Ich wünschte, diese Schmerzen hätte ich, statt du, meine Aischa" und er sagte scherzend: „Wäre es schlimm, wenn du vor mir sterben würdest? Dann wäre dies dein Glück, weil ich persönlich derjenige sein werde, der dich beerdigen würde und das Totengebet für deine Seele sprechen würde." Sie regte sich sehr auf und erwiderte: „Dies soll einer deiner Frauen passieren, aber nicht mir. Ich könnte mir vorstellen, daß du nach meiner Beerdigung schon eine neue Frau in meiner Wohnung heiratest." Da lächelte der Gesandte Allahs.

Die Liebe zu Aischa im Herzen des Propheten blieb tief, obwohl er mehrere reifere und schönere Frauen nach ihr geheiratet hatte. Dies widerlegt die Ansicht der Materialisten, welche behaupten, daß eine zweite oder dritte Heirat nur auf Trümmern der ersten Ehe entstehen kann, oder daß der Mann nicht gleichzeitig Platz für mehr als eine Frau in seinem Herzen bieten kann, oder daß er das ganze Leben nur eine Frau lieben kann. In der Tat könnte der Muslim, welcher bestimmte Aufgaben hat, mehr als eine Ehefrau gebrauchen, nicht wegen des sexuellen Verlangens, sondern um diese Aufgaben gemeinsam mit diesen Frauen zu erfüllen. Natürlich gilt dies nur für die Frau, die die zweite und dritte Ehe verstehen kann und nicht für jene, die nur die sexuelle Seite betrachtet.

Maßgebend für die zweite oder dritte Ehe ist, daß der Mensch, Mann oder Frau, überzeugt ist, daß diese Ehe eine bestimmte, notwendige und gute Aufgabe erfüllen soll. Aus diesem Grund kann eine Verwitwete oder Geschiedene jede Heirat auch ablehnen, wenn sie der Meinung ist, ihre eigenen Kinder würden unter dem neuen Partner leiden.

In der zweiten Ehe des Propheten mit Sauda Bint Zam'a war diese überzeugt, der Prophet und nicht der „Mann" in ihm habe sie geheiratet, unter anderem wegen des Haushaltes und der Betreuung seiner Kinder von seiner verstorbenen ersten Frau Khadidscha (Daher sagte sie später zu Muhammad: „Behalte mich als deine Frau, damit ich am Jüngsten Tag vor Allah als deine Frau wieder auferstehe.

Ich will von dir nicht, was die Frauen von den Männern wollen, und ich schenke Aischa meine zugeteilte Nacht;" (siehe: Ibn Hadschar: Al-Isaba 8/117 Anm. d. Üb.).

Unsere arabischen Schriftsteller und Filmemacher wissen vermutlich nicht Bescheid über die Hauptaufgaben des Menschen auf dieser Erde. Sie ahmen den Westen nach, indem sie seine arme, materielle Weltanschauung vertreten.

Es ist wahr, daß Khadidscha die große Liebe des Propheten war. Er liebte aber Aischa über alles nach dem Tode Khadidschas – möge Allah Wohlgefallen an ihnen haben. Das bedeutete aber nicht, daß er andere Ehefrauen wie Zainab Bint Dschahsch, Umm Salama, Maria und Safiyya nicht liebte.

Er liebte sie sicherlich auf eine andere Art und Weise. In seinem Verhalten den Frauen gegenüber erkennen wir den Adel des Charakters, die Zärtlichkeit und die nette Behandlung bis zum letzten Tag seines Erdenlebens.

Seine Liebe war nicht entflammte Leidenschaft und Gefühle, welche ihre Kraft nur am Anfang zeigen, sondern ein vor Glück strahlendes Licht, das die Betrübnisse des täglichen Lebens und den Zweifel der Seele auflöst und vertreibt.

Vor dem Islam war die Frau, wie die vorislamische Dichtung sie schildert, ein Sexualobjekt, eine Ware (nicht nur bei den Heiden, sondern auch in der Dichtung der arabischen Christen und der Juden vor dem Islam. Der Koran verbot sogar den Eltern das Töten der kleinen Töchter und das Aussenden der großen Mädchen zur Hurerei. Siehe Suren 8:81; 6:51; 17:31; 24:33; Anm. d. Üb.).

Der Islam hat der Frau ihre Würde wiedergegeben. Hierzu braucht der Leser nur die Worte Muhammads und den Qur'an bezüglich der Frauen zu lesen, um dies zu begreifen (Nicht zuletzt betonte Muhammad oft: „Der Beste unter euch ist, wer seine Frau und Familie am besten behandelt; oder: Breche nicht den Vertrag mit den Feinden, schände nicht ihre Toten und töte im Krieg weder Kinder noch Frauen, oder: Es ist die Pflicht jedes Muslims und jeder Muslimin, nach Wissen zu streben. Anm. d. Üb.).

Die Muslimin spielte im frühen Islam eine positive Rolle unter der Leitung des Propheten. Sie behandelte die Verwundeten in der Schlacht, trug Waffen und kämpfte, und sie lernte fleißig. Über Aischa sagte der Prophet selbst zu den islamischen Gelehrten: „Die Hälfte der Religionsgrundlagen könnt ihr von dieser meiner kleinen Humaira übernehmen." Er sprach liebevoll von ihr und gleichzeitig betonte er, daß die Gelehrten von einer jüngeren Frau sehr viel lernen können. Wir wissen auch, daß nur Abu Huraira sie in der Hadith-Überlieferung übertraf.

Wenn die Gelehrten sagen: Die Glaubhafte, oder die Geliebte des Propheten, dann weiß jeder Leser, daß sie nur Aischa meinen. Eine größere Anerkennung und Ehrung für die Frau, z. B. bei den Persern und den Römern usw., ist uns nicht bekannt.

Wir wissen aber, wie die Frau heute überall lebt.

Um die Stellung der Frau, die der Islam sehr respektiert und würdigt, näher kennenzulernen, brauchen wir nur die folgenden Worte des zweiten Kalif Umar – möge Allah Wohlgefallen an ihm haben – zu lesen: „Bei Allah schwöre ich, die Frauen zählten nicht vor dem Islam. Erst nachdem der Koran die Sache der Frauen behandelte und ihnen Rechte einräumte, zählten sie." Wir wissen, daß er recht hatte, und wir wissen, daß der Prophet die Stellung der Frau in seinem praktischen Leben sehr achtete.

Er war ein Vorbild des Ehemannes, der seine Frau liebte. Jetzt wollen wir ihn erleben, wenn die Wolken des Zornes und Probleme sein Familienleben bedecken.

Zorn im Leben des Propheten und in unserem Leben.

Es ist eine Tatsache, daß die Frau in der arabischen Gesellschaft erst durch den Islam anerkannt wurde. Die Behandlung des Propheten seinen Frauen, vor allem Khadidscha und Aischa gegenüber, zeigt dies deutlich. Sicherlich hat Muhammad für ein friedliches und glückliches Familienleben gesorgt.

Diese Schwäche der Frau ist eine natürliche Sache, welche der Koran nie als Strafe für die Frau darstellte, anders als im Alten Testament, wie es Voltaire früher schon bemerkte.

Wir können behaupten, daß heute die Frau – vor allem ihr Körper – ausgenutzt wird. Sie ist wieder eine Ware geworden wie ihre Vorgängerinnen vor dem Islam.

Wir wollen nicht behaupten, daß die Psychiater bloß ein blühendes Geschäft mit den zerstörten, unsicheren, nervenkranken Frauen betreiben, aber wir sagen, daß die Angst eine der schlimmsten und am meisten verbreiteten Krankheiten im Westen ist.

Ich bin der Meinung, daß diese Angst ein wichtiger Grund ist, daß viele Frauen keine Kinder – oder nicht mehr als ein Kind – haben wollen. Ich zweifle auch, daß die staatliche Unterstützung in Deutschland für jedes neugeborene Kind (ab Januar 1986 in Höhe von 600 DM) diese Angst der Frau vertreiben kann. Die echte Muslimin hat solche Probleme nicht, da der Islam sie respektiert, genau wie den Mann.

Mit Recht sagte die Italienerin Fatima Giofanar, die zum Islam übergetreten ist, daß sie das wahre Wesen der Frau im Islam fand, und daß sie durch den Koran die Grenze der Frau und die Grenze des Mannes verstand, so daß sie endlich ihre Existenz begriff: als ehrenhafte Frau mit gesundem Bewußtsein. Durch den Islam – sagte sie – ist sie nicht mehr das Spielzeug des Mannes in einer Gesellschaft voller Lärm.

Muhammad lehrte uns, wie man die Frau behandelt, wenn man zornig ist. Er sagte einmal zu Aischa: „Ich ahne es, wenn du mit mir zufrieden bist und wenn du wütend bist." Sie frage ihn: „Wie?" Er sagte: „Wenn du zufrieden bist, schwörst du: Beim Gott Muhammads, und wenn du böse bist, sagst du: „Beim Gott Abrahams." Daraufhin sagte sie: Bei Allah, nur deinen Namen will ich in dieser Situation vermeiden."

War er zornig, dann hat er nie ein Schimpfwort ausgesprochen und nie hat er eine seiner Frauen oder einen Diener geschlagen.

Umar sagte: „Vor dem Islam zählte die Frau bei uns nicht. Nach dem Islam ist dies aber anders. Eines Tages wollte ich etwas unternehmen, da sagte meine Frau: „Es wäre aber besser, wenn du es so und so machen würdest." Ich erwiderte: Wer bist du, um deine Meinung in solchen Sachen der Religion zu sagen?

Daraufhin sagte sie: „Ich wundere mich über dich. Du akzeptierst keine andere Meinung, obwohl deine Tochter dem Gesandten Allahs manchmal widerspricht, so daß er sich den ganzen Tag ärgert."

Umar erzählte: „Ich zog mein Gewand an, und ging sofort zu Hafsa und fragte sie: Töchterchen! Ist es wahr, daß du dem Gesandten Allahs widersprichst? Sie antwortete: „Bei Allah, wir – seine Frauen – tun es". Umar sagte: „Töchterchen, wisse nun, ich warne dich vor dem Zorn des Propheten und der Strafe Gottes. Du sollst nicht Aischa nachmachen, weil sie sich schön findet und wegen der Liebe des Propheten zu ihr. Bei Allah, ich weiß, daß er dich nicht liebt und daß er mir zuliebe dich nicht verstößt." Eines Tages sagte er zu seiner Tochter Hafsa: „Wer bist du im Vergleich zu Aischa? Und was bin ich im Vergleich zu Abu Bakr?"

Umm Salama sagte zu ihm: „Ich wundere mich über dich, du Sohn des Khattab! Du mischst dich überall ein. Willst du dich auch in die Angelegenheit des Propheten mit seinen Frauen einmischen?"

Eines Tages besuchte Hafsa ihre Eltern. Währenddessen kam Maria zum Propheten, um mit ihm etwas zu besprechen. Er ging mit ihr in das Zimmer der Hafsa und ließ den aus Kamelhaar gewebten Vorhang zu. Inzwischen traf Hafsa ein und merkte, daß Maria und der Prophet in ihrem Zimmer waren. Sie wartete, bis Maria wegging, dann trat sie weinend in ihr Zimmer und sprach zum Propheten: „Bei Allah, du hast mich beleidigt. Wäre ich irgendetwas für dich, dann hättest du nicht so etwas mit ihr getan." Der Prophet entschuldigte sich und bat sie um Verzeihung.

Eines Tages trug er sein Kleinkind Ibrahim auf den Händen und zeigte Aischa, wie der Junge ihm ähnelte. „Ich sehe überhaupt keine Ähnlichkeit zwischen ihm und dir", sagte sie. Er nahm es ihr nicht übel, weil er ihre Lage als Ehefrau ohne Kind verstand.

Um uns zu belehren, sagte Muhammad: „Schämt der Mann sich nicht? Morgens schlägt er seine Frau, als wäre sie ein Sklave, und am Abend wohnt er ihr bei!"

Nachdem Aischa ihr Gesicht hinter einem Schleier versteckte und heimlich schaute, wie Safiyya aussieht, kam sie nach Hause zurück. Der Prophet hielt ihr Kleid und sagte zu ihr: „Nun, kleine Blonde, wie hast du sie gefunden?" Sie schüttelte ihre Schulter und sagte: „Eine Jüdin!" Daraufhin sagte er liebevoll: „Sag dies bitte nicht, denn sie ist jetzt Muslimin geworden."

Als er Zainab Bint Dschahsch heiratete, sagte Aischa zu ihm: „Ich glaube, daß sich dein Gott immer eilt, um deine Wünsche zu erfüllen."

Einmal stritten sich Aischa und Muhammad, da sagte er: „Wen möchtest du als Richter zwischen uns? Gibst du dich mit Umar zufrieden?" Sie sagte: „Nein, Umar will ich nicht, er ist viel zu hart." Er sagte: „Genügt dir dein Vater?" Sie sagte: „Ja." Der Gesandte Allahs ließ Abu Bakr zu sich kommen, dann sagte er zu ihr: „Sprichst du oder spreche ich?" Sie sagte: „Fang an, aber sprich nur die Wahrheit." Abu Bakr hob seine Hand und schlug damit ihre Nase. Sie floh und versteckte sich hinter dem Rücken des Propheten. Der Prophet sagte zu ihm: „Bei Gott, verlasse uns! Wir riefen dich nicht, um dies zu begehen." Als Abu Bakr ging, sagte der Prophet zu ihr: „Komm her zu mir!" Sie lehnte es ab. Da lächelte er und sagte: „Gerade hast du doch sehr an meinem Rücken geklebt." Sie lachten zusammen, so daß Abu Bakr wieder kam und sagte: „Beteiligt mich bitte auch an eurer Freude und nicht nur an eurem Leid."

Eines Tages schenkte er Zainab Bint Dschahsch etwas, aber sie schickte ihm das Geschenk zurück. Daraufhin sagte Aischa: „Sie hat dich beleidigt." Er sagte zu ihr: „Gott legt nicht so einen Wert auf euch, daß er euch dies erlaubt."

VI. Die Trennung im Leben des Propheten und in unserem Leben

Er pflegte sanft zu sein, sogar wenn der andere übertrieb. Half dies nicht, dann zog er sich einige Wochen oder Monate zurück, bis beide Abstand gewonnen hatten, bevor er eine Entscheidung traf.

1.) Als er seine Frau Zainab Bint Dschahsch bat, seiner neuen Frau Safiyya – der Tochter des Judenoberhauptes – ihr zweites Kamel zu borgen, sagte Zainab: „Ich soll dieser Jüdin borgen?" Dafür verließ er sie mehr als zwei Monate, bis sie ihren Fehler einsah. Diese Strafe war gerecht, denn er warnte vorher seine Frauen Aischa und Hafsa, „diese Jüdin" nicht zu verachten. Noch dazu tröstete er Safiyya, indem er ihr sagte: „Du solltest diesen Frauen sagen: ‚Ihr seid niemals besser als ich, denn Muhammad ist mein Mann und mein geistlicher Onkel und Vater sind Aaron und Moses'" (siehe: Ibn Hadschar: Al-Isaba 8/127).

2.) Einmal hielt er sich von seinen Frauen 29 Tage lang fern, weil sie von ihm mehr Haushaltsgeld verlangten, obwohl er dies nicht hatte.

Er diskutierte mit ihnen über diese ernsthafte Sache, wobei sie um ihn herumsaßen. Währenddessen warteten die Muslime gespannt vor seiner Tür. Abu Bakr durfte zu ihnen, dann Umar, der versuchte, den Propheten zum Lachen zu bringen, indem er sagte: „Oh Gesandter Allahs! Heute verlangte die Tochter Zaids (d. h. Frau Umar selbst) mehr Geld für den Haushalt. Ich hätte als Antwort beinahe ihren Hals umgedreht." Daraufhin lachte Muhammad von Herzen und sagte: „Du siehst meine ja um mich herum und dasselbe wollen."

Abu Bakr und Umar tadelten ihre Töchter (Aischa und Hafsa), indem sie zu den Frauen sagten: „Wieso verlangt ihr dies vom Gesandten Allahs, obwohl er kein Geld hat?"

(Siehe die Geschichte in: Nur Ad-Din As-Samhudi: Wafa Al-Wafa, Bi Achbār Dar Al-Mustafa, Kairo 1955, Anm. d. Üb.).

Im folgenden verließ er alle seine Frauen 29 Tage lang. Sie wußten – vor allem Aischa –, daß sie ihm unrecht getan hatten und bereuten dies. Sie beschlossen, ihn niemals wieder um etwas zu bitten, wenn er dies nicht erfüllen konnte.

In einem kleinen Zimmer, weit entfernt von ihnen, verbrachte er den harten Monat, und nur sein Diener Rabah durfte es bewachen. In dieser Zeit überbrachte Gabriel ihm die Lösung: 33:28–29. „O Prophet! Sag zu deinen Gattinnen: Wenn ihr dieses Leben mit seinem Flitter und Schmuck wollt, dann kommt her, damit ich euch eine Gabe reiche und euch nett und sanft entlasse. Wollt ihr aber Gott, seinen Gesandten und „das Leben des Jenseits", dann hat Allah für die Gottesfürchtigen unter euch einen großen Lohn bereitet."

Danach ging er zu Aischa, um sie wählen zu lassen. Sie entschuldigte sich für ihr Benehmen und sagte: „Nur wegen eines von mir nicht bedachten Wortes bist du böse auf mich?" Dann sagte sie scherzend: „Hast du nicht gesagt, einen Monat verlasse ich euch? Es sind aber erst 29 Tage vergangen."

Er lächelte, weil er merkte, daß sie die Trennungstage zählte und sagte: „Ja, Aischa! Dieser Monat hat aber nur 29 Tage, und nun sollst du dir die folgende Sache gut überlegen und dich von deinen Eltern beraten lassen, bevor du eine Entscheidung triffst." Dann trug er ihr die Verse 28 bis 34 vor. Sie antwortete: „Ich soll meine Eltern um Rat fragen, wenn es sich um dich, oh Gesandter Gottes, handelt? Ich entscheide mich gewiß für Allah, dich und das Jenseits, und ich bitte dich, keiner deiner anderen Frauen dies zu sagen." Er erwiderte: „Doch, ich sage jeder die Wahrheit, denn Allah sandte mich als Lehrer und Rechtleitender und nicht als Tadler und strengen Eiferer."

VII. Die Scheidung im Leben des Propheten und in unserem Leben.

Die Scheidung ist in jeder Gesellschaft ein Problem. Sie ist die häßlichste, legale Sache, die Allah erlaubte. Auch bis heute noch ist die Scheidung selbst für die „fortschrittlichen" Gesellschaften ein großes Problem. Es sind noch keine gerechten, logischen Regeln getroffen worden, die das Wohl beider Parteien richtig ermöglichen, wenn die Fortsetzung der Ehe unmöglich ist.

Die Scheidung ist häßlich, aber sie ist manchmal unerläßlich. Die katholische Kirche beschränkt dieses Recht und erlaubt die Scheidung nur unter harten Bedingungen. Das Wort „Geschieden" ist bei den Katholiken sogar fast ein Synonym für Ehebrecherin oder nutzlos geworden. Die Jugendlichen ziehen es eher vor, mit einer Frau unverheiratet zusammen zu leben als zu heiraten, u. a. wegen der Folgen einer Scheidung.

Diese „angeblich" von der Religion vorgeschriebenen Maßstäbe standen auch hinter den vielen Demonstrationen in Italien, um ein Gesetz für die Scheidungserlaubnis zu fordern.

In der Bibel steht: Matthäus 5:31–32:

„Es ist euch gesagt: Wer sich von seinem Weibe scheidet, der soll ihr geben einen Scheidebrief (31). Ich aber sage euch: Wer sich von seinem Weibe scheidet – es sei denn, nur wegen Ehebruch –, der macht, daß sie die Ehe bricht; und wer eine Geschiedene freit, der bricht Ehe."

Dasselbe steht in Matthäus 19:3,9. In 1. Korinther 7.10 lesen wir: „Den Ehelichen aber gebiete nicht ich, sondern der Herr, daß das Weib sich nicht scheidet von dem Manne;" auch in Lukas 16:18 lesen wir: „Wer sich scheidet von seinem Weibe und freit eine Andere, der bricht die Ehe; und wer die von dem Manne geschiedene heiratet, begeht Ehebruch."

Sind solche „Anweisungen" nicht Grund genug zur Verzweiflung jeder „frommen" Frau?

Die Lösung des Scheidungsproblemes ist im Islam indes leichter und „menschlicher". Im Koran spricht Allah von der Scheidung, indem Er zuerst die gute Seite im Mann angesprochen hat: „Oh ihr, die an Allah glaubt! Wenn ihr gläubige Frauen heiratet und euch dann von ihnen scheidet"; oder: „Oh Prophet! Wenn ihr euch von Frauen scheidet," 65:1. Das heißt, ein Mensch – selbst der Prophet – kann sich, wenn das sein muß, scheiden lassen (ohne Ehebruch begehen zu müssen, im Gegensatz zu vorigen Texten der Bibel). Trotzdem soll weder der Mann noch die Frau dadurch die Würde oder das Ansehen – vor Gott oder der Gesellschaft – verlieren.

Der Prophet – als Vorbild – ließ sich scheiden, damit der Muslim dies auch – ohne schlechtes Gewissen – tut, wenn dies sein muß. Mehr als eine Frau ließ sich von ihm scheiden, damit wir Männer wissen, daß die Frau dieses Recht auch hat, ohne ihre Würde zu verlieren. Trotzdem bleibt die Scheidung ein bitteres Schicksal der Menchen auf dieser Erde.

Der Gesandte Allahs zeigte uns viele Gründe für die Scheidung, z. B.:

Ein Partner kann den anderen nicht mehr ausstehen. Dies allein ist ein Grund für die Scheidung.

Eine Muslimin sagte zu dem Propheten: „Mein Mann ist einwandfrei, jedoch kann ich nicht mit ihm unter einem Dach leben und ich hasse es zu heucheln. Was soll ich tun?" Er sagte: „Gibst du ihm seinen Garten zurück?" Sie sagte: „Jawohl, und noch mehr!" Da befahl er dem Mann, sie zu entlassen.

Ein anderes Beispiel aus der Sicht des Mannes: Hier ist es der Prophet selbst. Es handelt sich um seine Frau Sauda, die er aus verschiedenen Gründen heiratete und die seine zweite Frau war.

1.) Als Pflege-Mutter für seine Kinder von der verstorbenen Khadidscha.

2.) Um sie nach dem Tode ihres muslimischen Mannes zu schonen, weil sie sonst bei ihrem nichtmuslimischen Stamm hätte bleiben müssen.

3.) Um die Herzen der Ungläubigen Mekkas zu gewinnen.

Diese Gründe waren aber nicht von Ewigkeit. Die Kinder wuchsen und viele Stämme wurden Muslime, und die Aufgaben und Verpflichtungen des Propheten der Gemeinde und den vielen Frauen und Angehörigen gegenüber wuchsen auch.

Als er sanft der Frau Sauda, bei welcher er immer noch – trotz ihres hohen Alters – eine Nacht verbringen mußte, von seiner Absicht erzählte, war sie ihm nicht böse, aber sie bat ihn, sie zu behalten, ohne mit ihr zu schlafen (siehe Ibn Hadschar Al-Isaba 8/117 und Bint As-Sati'; Seite 284.).

Der Prophet behielt sie, obwohl er sich hätte scheiden lassen können, weil sie fromm war und die Größe seiner Verpflichtungen hochschätzte. Seine Männlichkeit und seine Tugenden erlaubten es ihm nicht, sie wegzuschicken, nur weil sie eine bestimmte Rolle in seinem Leben nicht mehr erfüllen konnte.

Damit wollte er uns zeigen, daß die Ehe nicht der sexuellen und materiellen Seite allein dienen sollte. Vielmehr sollte die Ehe höheren Zielen dienen, auch wenn dies auf Kosten der Sexualität geschieht.

Gewiß erlaubt der Islam die Scheidung, wenn einer der beiden Partner es mit dem anderen nicht mehr aushalten kann. Läßt sich aber dieser Partner nicht scheiden, so ist dies ein Zeichen der Großmütigkeit.

Deshalb verstehen wir den zweiten Kalif Umar, als ein Genosse des Propheten ihm sagte: „Ich liebe meine Frau nicht mehr und will mich scheiden lassen." Daraufhin sagte Umar zu ihm: „Hast du kein Gewissen? Denkst du, die Ehen basieren nur auf Liebe? Und wo sind die Verpflichtungen euren Kindern gegenüber? Und hattest du nie schöne Stunden mit deiner Frau verlebt?"

Die widerrufliche Scheidung im Islam

Diese Scheidung ist keine Seltenheit. Eine Frau wie Hafsa Bint Umar, die vierte Ehefrau Muhammads, zankte sich sogar oft mit ihm, so daß ihr Vater sie warnen mußte: „Oh Töchterchen! Ich bin sicher, daß der Gesandte Allahs dich nicht liebt, und nur mir zuliebe läßt er sich nicht scheiden."

Trotzdem verstieß Muhammad sie eines Tages, jedoch Gabriel erschien ihm während des Gebetes und sagte zu ihm: „Du sollst Hafsa wieder aufnehmen, denn sie ist wirklich fromm, und später ist sie auch deine Frau im Paradies." So heiratete er sie wieder ohne einen neuen Eheschließungsvertrag und ohne Brautgeld, weil es sich um eine widerrufliche Scheidung handelte. Wir müssen aber betonen, daß die Frau dabei das eheliche Haus nicht verließ.

Heute aber verlassen solche Frauen bei uns das eheliche Haus sogar nach dem Streit, oder nachdem der in Zorn geratene Ehemann schreit: „Ich verstoße dich!"

Solche Frauen bereiten nicht den Weg für eine mögliche Versöhnung vor und handeln nicht im Sinne der Anweisungen des Propheten. Diese Scheidung geschah auch dem Propheten, damit wir wissen, daß wir uns scheiden lassen dürfen, wenn ein Grund vorhanden ist.

Dieser Grund kann u. a. ein geistiger oder körperlicher Mangel oder eine Krankheit sein, was manche Religionen nicht erlauben (z. B. die Katholiken).

Ein Beispiel für Scheidung wegen geistiger Schwäche:

Die Scheidung von Asmaa Bint An-Nu'man Ibn Abil-Dschaun. Als der Prophet ihr Zimmer betrat, um die Ehe mit zu zu vollziehen, entfernte sie ihren Schleier und sagte zu ihm: „Allah hüte mich vor dir!" Er sagte zu ihr: „Der Allmächtige gewiß hütet dich. Du solltest zu deinem Stamm zurückgehen." Er beschenkte sie reichlich und ließ einen Begleiter sie zum Haus ihrer Eltern bringen.

Vergeblich versuchte ihr Vater, dem Propheten zu erklären, daß sie das Opfer der Frauen Muhammads war, welche sie irreführten, indem sie zu ihr sagten: „Muhammad wird dich besonders lieben und achten, wenn du zu ihm, bevor er mit dir schläft, sagst: „Allah hüte mich vor dir." Der Prophet aber lächelte und sagte zu dem enttäuschten Vater: „Gewiß sind die Frauen listig (wörtlich: die einst Josef quälten). Eine Frau, die „ehereif" sein soll, kann nicht so naiv und dumm sein und ihren Rivalinnen blind glauben."

Als Beispiel für eine körperliche Krankheit war die Scheidung von seiner Frau aus Dschafar. Als der Gesandte Allahs die Ehe mit ihr vollziehen wollte, sah er, daß in ihrer Hüftgegend weiße Pigmentflecken vorhanden waren. Weil er vorher über ihre Krankheit nicht Bescheid gewußt hatte, schickte er sie zu ihrer Familie zurück.

Damit ließ er uns wissen, daß der Partner das Recht hat, sich scheiden zu lassen, wenn sein zukünftiger Partner ihm nichts von seiner Krankheit erzählte.

Zu diesen Frauen zählt auch die Frau Qatila aus Hadramaut, welche unterwegs zum Propheten war, als er starb, ohne sie zu sehen. Vor seinem Tod befahl er, sie entscheiden zu lassen: Entweder wird sie als Witwe oder als Geschiedene behandelt. Sie entschied sich für die Scheidung, und somit heiratete 'Ikrima sie.

Nicht zu diesen Geschiedenen zählen aber Bint As-Saliet und Izz (Schwester des ehrenhaften Genossen Muhammads Dihiya Al-Kalbi), welche vor der Ehevollziehung mit dem Propheten starben. Durch diese vielen Eheschließungen und Scheidungen können die Muslime Lehren aus dem Leben des Propheten ziehen. Eine einzige Ehe hätte niemals gereicht, um uns dies alles zu erklären.

Eine Frau entschied sich für die Scheidung

Als der Prophet seinen Frauen die erwähnten Scheidungsverse (Sura 33:28) vorgelesen hatte, entschieden sie sich alle für das Zusammenleben mit ihm, bis auf Amra Al-Kilabiyya, die sich für die Trennung bzw. für das Diesseits entschied. Traurig aber ist, daß sie später blind, arm und verlassen starb.

Der unparteiliche Leser wird sicherlich merken, wie das Leben Muhammads die verschiedenen Gefühle in der Ehe widerspiegelt. Wir meinen, daß jeder, der heiraten oder sich scheiden lassen will, oder der verlassen wird, Lehren aus dem Leben des Gesandten ziehen kann. Sicherlich heiratete er unseretwegen und unseretwegen ließ er sich scheiden, damit wir lernen und immer wieder lernen, denn die Ignoranz und die Dummheit zerstören jede gute Beziehung.

In neuem Lichte können wir jetzt seinen Ausspruch verstehen: „Niemals heiratete ich oder verheiratete ich meine Töchter ohne die Offenbarung Allahs."

Vielfalt, aber keine Wiederholung

Die vorigen Seiten behandelten verschiedene Arten der Frau: Witwen, Jungfrauen und Geschiedene, welche der Prophet heiratete. Jede Frau, die heiraten will, kann nun von einer dieser Arten sein.

Ich denke, daß dies zum Schutze der Frau geschah, überall und jederzeit, denn der Prophet lieferte uns gerechte Maßstäbe durch seine Erfahrungen mit seinen Frauen, damit wir aus Unwissenheit der Frau kein Unrecht tun und falsch handeln. Darunter leidet die heutige Frau sicherlich. Sie lebt heute meistens als Beute oder Opfer im „Urwald", wo es keine Tugend und Moral gibt. Die Gesellschaft schließt Türen und Tore vor vielen Geschiedenen und Witwen und erweist ihnen keine Gnade, keine Liebe und keine menschliche Aufnahme.

Mit der islamischen Erziehung, durch welche die Frau und der Mann gemeinsam die Gesetze Allahs verstehen und praktizieren, entsteht eine „gesunde" Gesellschaft, deren Moral und Tugenden, soziale, wirtschaftliche und politische Grundlagen der Frau ein glückliches und normales Leben bieten.

In diesem Falle sehen alle Muslime deutlich das Ziel und begreifen den Sinn ihres Lebens auf dieser Erde.

Jeder Partner wird sich in diesem Falle für den passenden Partner entscheiden, indem er „gesunde" Maßstäbe anwendet.

Jeder von ihnen wird einsehen, daß Schönheit, Reichtum und Adel ohne Frömmigkeit keine Bereicherung sind. Hier erinnern wir an die Koran-Verse: „Und heiratet nicht Polytheistinnen, bis sie an Allah glauben. Gewiß ist eine gläubige Sklavin besser als jede Polytheistin, welche euch sogar gefällt. Und ein gläubiger Sklave ist wahrlich besser als ein Polytheist, auch wenn er euch gefällt, denn jene rufen zum Feuer, Allah aber ruft zum Paradies und zur Vergebung durch Sein Gebot. Und Er macht Seine Zeichen den Menschen klar, auf daß sie sich ermahnen lassen."

Auch an die folgenden Worte Muhammads wollen wir erinnern: „Heiratet ein Mann eine Frau wegen ihrer Macht, dann läßt Allah ihn noch mehr und mehr demütigen. Wer eine Frau wegen ihres Reichtums heiratet, so läßt Allah seine Armut wachsen und wachsen. Wer die Frau wegen ihrer edlen Abkunft heiratet, so läßt Allah ihn nur reicher an Erniedrigung werden. Wenn aber einer die Frau heiratet, um mit ihr Frieden und Freude seines Körpers und der Seele zu suchen, oder um die Verwandtschaft zu pflegen, wird Allah ihn und seine Frau segnen." (Dies überlieferte At-Tabrani in Al-Aussat.)

Es wird auch nach Ibn Madscha überliefert, daß Muhammad sagte: „Heiratet nicht nur die Frauen wegen der Schönheit, denn die Schönheit könnte manche Frauen verderben. Heiratet sie nicht nur wegen ihres Reichtums, denn das Geld könnte aus ihnen Tyranninnen machen. Aber heiratet sie hauptsächlich wegen ihrer Frömmigkeit. Wahrlich, eine häßlich aussehende Gläubige ist besser als jene." Das bedeutet, daß diese Maßstäbe weder Alter noch Abkunft bestimmen. Die Braut kann also jung, alt, jungfräulich, geschieden, verwitwet, kinderlos, mit Kindern, unfruchtbar, schön, nicht schön, normal, blond, schwarz, lang, kurz, reich oder arm sein.

Sie kann studiert haben, ignorant sein, Tochter des Freundes oder des Feindes, Araberin, Ausländerin, usw. Du kannst jede Frau heiraten, solange du dich an die Maßstäbe hältst, welche der Koran festgesetzt hat. Du kannst alle Probleme mit der Frau lösen, solange du rechtschaffen bist und das Verhalten des Propheten verstanden hast.

Durch die Heirat des Propheten und das Zusammenleben mit einer sehr jungen Frau (eine völlig andere Generation) und anderen Frauen (gleichaltrig oder älter), können wir sogar lernen, wie wir mit den Mitmenschen umgehen.

Die Lehren, welche wir ziehen sollten, sind für jede Person und für die Gemeinde von großer Bedeutung.

Die junge Dame und die Älteren im Leben des Propheten und in unserem Leben

Die junge Ehefrau

Eine typische Geschichte aus jedem ägyptischen Dorf erlebte ich auch in meinem Dorf Marsafa – Bezirk Alqaliubiyya in Ägypten: Ein mir bekanntes kleines Mädchen, welches mit den gleichaltrigen Kindern an einem Kinderspiel – wie z. B. Blinde Kuh oder Himmel und Erde – beteiligt war, ist plötzlich nicht mehr zu erblicken. Dann hört man, sie hat geheiratet. Dann sieht man das Mädchen in einem Damenkleid und einem dünnen Obergewand einkaufen gehen oder unterwegs, um etwas für ihre neue Familie, im Feld oder woanders, zu erledigen. Ihre Schwiegermutter und die Verwandten behandeln solche junge Dame nicht mehr als Kind, sondern als reife Frau.

In den Augen dieser jungen Dame war ein Blick der Freude zu registrieren, sobald sie die Freundinnen vor den Häusern jene Kinderspiele spielen sahen, jedoch mußten sie sofort ihre Blicke abwenden und sich beeilen, weil sie nun die Rolle der Damen zu spielen hatten.

Diese Szene beunruhigte mich immer. Ich dachte dabei, daß es sich um eine Vergewaltigung der Kindheit eines Menschen handelt, ein Vergehen, das bestraft werden müßte.

Dann stand ich – als Muslim – vor der Frage: Wie konnte ich so denken, wenn die Religion selbst diese Handlung erlaubt?

Fast hätte ich solch eine Beziehung verurteilt, wie viele Menschen es immer voreilig tun.

Natürlich hat die Religion dies erlaubt, jedoch unter bestimmten Umständen und Bedingungen, die jeder von uns kennen sollte, gemäß der Beziehung zwischen Muhammad und Aischa – möge Allah Wohlgefallen an ihr haben. Diese Bedingungen sind wie folgt geschildert:

Der Freier muß ein echter, richtiger Gläubiger sein, der diese Erlaubnis nicht mißbraucht, um sein sexuelles Verlangen zu befriedigen, sonst wäre seine Beziehung einseitig und sogar eine Vergewaltigung, die schlimme Folgen haben könnte.

Muhammad war in dieser Beziehung ein Vorbild des Erwachsenen, welcher ein Mädchen heiratete, obwohl das Mädchen seine Tochter oder sogar seine Enkelin hätte sein können. Damit will Gott uns zeigen, welche Behandlung so ein junges Mädchen verdient, wenn ein älterer Mann sie heiratet.

Gewiß war Muhammad nicht der erste und er wird auch nicht der letzte sein, der so ein junges Mädchen heiratet.

Viele Zeitgenossen des Propheten, Ungläubige und Anhänger von ihm, in seinem Alter oder noch älter, heirateten Mädchen, welche jünger als ihre eigenen Töchter waren. Wir nennen nur die folgenden Namen von einigen, die solche Ehen eingegangen waren:

Abdul-Mutalib (Großvater Muhammads); Umar der 2. Kalif; Usman u. a. Dies bedeutet aber nicht, daß so eine Heirat eine asiatische Sitte ist, wie manche Orientalisten meinen, um Muhammad zu verteidigen (siehe: Bint As-Sati: Saiyydat Bait An-Nubuwwa).

Wenn dies eine asiatische Sitte wäre, warum heiraten sehr alte Männer heute noch in Europa und Amerika sehr junge Damen?

Die Namen solcher Berühmtheiten sind nicht wenig: z. B. Onassis und Jaqueline Kennedy, Carlo Ponti und Sofia Loren, Charlie Chaplin, Willi Brandt, Tito, und Jufanka, Alberto Moravia (78 Jahre alt) und die Spanierin Carmelin Lira (31 Jahre alt) und schließlich Toni Curtis, über welchen die kuwaitische Zeitschrift Usrati neulich (Nummer 7 des Jahres 21) einen Bericht schrieb, indem man ihm „gute Besserung" und Genesung von seinen anderen Lastern, vor allem Alkohol, Drogen und jungen Mädchen wünschte.

Der Islam versucht, solche jungen Mädchen zu schützen, indem er die Zügel der Männer ergreift und ihnen zeigt, wo es entlang geht.

Der Prophet – so sagen die Überlieferungen – hatte nicht an Aischa – als Ehefrau – gedacht. Im Traum aber zeigte Gabriel ihm Aischa, indem er sagte: „Dies ist deine Frau auf dieser Erde und im Paradies." Dreimal sah er denselben Traum.

Muhammad sagte dann: „Wenn Allah diese Heirat vorbestimmt hat, dann wird es Sein Wille sein."

Er begann, das Haus ihres Vaters Abu Bakr zu besuchen und spielte mit dem Kind Aischa, damit sie sich an ihn gewöhnte. Er bat ihre Mutter Umm Ruman, sie sehr sanft und liebevoll zu erziehen und vorsichtig über ihn zu erzählen, denn er habe zukünftige „Pläne" mit ihr.

Manchmal fand er sie weinend, dann tröstete er sie und fragte ihre Mutter, warum sie bestraft wurde. Die Mutter antwortete: „Sie ärgerte ihren Vater." Da sagte Muhammad: „Ja, und?" Dabei hörte sie, wie er sie verteidigte und spürte die Größe seines Herzens. Nach der Verlobung pflegte er das Haus der Eltern vormittags oder abends zu besuchen (laut Ibn Hadschar in Al-Isaba).

Als sie das eheliche Haus betrat, war ihr Muhammad nicht fremd. Außerdem hatte sie ihre Puppe und ihr Spielzeug mitgebracht. Niemals verbot er ihr, mit den Puppen im ehelichen Haus zu spielen. Er achtete darauf, daß auch ihre neue Umgebung ihr vertraut war. Durch seine Liebe und sein Verständnis ermöglichte er ihr dies. Eines Tages fand er sie mit ihren Puppen, Figuren und Pferden spielen, wobei manche Pferde Flügel hatten. Er fragte, warum die Pferde Flügel haben sollten? Sie sagte zu ihm: „Dies sind die Pferde Salomons, oder hatten seine

Pferde etwa keine Flügel?" Nicht nur lachte der Prophet von Herzen, sondern er holte ihr Mädchen in ihrem Alter, um ihr Gesellschaft zu leisten. Tanzten die Schwarzen oder übten sie mit Speeren, Schildern und Waffen in der Moschee an den Festtagen, dann fragte er Aischa: „Hast du Lust, ihre Spiele zu sehen?" Sagte sie ja, dann ließ er sie über seine Schultern schauen und sagte laut: „Alle Menschen sollen dies miterleben, damit die Juden wissen, daß unsere Religion uns Spielraum bietet." Dann fragte er sie: „Hast du nun genug geschaut?" Sagte sie nein, dann schaute er geduldig, bis sie von allein sagte: „Es reicht." Dann ließ er sie nach Hause gehen. Den Sinn dieser Erziehung und der Heirat mit dem Kind Aischa verstehen wir aus ihrer späteren Äußerung nach dem Tode des Propheten, als sie sagte: „Der Gesandte Allahs pflegte mich die Tänze und Spiele der Schwarzen anschauen zu lassen und behandelte mich liebevoll, bis ich selbst aufhören wollte. Deshalb sage ich euch auch: „Denkt an eure Töchter und laßt die jungen Mädchen spielen, solange sie das wollen."

So sprach Aischa, die beste Schülerin Muhammads.

Es wurde überliefert, daß sie und der Prophet in der Wüste um die Wette rannten. Einmal besiegte sie ihn, dann lachten sie beide zusammen. Später besiegte er sie, da sagte er lachend: „Jetzt sind wir quitt."

Einmal schlief sie vor dem Teig ein, da fraß ein Schaf ihn. Er lächelte und half ihr, einen neuen Teig zu machen.

Heirat bedeutet nicht, daß der Haushalt die Frau hindern darf, sich ausbilden zu lassen, vor allem wenn die Frau jung und lernfähig ist. Dies lernen wir durch die Ehe mit dem Kind Aischa.

In der Schule des Propheten lernte sie alles mögliche über Religion, Qur'ān und Hadith, aber auch die vorislamische Dichtung und die Volksmedizin. Es wird überliefert, daß sie einer der besten Kenner jener Dichtung und Medizin war.

Nun fragen wir uns: Lernen unsere Mädchen und Frauen dies alles? Wir fragen die Feinde des Islam: War die Ehe mit Aischa wohl so, wie ihr jene Ehe darstellt, mit euren häßlichen Vorurteilen? Könnt ihr überhaupt den Sinn dieser Ehe verstehen? Wir können aber aus jener Ehe mehr als nur eine Lehre ziehen.

Die Ehe mit einer alten Frau

Wer denkt daran, eine alte Frau zu heiraten, die weder eine Schönheit, noch vermögend ist?

Was macht solch eine alte Dame, wenn sie alleinstehend und einsam ist und sich verlassen fühlt?

Hat der Westen etwas besseres als Altenpflegeheime zu bieten? Können oder wollen die eigenen Kinder und Enkelkinder solcher Frauen – oder Männer – in den Städten des Westens ihnen Platz (in ihrem Leben und in der Familie) bieten?

Solche Frauen hatte Muhammad auch geheiratet. Sie genossen in seinem Haus das Familienleben, wobei sie das Gefühl hatten, sie werden gebraucht. Dies war ein Zeichen Gottes, um uns zu lehren, die unbeholfene, alte Frau, bzw. Mutter zu ehren und zu unterstützen.

Eine alte Frau darf nicht das Gefühl haben, sie sei jemandem eine Last. Und so schonte der Prophet solche Frauen, damit wir sie auch ehren und schonen lernen. Selbst das ägypitsch-arabische Sprichwort sagt heute: „Der Schatten eines Männlein ist mir lieber als der Schatten einer Mauer." Dies hörte ich von einer Frau, die einen alten, kranken Mann heiraten wollte.

Die kuwaitische Zeitchrift Usrati veröffentlichte in der Nummer 44 am 21.12.1985 unter der Überschrift „Ilm-Wa-Siha" (Die Wissenschaft und die Gesundheit) eine Studie über die Menschen, die nach der Trennung sehr leiden. Die Wissenschaftler registrierten bei dem verlassenen Partner (nach dem Tode seines Partners) eine Verminderung der weißen Blutkörperchen und in Folge dessen eine erhebliche Schwäche der Immunität, welche die Ursache für den vorzeitigen Tod des Partners, der der Krankheit zum Opfer fällt, sein kann.

Dieses Problem – d. h. Alleinstehen der alten Menschen – hat in Europa z. B. die Entstehung der Altenheime hervorgerufen.

Das Leben in einem Altersheim ist sicherlich nicht leicht. Es ist eintönig und ähnelt dem Leben in einem Gefängnis. Ich darf sogar behaupten, daß das Leben im Gefängnis viel interessanter ist.

Viele Gefangene wissen, daß sie eines Tages das Gefängnis verlassen und „normal" oder „natürlich" leben werden. Außerdem gehören diese „Gäste" im Gefängnis verschiedenen Altersgruppen an (Der Verfasser war einige Jahre „Gast" der ägyptischen Gefängnisse; siehe sein Buch: In Ägyptens Verliesen: Ein Dialog mit den gefangenen Kommunisten. Anm. d. Üb.).

Vor kurzer Zeit fragte ich einen jungen Mann, der das islamische Zentrum in München öfter besuchte, wo er arbeitet.

Er sagte mir: „An einem der schlechtesten Orte der Erde." Ich sagte: „Du arbeitest im Knast?" Er sagte: „Im Gegenteil! Das Leben im Gefängnis ist erträglicher. Ich arbeite in einer Kolonie für die Alten. Sie haben alles, was sie brauchen. Märkte, Spielplätze, Theater usw., jedoch spüre ich, wie unglücklich sie sind. Es herrscht nur eine Sprache: Die Sprache des Schweigens und des Kummers. Immer wieder kommt der Leichenwagen und holt eine Leiche. Selten bekommen diese armen Menschen Besucher. Selbst wenn ihre Kinder sie besuchen, sitzen sie meistens stumm da. Nicht einmal die Blumen zwischen ihnen sprechen. Sie haben kein Thema zu behandeln. Wenn ich diesen Platz nicht schnellstens verlasse, werde ich kaputt gehen."

Als ich den Bruder Abu Hischam – Direktor des islamischen Zentrums in Wien – besuchte, sagte er zu mir: „Weißt du, daß wir die einzige Familie sind, die in diesem Hochhaus lebt?" Ich sagte: „Sind die übrigen Räume nur Büros und Firmen?" Er sagte: „Nein! Es wohnen viele alleinstehende Alte und andere Menschen hier. Jede Person von ihnen hat einen Hund oder eine Katze oder sonst ein Tierchen oder gar nichts."

Eines Tages klingelte es an meiner Haustür in München. Es war ein junger Mann, der mich um eine Spende bat. Ich ließ ich ins Wohnzimmer, um von ihm zu wissen, warum und wozu er Geld sammelte. Er erzählte mir, solche Beiträge werden für eine Wohlfahrtsgesellschaft gesammelt.

Diese Gesellschaft ruft die alleinstehenden, alten Mitglieder an, um nach ihnen zu fragen. Manchmal sterben solche Leute, wenn nicht rechtzeitig Hilfe zu ihnen kommt. Deshalb braucht jene Gesellschaft Unterstützung.

Es scheint mir, daß der Tod vieler alter Menschen, allein in ihren Wohnungen, hinter solchen Gesellschaften steht.

Die Menschen, die allein und verlassen sterben, sind doch Menschen. Nicht einmal die Tiere, vor allem die Hunde und die Katzen Europas, sterben auf diese Art und Weise. Es ist auch bekannt, daß die Gelder, die ausgegeben werden – für die Hunde und Katzen allein – fast so hoch sind wie Haushaltsgelder mancher afrikanischer Länder.

Wir wissen, daß Aischa die einzige Jungfrau im Leben Muhammads war. Die übrigen Frauen des Propheten – möge Allah Wohlgefallen an ihnen haben – waren entweder geschiedene Frauen oder Witwen.

Die Ehe jener Frauen mit dem Propheten könnte unser Leben nicht bereichern, wenn wir die Beziehungen zwischen der Frau und dem Mann verstehen wollen. Wir meinen, daß die Frau in der heutigen nichtislamischen Gesellschaft in den sogenannten islamischen Ländern benachteiligt ist. Sie ist in der Tat das betroffene Opfer, trotz des Jubels der Presse und der Frauen-Organisationen, nur weil die Frau im „Parlament" vertreten ist. Die hohe Anzahl der „Jungfern", der Geschiedenen, der Verwitweten und der Kinder, die ihre Väter verlieren, entlarvt die Lüge und die Unfähigkeit der nicht-religiösen Gesellschaften. Die Muslime brauchen nur die Gesetze Allahs – wie der Koran sie darstellt – und das Leben Muhammads und seine Sunna zu studieren, um den richtigen Weg zu ihrem Glück im Diesseits und im Jenseits zu finden.

Vor allem Heuchler sollten das Leben Muhammads und seiner Frauen studieren, bevor sie falsche Lösungen für unsere Probleme aus dem Westen importieren. „Doch die obere Hand gebührt nur Allah, seinen Gesandten und den Gläubigen, jedoch die Heuchler begreifen dies nicht."

Die Geschiedene

Der Islam verbietet die Adoption. Der Prophet mußte deshalb auf die Adoption seines Sohnes Zaid Ibn Harith verzichten. Um dies ohne jede Ausnahme klar zu machen, heiratete er sogar Zainab Bint Dschahsch, die Geschiedene seines ehemals adoptierten Sohnes Zaid Ibn Haritha.

Hier sind gleichzeitig drei Lehren zu ziehen:

1. Im Islam gibt es keine Adoption.

2. Die Geschiedene kann den besten Mann heiraten. – Sie ist keine Ware oder sogar zweite oder dritte Wahl, im Vergleich zur Jungfrau, wie der Mann in unserer (islamischen) Gesellschaft denkt. Die Heirat mit einer solchen Frau ist sogar eine Entschädigung für sie, weil die Geschiedene sicherlich eine bittere Enttäuschung hinter sich hatte.

3. Die Wiederherstellung der guten Beziehungen zwischen den getrennten Partnern. Der Himmel will nicht nur die Gerechtigkeit, sondern auch die Liebe oder mindestens die Gnade und Vergebung zwischen den Menschen.

Der Islam bietet mehr als die Gerechtigkeit, deshalb sagt Allah – gepriesen und erhaben sei Er –:

„Und wenn ihr euch von den „Frauen" scheidet, ohne sie zu berühren, dann gebt ihnen die Hälfte der von euch ausgesetzten Morgengabe, es sei denn, die „Frauen" erlassen es euch oder der, in dessen Hand das Eheband ist, erläßt es. Wenn ihr aber darauf verzichtet, dann ist es der Gottesfurcht näher. Und vergeßt nicht die gegenseitige Großzügigkeit, denn Allah sieht wohl, was ihr tut," 2:237.

Der Islam erlaubt, den Mörder zu töten, wenn er absichtlich jemanden getötet hat. Die Familie des Getöteten hat das Recht, den Mörder bestrafen zu lassen. Dies wäre gerecht. Begnügt sich die Familie des Getöteten mit einer Entschädigung, dann ist dies von der Familie großartig. Verzichtet sie sogar auf das Entschädigungsgeld, dann ist es noch besser. Deshalb steht im Koran: „Oh, die ihr glaubt, Vergeltung ist nach rechtem Maß euch vorgeschrieben für die Ermordeten: der Preis für den Freien, der Sklave für den Sklaven und die Frau für die Frau. Wenn aber einem Mörder von seinem Bruder (d. h. dem Stellvertreter des Ermordeten) etwas nachgelassen wird (d. h. statt Wiedervergeltung Entschädigung), soll dies ordentlich vollzogen werden.

Diese (Entschädigung) ist eine Erleichterung und Barmherzigkeit von Gott. Verletzt jemand diese getroffene Regelung (durch Rache), dann ist seine Strafe (im Jenseits) schmerzhaft," 2:178.

Scheidung ist aber nicht wie Ermordung.

Dann müßten wir eigentlich die Geschiedenen mit Liebe und Verständnis aufnehmen und versuchen, daß sie sich nach der Trennung als Bruder und Schwester verhalten. Es wäre zu schön, um wahr zu sein! Denn wir wissen, wie viele Geschiedene nicht gerade gut – oder gerecht – von ihren früheren Partnern sprechen.

Muhammad wollte uns eine Lehre erteilen, indem er den ehemaligen Ehemann zu der eigenen ehemaligen Frau als Heiratsvermittler schickte.

Als dieser Vermittler Zaid – möge Allah Wohlgefallen an ihm haben – zu Zainab kam, war sie gerade beim Teigkneten mit nackten Armen. Er wandte ihr seinen Rücken zu, damit er keinen unbekleideten Körperteil von ihr sah und erzählte ihr von seinem Auftrag. Sie sprachen zueinander wie Bruder und Schwester. Diese Beziehung ist wohl heute von den jetzigen Muslimen nicht mehr zu erwarten, wenn sie sich scheiden lassen, weil die früheren Muslime andere Motive hatten. Das Gemeinwohl der islamischen Gemeinde war wichtiger als das Festklammern mit Füßen und Händen am Diesseits.

Diese Erziehung kennen wir z.B. durch das Verhalten des arabischen, islamischen Heerführers Al-Mutanna Ibn Haritha, der die Perser besiegte. Er riet dem berühmten Heerführer Sa'd Ibn Abi Waqqas (seinem Nachfolger), seine Frau zu heiraten, falls er in der Schlacht fällt, weil sie eine großartige Frau sei und weil sie ihn sicherlich unterstützen würde, um seine Aufgabe zu erfüllen.

Dies geschah auch. Die Witwe lehnte Sa'd nicht ab, weil sie – obwohl sie ihren gefallenen Held liebte – eine Aufgabe zu erfüllen hatte: die Unterstützung des neuen Mannes, damit er seine Aufgabe erfüllen kann. Traut sich eine Witwe – bei uns, dies öffentlich zu tun? Wird sie nicht eine Zielscheibe der ignoranten, blinden Presse? Trauern heißt nicht, aufhören zu leben!

Ein anderes Beispiel lieferte uns das Verhalten des Ehemannes der Umm Salama. Als er im Sterbebett lag, betete er zu Gott: „Bitte, schenke Umm Salama einen Mann, der besser ist als ich. Einen, der ihr keinen Kummer bereitet und sie nicht quält."

Nach seinem Tode wurde sein Gebet erhöht, denn Muhammad selbst überzeugte sie, ihn zu heiraten. Er ersetzte ihr den Mann und war für ihre kleinen Kinder der beste Ersatz für ihren verstorbenen Vater.

Dieses Verhalten ist islamisch. Dagegen war z.B. das Verhalten des ungläubigen Ehemannes der Raihana, welcher sie schwören ließ, keinen Mann nach seinem Tode zu heiraten, unislamisch. Sie wurde Muslimin. Der Prophet befreite sie von dem ungültigen Schwur und nahm sie später zur Frau.

Die Witwe und die Geschiedene sind unsere Schwestern, die mehr als jede andere Schwester unsere Liebe und Trost brauchen. Trotzdem ziehen unsere Männer die Jungfrauen vor.

Kein Wunder, daß der Prophet nur Geschiedene und Witwen, außer Aischa, heiratete:
- Khadidscha war sogar zweimal verwitwet, bevor der Prophet sie heiratete und hatte schon Kinder von den anderen Verstorbenen.
- Zainab Bint Khuzaima war vorher zweimal verheiratet.
- Dasselbe gilt für Safiyya Bint Huyay Ibn Achtab.
- Dasselbe gilt für Maimuna Bint Al-Harith Al-Hilaliyya.

Trotzdem war jede Frau in einer anderen Lage gewesen, so daß man nicht behaupten kann, es sei eine Wiederholung. Die Umstände bei jeder einzelnen von ihnen waren ganz unterschiedlich, damit wir Lehren ziehen können.

Wir brauchen nicht im Einzelnen auszuführen, welche Art der Behandlung solche, zum größten Teil, unschuldig Geschiedenen und Witwen erfahren müssen – bis heute noch.

Sie werden in manchen großen Religionen noch als Huren bezeichnet, wenn sie sich scheiden lassen und einen anderen Mann lieben, obwohl dies – gemäß des Islam – ihr gutes Recht ist. In unserer Gesellschaft werden solche Frauen Opfer, die heute noch manchmal gemieden oder nicht sehr gern aufgenommen werden, trotz der islamischen Lehre, welche diese Behandlung verbietet und verabscheut.

Gott warnt uns, die Türen und Tore des ehrenhaften Lebens vor solchen Frauen zu verschließen. Sie können heiraten, wen sie wollen, ob es sich um ihre ehemaligen Männer handelt oder nicht, (siehe Sura 2:232.).

Armut und Reichtum der Frau

Diese beiden Gesichtspunkte spielen – in unserer Gesellschaft – bei den Ignoranten eine gefährliche Rolle. Viele Eheschließungen scheitern an der sozialen Lage der Frau. Wir können dadurch verstehen, warum manche Gläubige das folgende, beliebte, überlieferte Gebet sprechen: „Oh Gott, beschütze mich vor einer bittern, erdrückenden Armut (wörtl. Armut, welche mich Dich vergessen läßt) und vor einem Reichtum, der mich zum Übermut und zur Maßlosigkeit verführt."

Die Ehe soll nicht wegen des Reichtums eines der beiden Parteien geschlossen werden, es sei denn, daß der arme Partner gottesfürchtig ist und nicht des Geldes wegen heiratet. In diesem Falle ist die Frömmigkeit die Garantie für eine gesunde, eheliche Beziehung. Der Muslim sollte sich – in diesem Falle – am Leben Muhammads mit seiner ersten, wohlhabenden Frau Khdadischa – möge Allah Wohlgefallen an ihr finden – orientieren. Muhammad war arm, fromm und treu. Khadidscha war reich und schön.

Durch die Ehe änderte sich nicht das gewohnte Leben der Eheleute: Khadidscha wurde nicht tyrannisch oder ungerecht, und Muhammad wurde nicht verschwenderisch oder „eingebildet". Wenn die Anweisungen des Islams in solchen

Ehen heute fehlen, dann ist dies allein Schuld der Eheleute, die sich gegenseitig zerstören könnten. Die reife Liebe in der Ehe erklärt uns, warum Muhammad Khadidscha – nach ihrem Tode – immer liebte und ihre Freundinnen immer liebevoll behandelte. Diese Liebe kann man nicht mit Geld kaufen oder ihren Wert materiell schützen. Sie überwiegt alles.

Niemals sagte Khadidscha zu ihm, daß sie nicht für die Armen seiner Verwandten aufkommen könnte. Im Gegenteil fand jeder der armen Angehörigen Muhammads einen Platz in ihrem Haus. Unter ihrem Dach wuchs sein Neffe Ali Ibn Abi Talib (der vierte Kalif und Schwiegersohn Muhammads) auf, als wäre er ihr eigenes Kind. Sie merkte, daß Muhammad ihren Sklaven, den Knaben Zaid Ibn Harita, den sie aufzog, lieb hatte. Da schenkte sie ihm diesen Kaben.

Muhammad schenkte ihm die Freiheit, und so wurde er zuerst Zaid Ibn Muhammad genannt, nachdem Muhammad ihn adoptiert hatte (Der Junge weigerte sich, zu seinem leiblichen Vater zu gehen und wollte bei Muhammad bleiben. Daher adoptierte der Prophet ihn öffentlich. Später mußte er diese Adoption ungültig machen, nachdem Gott den Muslimen (bis heute noch) die Adoption verbot. Siehe Sura: 33:5; Anm. d. Üb.).

Sie sorgte freiwillig für seinen Reise- und Aufenthaltsproviant in den Zeiten seiner Askese und hielt ihm nie vor, daß sie dies und jenes für ihn tat.

Sie gab ihm das Gefühl, er handele mit seinem eigenen Geld. Als er eines Tages nach der Begegnung mit dem Erzengel Gabriel in der Höhle Hira schwitzend und aufgeregt zu ihr nach Hause kam, beruhigte sie ihn und sagte: „Denke niemals, daß Gott dich im Stich läßt. Gewiß hast du das Beste verdient, wenn du Erbarmen mit den armen Verwandten hast. Du bewirtest die Gäste, beschenkst die Armen, sorgst für die Schwachen und unterstützt jedes Opfer."

Bei Allah frage ich: Was war Khadidscha für eine Persönlichkeit? Sie sieht, wohlgesagt vor 1400 Jahren, daß ihr Mann ihr Geld für dies und jenes ausgibt und liebt ihn und seine Taten, als wäre sie nicht da.

Khadidscha begriff, was viele Gebildete nicht – auch heute noch nicht – begreifen können: Reichtum und Anderes sind vergänglich, aber nicht die Prinzipien, die Liebe und die Zufriedenheit zweier reifer Eheleute. Diese Ehe zwischen Muhammad und Khadidscha war sicherlich eine Musterehe, damit die Reichen unter uns daraus Lehren ziehen können, statt ungerecht und undankbar zu sein.

Wir wissen, daß die gesamten Ungläubigen Mekkas die Muslime wirtschaftlich boykottierten. Drei Jahre lang durfte kein Mensch mit ihnen wirtschaftliche Beziehungen unterhalten. Die Muslime litten sehr. Sie durften weder kaufen, noch verkaufen, so daß sie keine Nahrung mehr hatten.

Khadidscha – die Reiche – konnte in ihrem Haus bleiben und die belagerten Muslime mit Proviant versorgen. Dies hat sie aber nicht gemacht. Stattdessen zog sie es vor, mit den belagerten Muslimen zu leben und zu leiden. Es war für sie eine Ehre und Freude, „Mudschāhida" zu sein.

Dschihad ist nicht – und war nie – nur eine Sache der Männer allein. Dschihad ist nicht „heiliger Krieg", wie Wörterbücher und Unwissende dieses Wort erklären, sondern es heißt: streben und auch kämpfen, für eine gute Sache bzw. gegen jede Ungerechtigkeit, daher wollte Khadidscha mit den Mudschahidin – den Belagerten – sein. Die Eheleute sind sich darin einig. Sie haben dieselben Ziele vor den Augen. Es trennt sie keine Mauer. Zusammen sind sie reich oder arm, aber sie sind zusammen immer stark.

Der Historiker Ibn Ishaq schrieb: Immer wieder tröstete Khadidscha den Gesandten Allahs, wenn die Ungläubigen ihm widersprachen oder ihn beleidigten oder ihn für einen Lügner erklärten.

Sie glaubte an ihn und an seine Sendung und pflegte ihm die Angriffe der Gegner als geringfügig darzustellen.

Die Heirat Muhammads mit der kinderreichen Witwe

In unserer Gesellschaft ist es nicht leicht für eine Mutter, wieder den Richtigen zu heiraten, vor allem, wenn ihre Kinder groß sind. Hat sie mehrere große Kinder, Mädchen und Jungen, dann ist dieses Problem fast unlösbar. Weder kommt der richtige Freier zu ihr, noch schonen die bösen Zungen sie. Außerdem sind die Kinder manchmal unwissend, undankbar und ohne Gnade.

In der Tat haben die Frauen es nicht leicht in der Abwesenheit der Gottesfürchtigkeit und der Tugenden. Schlimmer ist die Lage der schwachen, kinderreichen Witwen. Es ist sogar fast aus mit dem Traum, daß ein guter Mann sie und ihre Kinder richtig verstehen und lieben kann und mit ihnen unter einem Dach leben will.

Muhammad tröstete solche Frauen mit Wort und Tat, indem er sagte: „Ich bin der erste Muslim, der ins Paradies kommen wird. Vor dem Tor des Paradieses sitzt jede standhafte Witwe, welche ihre Kinder gut erzog und nicht im Stich ließ. Diese Frauen begleiten mich und werden in meiner Nähe sein."

Nicht nur mit solchen Worten tröstete er diese Frauen, sondern heiratete sie auch, damit wir dies auch tun, oder mindestens – wenn wir das nicht können – sie unterstützen und unsere Herzen öffnen:

– Er heiratete die zweimalige Witwe Khadidscha – möge Allah an ihr Wohlgefallen haben – und betreute ihre drei Kinder von ihren verstorbenen Ehemännern.

– Später heiratete er ebenso die Witwe Umm Salama und war Pflegevater ihrer vier kleinen Kinder. Er ließ Salama, den jüngsten Sohn von Umm Salama diese

Ehe beschließen, und damit begann eine echte Freundschaft zwischen dem Kind und dem neuen Gatten seiner Mutter.

Später wuchs jene Freundschaft und trug die besten Früchte zwischen den beiden Männern.

Berücksichtigen die Freier solche Umstände, wenn sie sich für eine Witwe oder Geschiedene interessieren?

Denken solche Frauen an ihre Kinder und ihre Psyche, wenn sie derartige Beziehungen eingehen wollen?

In der Tat liefern die Frauen des Propheten der Muslimin ein gesundes Vorbild, und dasselbe tut der Prophet auch.

Heirat mit „Anhang"

(Bewußt verwendet der Übersetzer dieses im Original nicht vorhandene Wort „Anhang", weil ein Muslim ihn fragte: Ich heiratete meine Frau und nicht ihre Familie. Warum will sie, daß ihre Schwester zu uns kommt? Warum behauptet sie, der „reiche" Muslim soll die arme Familie seiner Frau unterstützen, wenn seine Frau durch die Ehe mit ihm für ihre Familie nicht mehr aufkommen darf? Anm. d. Üb.)

Ich möchte den Leser fragen, Was machen sie, wenn ihre Frau eine unverheiratete, arme Schwester oder eine arme Tante hat, wobei kein Mensch für sie sorgt? Würden sie für solche Frauen eine Bleibe schaffen und für sie sorgen? Würden sie ihnen Almosen geben? Oder würden sie sagen: Dies geht mich nichts an! Es genügt mir, für meine Frau zu sorgen.

Solche Situatinen sind uns Muslimen in unserer Gesellschaft bekannt. Hier zeigt uns der Prophet die Lösung:

– Er nahm die Tante seiner Frau Maimuna und auch ihre arme Schwester Amara auf. Er sorgte für sie gern und freiwillig, als Mitglieder seiner Familie. Später verheiratete er Amara mit dem jungen Mann Salama.

Er nannte seine Frau Maimuna statt Barra, weil der Vorname Maimuna (die Glückliche, die Gesegnete, die vom Glück verwöhnte) besser als ihr alter Vorname Barra ist (Diese Änderung gefiel der Betroffenen, sonst hätte er dies nicht getan. Er änderte aber auch nicht andere Namen wie Khadidscha, welcher bedeutet: die Frühgeborene: Anm. d. Üb.).

Die Berufstätige

Wir wissen, daß viele Männer sich schämen, wenn ihre Frauen berufstätig sind. Die Ignoranten meinen, solche Frauen und ihre Ehemänner halten sich nicht an die Anweisungen des Islams. Dies ist ein Irrtum.

Muhammad heiratete Zainab Bint Dschahsch, die sehr geschickt war. Sie beherrschte die Kunst des Gerbens und auch der Wollspinnerei und Weberei. Als sie mit dem Propheten verheiratet war, pflegte sie Rohwolle zu kaufen und zu bearbeiten und dann auf dem Markt zu verkaufen.

Das erworbene Geld teilte sie in drei Teile:

Ein Drittel gab sie den Armen als Almosen, ein Drittel behielt sie für den Haushalt, und mit dem letzten Drittel kaufte sie neue Wolle und Material für die Arbeit. Ihre Almosen erreichten viele Armen, so daß sie „Mutter der Armen" genannt wurde. Nach ihrem Tod sagte Aischa über sie: „Ich kenne keine Frau, die besser oder aufrichtiger oder frommer ist als Bint Dschahsch. Keine betreute die Armen und die Alleinstehenden oder verlassenen Verwandten so wie sie. Keine gab den Armen so viel wie sie, und sie vertiefte sich in Arbeit und verrichtete sie mit Herz und Seele, weil sie überzeugt war, die gute Arbeit ist wie ein Gebet, welches Allah – erhaben sei Er – belohnt, wenn es nur von Herzen ist."

Aischa beweinte sie mit folgenden Worten: „Zurückgegangen zu Allah ist jene Gelobte und Gottgefällige. Wahrlich sie war Zuflucht der Waisen und der Witwen."

Der Prophet sagte zu seinen Frauen: „Die erste unter euch, die nach mir stirbt ist diejenige mit der längsten Hand." Sie streckten ihre Hände, um zu sehen, welche gemeint ist. Erst als Zainab starb, verstanden sie die Anspielung, denn ihre Almosen erreichten die Armen am weitesten. Sie strickte ihr Totentuch selbst und sagte zu den Anwesenden: „Ich weiß, daß der Gebieter der Gläubigen, Kalif Umar, für mich auch Totentücher geben wird. Nehmt es, aber gebt eines von beiden Tüchern einer armen Frau als Almosen", – möge Allah Wohlgefallen an ihr haben.

Die Tochter des Feindes als Ehefrau

Es war kein Zufall, daß Muhammad Ramla, Tochter des Oberhauptes der Feinde, Abu Sufyan, heiratete.

Damit wollte er uns ausdrücklich sagen, daß die Kinder für die Fehler der Eltern nicht verantwortlich sind. Der Koran betont dieses himmlische Gesetz in Sura 6:164; 17:15; 35:18; 39:7; 53:8; z. B.: „Und kein Mensch soll die Last (Schuld) eines anderen tragen".

Es steht fest, daß der Prophet nie von der Tochter verlangte oder erwartete, daß sie ihren Vater verleugnete oder schlecht behandelte. Abu Sufyan besuchte seine Tochter im Haus des Propheten, um die angekündigte Bestrafung der Mekkaner durch Muhammad zu verhindern, nachdem die Quraisch das Abkommen (Sulh Al-Hudaibiya) verletzt hatten.

Muhammad war in der Lage, Abu Sufyan zu verbieten, sein Haus zu betreten, um mit seiner Tochter zu sprechen. Der Prophet verbot dies nicht. Die Muslime heute aber zwingen die Ehefrau, am Kampf gegen ihre Eltern teilzunehmen. Unterstützt sie ihren Mann gegen ihre Eltern nicht, wird sie geschieden.

Dies mußte ich meinem Bruder erzählen, weil er beschloß, sich von seiner guten, aufrichtigen Frau zu trennen und sie – als Geschiedene – und die eigenen Kinder zu ihrer Großfamilie zurückzuschicken.

Ich erinnerte ihn, daß der Islam ihm verbietet, seine Frau für die Fehler ihrer Eltern zu bestrafen.

Diese Rache, welche der Islam verbietet, war der Grund, daß sich der Schah des Iran von der Königin Fawziyya scheiden ließ, bevor er Sorayya heiratete.

Solche Handlungen sind nicht nur dumm, sondern auch weit entfernt von der Lehre Muhammads.

Die Behandlung der Tochter des Feindes durch den Propheten müßte für jeden Muslim maßgebend und vorbildlich sein.

Der Gesandte Allahs hatte auch geheiratet, um das Unglück und die Leiden des Freundes zu verringern.

Die Freundschaft birgt Rechte und Pflichten. Jeder Freund ist verpflichtet, seinem Freund die Wahrheit zu sagen. Bist du deinem Freund mit Rat und Tat gegenüber ganz ehrlich, dann ist deine Freundschaft vollkommen (Freund auf arabisch heißt Sadiq. Dieses Substantiv ist abgeleitet von sadaqa, d. h. die Wahrheit sagen oder aufrichtig sein: Anm. d. Üb.).

Der Mensch fragt seine Mitmenschen z. B. unterwegs, wie es ihnen geht, auch wenn sie nicht seine Freunde sind. Es ist also angemessener, daß er nach seinem Freund und dessen Befinden fragt.

Der Islam fordert dich – als Muslim – auf, dem Freund zu helfen und ihn materiell zu unterstützen, solange du etwas übrig hast.

In dieser Lage befand sich Muhammad auch, als er das Unglück seines Freundes Umar miterlebte.

Umar war sehr betrübt nach dem Tode seines Schwiegersohnes, dessen Witwe sehr jung war (18 Jahre alt). Wie es in den islamischen Gemeinden üblich war, suchte Umar einen guten Gefährten für seine Tochter, jedoch lehnten seine Freunde dies ab. Hier erklärte Muhammad sich bereit, die Witwe Hafsa zu heiraten.

Die Liebe war nicht das Motiv jener Heirat, sondern die Teilnahme an der Bekämpfung des Unglücks seines Freundes, als er keine Lösung für sein Problem fand.

Deshalb sagte Umar – möge Allah Wohlgefallen an ihm haben – eines Tages zu seiner Tochter: „Bei Allah! Ich weiß, daß der Gesandte Allahs dich nicht liebt, und daß er dich nur meinetwegen zur Frau nahm."

Eines Tages besuchte er sie, als sie aus Kummer weinte, da sagte er zu ihr: „Hoffentlich hat der Gesandte Allahs dich nicht verstoßen. Denn wisse, er hatte dich schon einmal verstoßen, aber er nahm seine Entscheidung mir zuliebe zurück. Wenn er sich aber wieder von dir scheiden läßt, dann spreche ich nie mehr mit dir."

Diese Geschichte ist wahr, denn wir wissen, daß Hafsa den Gesandten Allahs ärgerte, so daß er sie verstieß. Daraufhin sprach er traurig: „Hätte Allah für Umar und seine Kinder etwas übrig, dann ließe er nicht den Gesandten seine Tochter verstoßen."

Danach rief Bilal zum Gebet. Bevor der Gesandte Allahs das Gebet verrichtete, kehrte er zum Haus Hafsas zurück und sagte zu ihr: „Der Engel Gabriel erschien mir in der Gebetsnische und sagte zu mir: „Behalte Hafsa, denn sie ist eine aufrichtige Muslimin und sie ist dir vorbestimmt als Ehefrau im Paradies."

Es wird auch überliefert, daß der Engel ihm noch dazu saggte: „Er soll sie, um Umar nicht zu quälen, nicht verstoßen."

Diese Geschichte zeigt uns, daß wir uns des Freundes wegen aufopfern sollen.

Die Haltung zu den Schwiegereltern

Die Schwiegereltern, vor allem die Schwiegermütter, waren meistens eine Gnade, Segen und große Unterstützung für die unerfahrenen Schwiegersöhne und Töchter der Muslime.

Dank der heutigen Kinos ist dieser Segen zum Fluch geworden.

Diese Haltung widerspricht dem Islam, denn Muhammad behandelte seine Schwiegereltern immer vorbildlich. Seine Schwiegereltern, vor allem Abu Bakr und Umar, behandelten ihn auch vorbildlich. Sie blieben unparteiisch, wenn Muhammad ihre Meinung und Entscheidung in den Problemen mit seinen Frauen, ihren Töchtern, wissen wollte.

Seine Liebe und Achtung gegenüber seiner Schwiegermutter Umm Ruman (die Mutter der Aischa) ist bekannt. Es ist überliefert, daß er über sie sagte: „Wer eine der Frauen des Paradieses auf der Erde sehen möchte, der soll zu Umm Ruman schauen."

Als diese Schwiegermutter starb, stieg er persönlich in ihr Grab, um sie zu beerdigen und bat für sie, indem er sagte: „Mein Gott! Du weißt, wie Umm Ruman um Deinetwegen litt."

Die Magd oder das Hausmädchen

Die meisten Familien in den Golfstaaten brauchen heute Hausmädchen. Diese nichtmuslimischen Dienerinnen kommen meistens aus Indien und Korea.

Auch die Büros und Firmen in der ganzen Welt brauchen Mädchen für Alles oder Sekretärinnen.

Viele Familien Europas brauchen solche Mädchen oder auch Kindererzieherinnen. Viele dieser Mädchen sind unverheiratet bzw. alleinstehend und auf der Suche nach der Liebe.

Sie denken nur an sich. Durch sie gehen viele Ehen zugrunde und viele Kinder leiden. Solche Frauen können auch die Geheimnisse der Büros oder Firmen verraten. Denkt man aber daran, solche Frauen gesetzlich, als zweite Frau, zu heiraten, dann ist der Teufel los. Überall erheben sich die Gegner. Die Filme und die öffentliche Meinung richten ihre Angriffe dagegen. Warum eigentlich?

Solche Frauen, die bestimmte Aufgaben haben und sogar unfrei waren, gab es im Leben des Propheten auch.

Sie waren öffentlich anerkannt, jedoch hatten sie nicht den gleichen Rang der freien Ehefrau.

Sie waren Dienerinnen, die alle ehelichen Rechte genießen durften. Es war nicht ausgeschlossen, daß sie den Rang der freien Ehefrauen erreichten, vor allem, wenn sie Söhne zu Welt brachten. Manche dieser Frauen wollten sogar die Stellung der ersten Frau annehmen. Es ist überliefert, daß Muhammad der Sklavin Raihana sagte: „Es ist dir überlassen, daß ich dir deine Freiheit gebe und heirate, oder daß du in meinem Besitz – als Dienerin und Frau zweiten Ranges – bleibst." Daraufhin sagte sie: „Gesandter Allahs! Es ist mir und dir leichter, in deinem Besitz zu sein."

Diese Art der ehelichen Beziehung war anerkannt. Jene Zeit (und später zur Zeit des Kalifen Harun Ar-Raschied) schenkten manche Ehefrauen ihren Männern solche Dienerinnen, zu ihrer Entlastung.

Dies tat z. B. die siebte Frau des Propheten Zainab Bint Dschahsch, welche ihm eine Dienerin dieser Art schenkte. Laut As-Sira Al-Halabiya, Band 3, Beirut, Seite 325 wird überliefert, daß der Gesandte Allahs vier Frauen dieser Art (Sarari) hatte: Maria, die Koptin, Raihana die Jüdin, Zulaicha und eine Sklavin, als Geschenk seiner Frau Zainab Bint Dschahsch.

Die Frauen, die im Krieg in Gefangenschaft gerieten, wurden in der Gesellschaft in diesem Sinne öffentlich menschlich anerkannt und gut aufgenomen. Sie wurden nicht verheimlicht, so daß sie sich rächen mußten. Die freie Ehefrau sah es nicht als erniedrigend, ihrem Mann eine „Konkubine" zu schenken.

Die Geschichte des Islam kennt diese Art der Beziehung und betrachtet sie als einwandfrei: z. B.:

Die Ehefrau des umayyadischen Kalifen ʾAbdul-Malik Ibn Marwan schenkte ihm die Sklavin und Sängerin Hubaba, welche durch ihre Schönheit berühmt war. Heute gibt es wenige Musliminnen, welche ihren Männern eine zweite Ehe vorschlagen. Ich darf hier den Bruder Muhammad Salim aus Alexandria erwähnen. Die Freundin seiner Frau bestand darauf, sich islamisch zu kleiden. Sie stieß auf Widerstand und Verachtung ihrer fortschrittlichen Familie. Die Frau des Bruders M. Salim bat ihren eigenen Mann, ihre Freundin zu heiraten. Nun leben die zwei Frauen mit ihm. Die Ehe dieser Familie verläuft harmonisch und glücklich, laut der Aussagen der Nachbarn und der Freunde, die sie kennen. Hätte der Prophet uns diese Lösung nicht gezeigt, dann wären solche Frauen nur Geliebte und Konkubinen, wie es in anderen Gesellschaften der Fall ist.

Dazu kamen die Probleme der Kinder und der Frauen der im Kriege gefallenen Männer. Diese Witwen und ihre Kinder haben das Recht auf Ersatzväter bzw. Ehemänner.

Dies war die Lösung für die Probleme der verwitweten Frauen nach der Schlacht von Al-Qadisiyya. Am meisten waren die Stämme von Bagila (1000 Witwen) betroffen. Es war aber eine Ehre für sie, „Die mit den Mudschahidin Verschwägerten" zu heißen.

Wäre diese Lösung heute nicht angebracht für die Probleme der Witwen der gefallenen Mudschahidin in Palästina, Afghanistan, Syrien, Libanon, Philippinen und in anderen Ländern?

Was machen die islamischen Länder, außer Spenden für diese Opfer der Kriege zu sammeln? Praktischer und menschlicher als Geldsammeln ist die islamische Lösung, welche auch neulich auf der 6. Konferenz der muslimischen, arabischen Jugend (in Missouri in den USA, in der Stadt St. Louis vom 23.12.83 bis 1.1.84) erwähnt wurde. Es wurde vorgeschlagen, die Familien der Gefallenen zu registrieren, um ihnen Arbeit zu geben – unter anderem als Diener(innen) oder Kindererzieherinnen in den Golfländern, anstelle der Mädchen aus Korea und Indien. Will eine Witwe oder ein Mädchen von ihnen heiraten, dann sollten die Familien (Frauen und Männer) versuchen, solche Opfer auch als zweite Frau zu verheiraten.

Die Spenden und die Zeltlager der Flüchtlinge aber überlassen wir lieber der christlichen Mission.

Die Gebote über die Neugeborenen

Nicht zufällig schenkte Allah dem Propheten seinen Sohn Ibrahim von der Koptin Maria. Es war auch Gottes Entscheidung, daß jener Sohn sterben sollte, bevor er zwei Jahre alt war.

Der Gesandte Allahs zeigte uns, wie wir uns im Falle der Geburt bzw. des Todes verhalten.

Die Hebamme brachte ihrem Mann Abu Rafi' die Nachricht von der Geburt des Kindes. Der Ehemann verkündete dem Propheten die Geburt. Der Prophet freute sich und schenkte dem Verkünder einen Sklaven. Am siebten Tag nach der Geburt wurde ein Schafsbock als „Aqiqa" geschlachtet (Opfer für die Armen und die Freunde als Dankzeichen für das Wohlergehen der Mutter und des Kindes. Am. d. Üb.).

Die Haare des Kindes wurden geschnitten, gewogen und dann vergraben. Den Armen gab Muhammad Silber als Almosen, dessen Gewicht dem Gewicht der Haare entsprach. Das Kind wurde von ihm am siebten Tag Ibrahim genannt. Als das Kind im Alter von 18 Monaten im Sterben lag, trug es Muhammad, küßte es und sagte weinend: „Wahrlich wir können dich, Ibrahim, vor Gottes Urteil nicht schützen. Wisse es, Ibrahim, der Tod ist eine vorbestimmte, wahrhafte Sache. Jeder von uns wird die vorher Verstorbenen erreichen. Wäre dies nicht wahr, dann wäre unsere Trauer um dich noch größer. Durch dich leiden wir sehr. Das Auge weint, das Herz ist betrübt, aber wir sagen nicht, was Gott erzürnt." Danach tröstete er die Mutter Maria und sagte zu ihr: „Gewiß ist Ibrahim mein Sohn. Er starb als Säugling, und sicherlich hat Allah für ihn zwei Nährmütter im Paradies, welche seine Säugung vollenden werden (siehe Bint As-Sati: Sayyidat Bait An-Nubuwwa, Seite 407).

Ibrahim war das einzige Kind, welches dem Propheten im Islam geboren wurde. Durch jene Ereignisse wissen wir nun, daß dies geschah, um uns Muslime zu zeigen, wie wir uns im Falle der Geburt bzw. des Todes eines Kindes verhalten sollen.

Die Heirat mit einer Christin oder einer Jüdin

Muhammad heiratete die ursprünglich jüdischen Frauen Safiyya Bint Huyay und die Sklavin Raihana und die ursprüngliche Christin Maria aus Ägypten.

Diese Frauen behielten ihre Religion, dann traten sie zum Islam über. Damit zeigte er uns, daß der Muslim eine fromme Christin oder Jüdin heiraten darf.

Diese Erfahrungen haben uns aber gezeigt, daß es bei solchen Heiraten Gefahren gibt. Deshalb raten wir, mit solchen Frauen in einem islamischen Land zu leben, damit der Ehemann sie überzeugen kann. Besser ist aber, solche Frauen zu heiraten, nachdem sie zum Islam übergetreten sind.

Die Heirat einer Nichtmuslimin soll – meiner Meinung nach – immer nur eine Notlösung sein.

Hinweise bezüglich des Anredens der kinderlosen Mütter

Die kinderlose Frau kann ein Kind ohne Adoption großziehen. Man soll sie aber als Mutter dieses Kindes behandeln, betrachten und anreden. Daher wurde die kinderlose Aischa Umm Abdullah genannt, weil sie ihren Neffen Abdullah Ibn Az-Zubair großzog.

Es ist in den arabischen Ländern üblich, den Vater oder die Mutter nicht mit dem eigentlichen Vornamen zu rufen. Man nennt den Vater bzw. die Mutter mit dem Vornamen des ältesten Sohnes. Heißt der älteste Sohn z. B. Usama, so redet man seine Mutter mit Umm Usama und seinen Vater mit Abu Usama an. Haben die Eheleute keine Kinder, dann verwendet man den Vornamen des Vaters nach dem Wort Vater oder Mutter der betreffenden Person (Anm. d. Üb.).

Die Ausbildung der Frau

Der Prophet heiratete Analphabetinnen und Frauen, die des Lesens und Schreibens kundig waren. Er heiratete auch solche, die einen Beruf hatten, und er ließ sie ihren Beruf ausüben, z. B. seine siebte Frau Zainab Bint Dschahsch, die hochgeborene Adlige.

Er pflegte diese fleißigen Frauen zu loben und zu unterstützen. Aischa war zum Beispiel im Wissen der damaligen Zeit auf dem Gebiet der Medizin, der Dichtung und der Religion bewandert. Sie überlieferte uns über zweitausend Hadithe (Worte des Propheten). Der Prophet pflegte den Muslimen über sie zu sagen: „Die Hälfte eurer Religion sollt ihr durch diese Frau lernen."

Eine andere Frau, die beinahe so bewandert war wie Aischa, war Hafsa Bint Umar, die vierte Frau des Propheten. Nachdem Zaid Ibn Thabit die Texte des Koran gesammelt und geprüft hatte, wurde das Originalexemplar in ihrem Haus aufbewahrt. Als Umar Kalif wurde, bewahrte er dieses Original wieder bei seiner Tochter Hafsa auf. Erst als Usman Kalif wurde, veranlaßte er, Kopien aus diesem Original anfertigen zu lassen, um die islamische Gemeinde in den verschiedenen Ländern mit fehlerfreien Koranexemplaren zu versorgen. Das Wissen der Aischa war allerdings viel mehr als das der Hafsa. Az-Zuhri – möge Allah Wohlgefallen an ihm haben – sagte: „Aischas Wissen war tiefer und reicher als das gesamte Wissen der Frauen des Propheten und das Wissen aller Frauen zu ihrer Zeit." Der Gelehrte Ataa Ibn Abi Rabah sagte: „Aischa war die Gelehrte aller Gelehrten, und sie hatte das Gute in den Menschen gesehen."

Der berühmte Gelehrte und Gefährte Muhammads Abu Mussa Al-Asch'ari sagte: „Wenn wir – die Gefährten des Propheten – auf eine Frage bezüglich der Hadithe (Worte des Propheten) stießen, fanden wir die Antwort immer bei Aischa."

Die Ältesten der Gefährten des Propheten – laut Abu-Duha – pflegten Aischa nach den religiösen Pflichten im Islam zu fragen. Sie war –laut Urwa Ibn Az-Zubair – mit keiner Frau auf dem Gebiet der Medizin, der Lehre, der Pflichten und der Gesetze und der Dichtung zu vergleichen.

Es wird überliefert, daß Ramla Bint Abu Sufian, die 10. Frau Muhammads, lesen und schreiben konnte, jedoch nicht das Wissen Aischas hatte. Aischa war außerdem eine begnadete Rednerin. Als ihr Vater starb, hielt sie folgende Grabrede: „Oh Vater, möge Allah dein Gesicht am jüngsten Tag strahlen lassen und dich für deine guten Taten auf der Erde belohnen. Du hast das vergängliche Diesseits verachtet und wolltest nichts davon wissen. Das Jenseits war dein Ziel, zu welchem du immer bestrebt warst. Der Abschied von dir war das Schlimmste nach dem Abschied vom Gesandten. Dich zu verlieren ist das größte Unglück nach dem Tode des Propheten, jedoch das Buch Gottes verspricht uns das Beste, wenn wir uns gedulden. Ich versuche mich zu gedulden und bitte Allah, dies zu belohnen. Für dich werde ich immer beten. Bewiß hat man sich für das vergängliche Diesseits interessiert, jedoch du nicht. Du hast dem Glauben alles gegeben, als die Abtrünnigen ihn spalten wollten, so daß seine Mauern erbebten. Friede Allahs sei mit dir. Ich verabschiede mich von dir, ohne dein Leben gehaßt zu haben und ohne die Entscheidung Gottes zu kritisieren."

Aischa war nicht die einzige begnadete Rednerin, sondern auch Hafsa. Als der Kalif Umar – möge Allah Wohlgefallen an ihm haben – ermordet wurde, sagte sie ihm vor seinem Tode: „Oh mein Vater! Was sollte dich betrüben, wobei du bald der Gast des Barmherzigen Gottes bist, ohne Schulden jemandem gegenüber. Für dich habe ich eine frohe Botschaft (d.h. durch den Propheten), jedoch möchte ich dieses Geheimnis nicht zweimal verraten. Für dich wird der beste Fürsprecher vor Allah eintreten, nämlich deine Gerechtigkeit.

Gott weiß, was für ein hartes Leben du führtest, wie du deine Keuschheit und deine Begierde zügeltest und wie du den Ungläubigen und den falschen korrupten Menschen auf der Lauer warst."

Nach seinem Märtyrertod beweinte sie ihn mit einer großartigen Trauerrede.

Es wird überliefert, daß die Muslime immer wieder zu den Frauen des Propheten gingen, um sie nach Rat zu fragen.

Die Muslime hatten das Recht, sie zu fragen, und sie mußten antworten, weil sie das Wissen durch den Propheten erlangten. Deshalb sprach Gott zu ihnen: „Und gedenkt der Worte Gottes und verbreitet, was euch in euren Häusern verlesen wird (und gelehrt wird) von der Weisheit"; 33:34.

Hier hat Gott dieses Belehren und dieses Wissen nicht nur auf diese Frauen allein beschränkt. Das islamische Leben hat gezeigt, daß die Männer davon Gebrauch machten und von den Frauen des Propheten viel lernten.

Dies ist in der Tat eine Lehre für die Männer, die ihre Frauen einsperren und sie isolieren. Stirbt einer dieser Männer, dann wird seine Witwe vielleicht zügellos, da das „große Gefängnis" nicht mehr existiert.

Dies widerspricht dem Islam, denn die Zügel einer Frau müssen in ihren eigenen Händen sein. Die Lehre des Islam zeigt ihr ihre Rechte und Pflichten, ganz gleich, ob ihr Mann abwesend oder anwesend ist, am Leben oder tot ist.

Die Prüfung, Vater von Mädchen zu sein

Es ist eine harte Prüfung eines Vaters, der nur Töchter hat. Die Verantwortung gegenüber Töchtern ist groß, was die Erziehung angeht. Die zwei Söhne von Muhammad und Khadidscha starben als Säuglinge (sowie auch sein Sohn von Maria). Deshalb wurde Muhammad nur Vater von Mädchen, um uns zu belehren.

Diese harte Prüfung war übrigens auch das Schicksal des Propheten Lot. Die Töchter des Propheten Muhammad mußten nach seiner Sendung als Prophet sehr leiden, vor allem Ruqayya und Umm Kulthum. Beide Töchter waren mit Utba und Utaiba verheiratet, Söhne des Abu Lahab. Um Muhammad zu ärgern, verstießen sie diese zwei Töchter. Seine Tochter Fatima mußte oft den Staub und den Schmutz von seinem Gesicht und Rücken entfernen, wenn die Ungläubigen ihn während seines Gebetes damit besudelt hatten.

Eine seiner Töchter wurde von dem ungläubigen Abu Dschahl geohrfeigt, jedoch schlug der ungläubige Abu Sufian ihn zurück. Daraufhin betete der Prophet, indem er sagte: „Mein Gott! Belohne Abu Sufian für seine gute Tat." Dank dieses Gebetes wurde Abu Sufian später Muslim.

Wegen der Erziehung der Töchter heiratete Muhammad die alte Frau Sauda Bint Zam'a. Die Ungläubigen der Quraisch machten sich deshalb lustig über ihn und behaupteten, es wird ihm kein Nachkommen geboren. Die Mekkaner – vor allem Al-'Ass Ibn Wa'il freuten sich, als Al-Qassim, Sohn Muhammads, starb. Da sagten sie, daß die Welt ihn vergessen wird, wenn er und seine Nachkommen sterben werden. Die Welt vergaß solche Mekkaner wie Al-'Ass Ibn Wa'il, wie Allah zu Muhammad schon damals sagte: „Wahrlich, wir haben dir Genugtuung in allen guten Sachen gegeben. So bete zu deinem Herrn und opfere. Dein Hasser selbst wird ohne Nachkommen (in Vergessenheit) bleiben," (108:1–3).

Der Islam verehrt das Mädchen, sonst hätte der Koran in dem folgenden Vers den Jungen vor dem Mädchen erwähnt:

„Er schafft, was Er will. Er beschert (gibt) Mädchen, wem Er will, und Er beschert Jungen, wem Er will, oder Er gibt (wem Er will) Jungen und Mädchen; und Er macht, wen Er will, unfruchtbar," (42:49–50).

Es ist für jedes Mädchen eine Ehre, daß der Prophet sagte: „Wer drei Töchter einwandfrei großgezogen hat und dabei ihr Ungestüm und ihre Probleme stets mit Geduld behandelte, kommt ins Paradies wegen seiner Barmherzigkeit ihnen gegenüber."

Einer der Anwesenden fragte ihn: „Und wenn es nur zwei Mädchen sind?" Er antwortete: „Auch wenn dies nur zwei wären." Ein Mann fragte: „Gesandter, gilt dies, wenn es sich auch nur um eine Tochter handelt?" Er sagte zu ihm: „Jawohl!" Diesen Hadith hat Al-Hakim überliefert. Ibn Abbas überlieferte auch, daß der Gesandte sagte: „Hat ein Muslim zwei Töchter, welche er gut und barmherzig erzieht, solange sie bei ihm leben oder er bei ihnen lebt, so kommt er durch sie ins Paradies."

Als Muhammad vor den Anwesenden sagte: „Der Muslim, welcher drei Töchter hat und für sie sorgt, bis sie ihn verlassen oder sterben, wird durch sie von dem Feuer der Hölle verschont."

Da fragte ihn eine Frau: „Gilt dies auch, wenn man nur zwei Töchter hat?" Er sagte: „Jawohl!"

Allgemeine Probleme im Leben des Propheten und in unserem Leben

Wir meinen, der Prophet heiratete viele Frauen, um die meisten Probleme der Frauen in der Ehe zu behandeln, damit wir daraus eine Lehre ziehen können. Gewiß ist jene große Anzahl klein, wenn wir an unsere vielen, verschiedenen Probleme denken, vor allem, wenn man mit mehreren Frauen lebt bzw. verheiratet ist. Es bleiben jedoch allgemeine Probleme, welche den Menschen begegnen, ob sie mit einer Frau oder mit mehreren Frauen verheiratet sind.

Der Zorn und die Wutanfälle

Die Frau hat auch das Recht, sich über ihren Mann zu ärgern. Der Mann soll dies einsehen und versuchen, sie zu besänftigen und zufrieden zu stellen. Hier darf er aber kein Verbrechen begehen oder die Gebote Gottes überschreiten. Das bedeutet, daß der schwache Mann nicht – der Frau zuliebe – Unrecht tun darf, um ihre Liebe und Zufriedenheit zu gewinnen.

Diesen Fehler machte der Prophet selbst, als seine Frau Hafsa weinte und verbittert war, weil er mit Maria in ihrem Zimmer schlief. Er versprach Hafsa, um sie zufrieden zu stellen, Maria nie mehr zu berühren, und bat sie, von diesem Versprechen niemandem zu erzählen. Die verletzte, nun aber glücklich versöhnte Hafsa unterrichtete Aischa darüber. Die sofortige Berichtigung des Fehlers des Propheten brachte der Engel Gabriel mit den Worten Allahs: „Du Prophet! Warum verbietest du dir, was Gott dir erlaubt, um deine Frauen zufrieden zu stellen? Aber Allah ist allverzeihend, allbarmherzig. Allah legt euch die Lösung eurer Eide fest, denn Er ist euer Beschützer, und Er ist der Allwissende, der Allweise," 66:1-2.

Sicherlich weiß der wahre Muslim, daß jener Fehler geschah, damit wir fehlerhaften Menschen wissen, wie wir uns verhalten sollen, um unsere Fehler zu korrigieren.

Er beherrschte sich und ließ sich nicht beleidigen, als einmal Zainab Bint Dschahsch ihren Anteil an einem Geschenk ihm im Zimmer ihrer Rivalin Aischa zurückbrachte. Aischa sagte zu ihm: „Dies ist eine Beleidigung für dich."

Daraufhin sagte er zu ihr: „Ihr alle seid es nicht wert, daß Allah mich durch euch beleidigen läßt," (Siehe Az-Zubair: Aswadsch An-Nabi, Seite 45).

Zank der Frauen

1. Eines Tages traf er Safiyya weinend an. Sie sagte, Hafsa werfe ihr vor, daß sie eine Judentochter sei. Daraufhin sagte er: „Du bist die Tochter eines Propheten und die Nichte eines Propheten, und dein Mann ist ein Prophet. Wie kann sie denken, sie wäre besser als du?"

Es wird auch überliefert, daß er ihr sagte: „Du solltest ihr sagen, dein Mann ist Muhammad, dein Vater ist der Prophet Aaron und dein Onkel ist der Prophet Moses."

2. Dschuwairiya Bint Al-Harith beklagte sich bei ihm, daß die anderen Frauen behaupten, sie wären vornehmer als sie. Daraufhin sagte er zu ihr: „Reicht dir nicht, daß ich dir zuliebe alle Kriegsgefangenen deines Stammes freigelassen habe?"

3. Als Fatima ihm weinend sagte: „Aischa ärgert mich, indem sie sagt: „Du hättest sie als Jungfrau geheiratet, während meine Mutter schon vorher verheiratet war." Da sagte er zu ihr: „Dann sage zu ihr: „Mein Vater war noch nie verheiratet, als er meine Mutter heiratete," (N.J.H. Al-Dschamal: Zaudschat An-Nabi M., Seite 45).

4. Eines Tages kam Zainab Bint Dschahsch zum Propheten, als er bei Aischa war und sagte, sie sei von den anderen Frauen beauftragt, über Aischa zu sprechen. Der Prophet hörte gut zu, wobei Aischa ruhig blieb. Ab und zu – so erzählte sie später – schaute sie zum Propheten, damit er ihr erlaube, sich zu verteidigen. Als sie merkte, daß er nichts dagegen hatte, widerlegte sie die Behauptungen der Zainab. Da lächelte der Gesandte Gottes und sagte: „Wahrlich! Aischa ist die wahre Tochter des Abu Bakr," (d.h. sie war redegewandt und konnte den Hörer auf ihre Seite gewinnen).

Eifersucht der Frau ist natürlich

Es wäre falsch, zu denken, daß es nur Eifersucht zwischen zwei Frauen eines Mannes geben kann. In der Tat sind die Frauen von Natur aus eifersüchtig. Die Frau kann auf eine Verstorbene oder auf die Verwandten oder auf die Nachbarn oder sogar auf eine Freundin von ihr eifersüchtig sein. Manche Frauen werden sogar eifersüchtig, wenn eine Freundin oder eine Bekannte ein schönes Auto oder ein Kleid kauft.

Muhammad sagte: „Die Eifersucht ist der Frau von Allah vorbestimmt. Die Frau, die die Eifersucht durch Geduld bekämpfen kann, wird von Gott wie ein Märtyrer belohnt," (Al-Suyuti; Al-Dscham^c As-Saghier Band 1, Seite 120).

Eifersucht ist also immer ein aktuelles Thema, das im Leben einer Frau eine große Rolle spielt. Daher ist der Umgang des Propheten mit seinen Frauen wichtig, um dieses Problem zu lösen.

Unschuldig und aufrichtig erzählt Aischa, daß sie auf die verstorbene Khadidscha eifersüchtig war, obwohl sie Khadidscha nie gesehen hat. Sie konnte es nicht ertragen, daß der Prophet die verstorbene Khadidscha immer wieder erwähnte.

Wir wiederholen hier noch einmal folgende Begebenheit:

Eines Tages war es Aischa zuviel, daß der Gesandte von Khadidscha sprach. Da sagte sie zu ihm: „Immer diese Khadidscha, als gäbe es keine Frau auf Gottes Erde außer ihr." Der Prophet ärgerte sich, als Aischa ihm dies sagte: „Was war diese Alte aus Mekka, die du immer wieder erwähnst. Sie war sehr alt, zahnlos, und sie lebt nicht mehr. Außerdem hat Allah dir bessere Frauen als sie gegeben." Der Prophet sagte: „Sie glaubte an mich, als die Menschen nicht an mich glaubten. Sie glaubte mir, als die Menschen mich für einen Lügner hielten. Sie gab mir eine Zuflucht, als die Menschen mich ablehnten. Sie tröstete mich mit ihrem Geld, als die Menschen mir nichts gaben. Und außerdem gebar sie mir Kinder, und keine meiner Frauen sonst." Hier nahm sich Aischa fest vor, sie nie wieder zu erwähnen.

Auch als Muhammad seine Frau Safiyya für kurze Zeit im Haus des Haritha Ibn An-Nu'man wohnen ließ, ging Aischa heimlich verschleiert, um zu sehen wie sie aussieht. Als sie zurück kam, fragte er sie: „Wie hast du sie gefunden, kleine Blonde?" Sie erschrak sehr, schüttelte ihre Schulter und sagte: „Ich habe irgendeine Jüdin gesehen." Er sagte zu ihr: „Du sollst das nicht sagen, denn sie ist eine gute Muslimin geworden."

Einmal besuchte Muhammad Aischa, und sie litt unter Kopfschmerzen. Er scherzte und sagte zu ihr: „Wie wäre es, wenn du vor mir stirbst. Dann könnte ich für dich und vor deinem Grab beten, dich in ein Leinentuch wickeln und dann hätte ich dich persönlich begraben?"

Sie wurde sehr aufgeregt wegen ihrer Eifersucht und sagte: „Dieses Glück soll einer anderen außer mir passieren. Bei Gott, ich könnte denken, du würdest dann nach Hause gehen und mein Zimmer mit einer neuen Frau belegen." Da lächelte der Gesandte Gottes. Sie versteckte nicht ihre unschuldige Eifersucht, so daß sie ihm sagte, als sie von seiner Verlobung mit der Frau Zainab Bint Dschahsch hörte: „Ich denke, daß dein Gott eilend immer deine Wünsche erfüllt." Sie erzählte uns selbst, daß sie von der Schönheit der Umm Salama, der sechsten Frau Muhammads hörte, daß sie keine Ruhe fand, bis sie sich versteckte, um sie zu sehen. Sie erzählte, sie wünschte, sie hätte dies nie getan, da Umm Salama viel, viel schöner war, als man sie beschrieb.

Frauenscherze

Auf einem Kriegszug nahm Muhammad Aischa und Hafsa mit. Als Hafsa merkte, daß er öfter zur Kamelsänfte der Aischa ging, um mit ihr zu sprechen, wartete sie, bis er sich wieder entfernte und sprach leise zu Aischa. Beide Frauen lachten danach und tauschten ihre Plätze. Da man die Frauen in den Kamelsänften von außen nicht sieht, kam er wieder zu Aischas Sänfte und sprach zu ihr. Nachts, als man Halt machte, ging Muhammad zur Sänfte von Aischa, da fand er Hafsa statt ihr auf ihn wartend. Er verbrachte die Nacht mit ihr und die verärgerte Aischa konnte nichts ändern.

Eines Nachts dachte er, daß Aischa fest schliefe. Er verließ leise das Zimmer und ging, um sie nicht zu stören, zum Friedhof Al-Baqi'. Sie dachte aber, daß er zu einer seiner Frauen gehen wollte und beschattete ihn. Er kehrte gleich zurück und sah, wie sie eilend vor ihm auf dem Weg nach Hause war.

Eines Tages fragte er sie: „Bist du noch eifersüchtig?" Sie sagte: „Warum soll eine wie ich auf einen wie dich nicht eifersüchtig sein?" Er verstand ihre Eifersucht und hatte Mitleid mit ihr und sagte: „Schade! Es ist zu bedauern, daß eure Mutter eifersüchtig ist. Wenn sie aufhören könnte, hätte sie aufgehört."

Die Frauen der Propheten beauftragten seine Tochter Fatima, ihn zu bitten, sie alle wie Aischa zu behandeln (d. h. sie zu lieben, wie er Aischa liebt). Daraufhin sagte er zu ihr: „Liebst du nicht, was ich liebe?" Sie sagte: „Doch, Gesandter Gottes." Da sagte er: „Dann liebe du auch Aischa."

Laut Sahih „Al-Buchari" und „Muslim" erzählte Urwa, daß die Menschen nur Aischa reich beschenkten. Die (eifersüchtigen) Frauen Muhammads versammelten sich im Haus der Umm Salama – möge Allah Wohlgefallen an ihr haben – und sagten: „Wir möchten auch, daß die Menschen uns beschenken, wie sie Aischa beschenken. Deshalb sollte der Gesandte Allahs ihnen sagen, sie sollen ihm ihre Geschenke bringen, wo er sich befindet und nicht nur zu Aischa. Umm Salama erzählte dem Propheten dies zweimal, bevor sie eine Antwort erhielt. Beim dritten Mal sagte er zu ihr: „Du Umm Salama. Kränke mich nicht wegen Aischa. Wahrlich, Gabriel besuchte mich bei keiner von euch Frauen, ausgenommen bei Aischa."

Als er im Sterben lag, versammelten sich seine Frauen um sein Bett. Safiyya sagte zu ihm: „Du Prophet Gottes! Ich wünschte, ich hätte deine Schmerzen statt dir." Die Frauen warfen sich bestimmte spöttische Blicke zu. Daraufhin sagte er: „Steht auf und spült alle den Mund." Erstaunt fragten sie ihn, wovon. Er sagte: „Von eurem Spott. Bei Allah ist Safiyya ehrlich, und sie sprach die Wahrheit," (im Koran: 49:11-12 gilt das Spotten und die üble Nachrede als Sünde. Es gleicht dem Essen des Fleisches seines toten Bruders; Anm. d. Üb.).

Frauenverschwörung aus Eifersucht

Aischa und Hafsa waren betrübt, weil der Prophet die schöne, adlige Zainab Bint Dschahsch geheiratet hatte. Sie sprachen mit der alten Frau Sauda Bint Zam'a und einigten sich, wenn er eine von Ihnen besuchte, ihn zu fragen, warum es nach der übelriechenden Pflanze Magafier rieche. Habe er vielleicht von der süßen Frucht jener übelriechenden Pflanze gegessen? Sie wußten, daß er gern bei Zainab Honig trank und wollten nicht, daß er zu ihr ging. Als er Aischa, dann Hafsa und dann Sauda besuchte, sagte ihm jede von ihnen dasselbe. Zu Sauda sagte er: „Es war Zainab, die mir Honig zu trinken gab, sonst nichts." Sauda sagte: „Dann haben die Bienen sicherlich von der süßen Frucht dieser Pflanzen Honig gesammelt." Allerdings bereute sie es später und tadelte die anderen Frauen. Als er Zainab wieder besuchte, lehnte er es ab, Honig zu trinken. Später erfuhr er die Wahrheit.

Die Eifersucht ließ die Frauen solche Scherze treiben. Deshalb ließ Umm Habiba Aischa zu sich holen, als sie im Sterben lag, und bat sie, ihr jene Scherze zu verzeihen. Aischa verzieh ihr und betete für sie. Dasselbe tat Umm Habiba mit Umm Salama – möge Allah an all jenen Frauen Wohlgefallen haben.

Schlußfolgerungen

1. Die meisten Eifersuchtszenen wurden durch die erste Frau bzw. die Jungfrau verursacht. Aischa zählte in der Tat nach dem Tode Khadidschas als die erste Frau. Außerdem war sie Jungfrau. Es scheint, daß die Witwe und die Geschiedene gelassener und zufriedener sind.
2. Wir müssen unterscheiden zwischen der guten und der bösartigen Eifersucht. Die erste ist lobenswert und sorgt für eine lebhafte, gesunde Beziehung. Die zweite ist schädlich und krankhaft. Leider ist die krankhafte, schädliche Eifersucht weit verbreitet.
   Die mangelhafte religiöse Erziehung des Mannes gibt heute der Frau meistens einen Grund, eifersüchtig zu sein. Sie hat sicherlich Angst um ihre Familie, während der Mann sich keine Gedanken darüber macht. Er denkt an die Erfüllung seiner Wünsche, ohne in erster Linie an die Familie zu denken.
3. Die lobenswerte Eifersucht ist eine natürliche Sache. Solche Eifersucht

behandelte der Prophet mit Geduld, aber auch mit sachlicher Kritik. Zwischen den „Müttern der Gläubigen" (Frauen des Propheten) erreichte diese Art der Eifersucht nie die Stufe des Hasses und der Absicht, die Gegner zu vernichten. Dies zeigt die Gerechtigkeit Muhammads in der Behandlung seiner Frauen, damit wir ihm folgen.

Seine Gerechtigkeit

Laut Al-Bukhari überlieferte Anas Ibn Malik, daß der Prophet seine elf Frauen regelmäßig besuchte.

Er teilte alles gerecht mit ihnen und unter ihnen.

Er verbrachte bei jeder Frau eine Nacht, jedoch galt sein Herz nur Aischa. Er entschuldigte sich dafür bei Gott, indem er sagte: „Mein Gott! Alles kann ich teilen, jedoch mein Herz nicht. Vergib mir!"

Das Abendessen nahmen alle Frauen mit ihm immer im Zimmer der Frau, bei der er die Nacht verbringen sollte.

Durch Auslosen bestimmte er, welche Frau er bei jedem Kriegszug mitnahm.

Als er seine Frauen 29 Tage lang verließ und dann jede von ihnen zwischen dem Leben mit ihm unter den harten Umständen seines Lebens und der Scheidung wählen ließ, zogen es alle Frauen, vor bei ihm zu bleiben, außer Amra Al-Kilabiyya, welche die Trennung wollte. Diese Freiheit, die Frauen wählen zu lassen, zeigt seine Gerechtigkeit und ist ein Beweis, daß jene Frauen glücklich mit ihm gewesen waren.

Die lästigen Gäste

Die unerwünschten, unangemeldeten Gäste überfallen viele von uns. Die Gastfreundschaft wird mißbraucht. Wie verhalten wir uns?

In dieser Sache hilft die Geschichte der drei lästigen Gäste, welche bis spät in die Nacht beim Propheten blieben, ohne zu merken, daß sie den Propheten und seine Braut Zainab Bint Dschahsch belästigten. Zwei dieser Männer vertieften sich ins Gespräch, während die Frau mit dem Rücken zur Wand saß. Der Prophet ließ seinen Dienter Anas mit ihnen sitzen und ging zu seinen Frauen, um gute Nacht zu wünschen. Endlich gingen die Gäste nach Hause. Solche Gäste müssen belehrt werden, deshalb sprach Gott: „Oh, die ihr glaubt! Betretet nicht die Häuser des Propheten, ohne daß man euch zum Essen einlädt, ohne auf die Zubereitung zu warten. Lud man euch ein, dann speist und geht, ohne zu bleiben, um euch zu unterhalten. Dies fügte dem Propheten Leid zu, aber er geriet in Ver-

legenheit, jedoch Allah scheut nicht die Wahrheit. Und wenn ihr sie (seine Frauen) um etwas bittet, dann bittet sie hinter einem Vorhang"; 33:53.
Ich könnte meinen, daß dieser ehrenwürdige Vers u. a. meint, daß sich die Gäste verabschieden sollten, nachdem der Gastgeber ihnen etwas zum Trinken bzw. zum Essen angeboten hat.

Das Anbieten des Getränkes bzw. der Speise ist also ein Zeichen, daß die Gäste danach gehen sollten, deshalb sollte der Gastgeber dies am Ende des Besuches tun. Es ist – meiner Meinung nach – ein Zeichen, daß ein Besuch langsam zu Ende geht. Ich meine sogar, daß die Beendigung des Besuches auf diese Art und Weise netter ist als die alte, gewohnte Methode, nach welcher der König oder Präsident aufsteht, als Zeichen zur Beendigung des Besuches.

Ein Dummkopf als Herrscher

Gemeint ist eine Persönlichkeit namens Uyayna Al-Fazari, Oberhaupt eines großen Stammes. Er betrat die Wohnung des Propheten, ohne anzuklopfen, während Aischa beim Propheten war. Der Prophet fragte ihn: „Woher hast du das Recht, herein zu kommen, ohne anzuklopfen?" Er antwortete: „Oh Gesandter Allahs! Seitdem ich erwachsen geworden bin, bat ich nie einen Mann der Mudar um Erlaubnis, damit ich hereinkomme." Dann sagte er weiter: „Wer ist diese kleine Blonde, die neben dir sitzt?" Der Gesandte sagte: „Dies ist Aischa, die Mutter der Gläubigen." Da sagte er: „Laß mich dir sagen, welche Schöpfung die Schönste ist!" Daraufhin sagte Muhammad: „Mein Uyayna! Allah verbietet es." Als der Mann hinaus ging, fragte Aischa: „Wer ist dieser?" Er sagte: „Dies ist ein Dummkopf, dem Leute gehorchen, und trotz allem, was du siehst, ist er das Oberhaupt seines Volkes."

Gerücht

Was macht man, wenn die Mitmenschen über die Angehörigen der Familie schändliche Sachen verbreiten? Soll man der Sache kühl nachgehen, oder soll man sich verrückt machen lassen?

Hier hilft uns das Verhalten des Propheten, als ein Gerücht behauptete, seine Frau Maria – möge Allah Wohlgefallen an ihr haben – habe intime Beziehungen zu einem mit ihr aus Ägypten kommenden Mann, welcher sie mit Wasser, Holz und anderem versorgte.

Als Muhammad davon erfahren hatte, beschäftigte er sich damit, vor allem weil dies nach der großen Lüge geschah (bezüglich seiner Frau Aischa und Missrah). Der Prophet beauftragte Ali, sich zu erkundigen. Als Ali zu dem koptischen Mann ging, bestieg dieser gerade eine Palme. Als er den verärgerten Ali mit seinem Schwert in der Hand, bereit zum Schlagen, sah, fiel seine Hose runter. Ali – möge Allah Wohlgefallen an ihm haben – sah, daß der Mann ein Eunuch war. Er benachrichtigte den Propheten, ohne dem Mann etwas angetan zu haben. Danach sprach Gabriel zum Propheten mit der Bezeichung: „Du Vater Ibrahims." Da wußte er, daß ihm ein Sohn namens Ibrahim zur Welt kommen würde. Ein anderes Ereignis aber veranlaßte den Propheten, die Frauen nicht mehr mit solchen Eunuchen allein zu lassen. Dies geschah, als er einen dieser Sorte bei seinen Frauen über eine bestimmte Frau sprechen hörte: „Wenn sie einem entgegenkommt, sieht man vier Rundungen, aber wenn sie geht, sieht man von hinten ihre acht Rundungen." Daraufhin sagte der Prophet: „Ich merke, daß dieser sich hier auskennt. Ab heute ist es ihm verboten, zu euch zu kommen."

Versorgung im Leben der Familie

Eines Tages fragte Urwa Aischa: „Oh Tante! Wie war eure Nahrung?" Sie sagte: „Oh mein Neffe! Wir Frauen des Propheten waren gewohnt, zwei Monate lang ohne Kochen zu leben, da es im Hause des Propheten nichts zu Essen gab außer Datteln und Wasser zum Trinken, jedoch einige Nachbarn von der Ansar (Anhänger desPropheten in Madina am Anfang seiner Sendung) hatten Kamele, deren Milch sie den Mitmenschen umsonst gaben. Sie pflegten, uns mit der Milch zu versorgen. Wir, Mütter der Gläubigen, haben dies geduldig ertragen."

Was macht der Mann dann, wenn die Frau immermehr Geld für den Haushalt verlangt?

Nicht die Reichtümer der Welt könnten eine unzufriedene Seele glücklich machen. So eine Frau kann zugrunde gehen, es sei denn, sie bemüht sich ernsthaft, an Gott und an das Jenseits zu glauben. Dies gilt aber auch für den Mann, sonst kann er seiner Familie kein glückliches Leben bereiten.

Hier denke ich an die Weisheit des Ibn Al-Qayyim, als er über das Herz des Menschen sagte: „In jedem Herzen ist eine Zerstreutheit, die nur durch die Vertiefung im Beten zu Gott wieder in Ordnung zu bringen ist. In ihm ist eine Einsamkeit, welche nur durch seine Gesellichkeit zu beseitigen ist. In ihm ist eine Betrübnis, welche nur durch die Freude, ihn zu kennen, und die Aufrichtigkeit zu ihm zu zerstreuen ist. In ihm ist eine Unruhe, welche nur das Vertrauen auf ihn und die Zuflucht zu ihm zu besänftigen ist. In ihm sind verschiedene Arten des Feuers, der Schmerzen und der Leiden, welche nur das Akzeptieren von Gottes Geboten und Verboten, des Schicksals und der grenzenlosen Geduld, bis man zu ihm geht, zu löschen sind. In ihm herrscht heftiges Verlangen, welches nie aufhört, es sei denn, Gott allein ist das Verlangte. In ihm herrscht eine ewige Armut, welche nur durch die Liebe zu Ihm, das Vertrauen auf Ihn, an Ihn immer zu denken und den aufrichtigen Gehorsam gegenüber ihm zu beseitigen ist. Würde ein

Mensch die Reichtümer der Welt und die absolute Macht der Welt haben, dann reichte dies nie, um ihn von dieser Armut zu befreien. Diese isoliert den Menschen und läßt ihn endlos grausam leiden."

Laut Al-Buchari, Muslim, Tabaqat Ibn Sa'ad und Ibn Hischam kehrte der Prophet (nach seinem siegreichen Feldzug gegen Bani Al-Mustalaq) nach Madina zurück. Als die Kamele ankamen, war Aischa nicht in ihrer Sänfte. Die Muslime machten sich Sorgen um sie. Während dessen kam sie auf dem Kamel des Safwan Ibn Al-Mu'attil Al-Sulami, der zu Fuß lief und das Kamel führte. Als die versammelten Juden Aischa und Safwan sahen, sagte ihr Oberhaupt Abdullah Ibn Abi Salul: „Bei Gott! Sie hat sicherlich etwas Intimes mit ihm erlebt und er mit ihr auch."

Dieses Gerücht fand Ohren, vor allem bei dem berühmten Dichter Hassan Ibn Thabit Misstah Ibn Uthaatha (ein Verwandter und Pflegesohn des Abu Bakr, Vater der Aischa) und sogar bei einer Kusine des Propheten, Hamna Bint Dschahsch (Schwester seiner Frau Zainab Bint Dschahsch).

Aischa war unschuldig, denn in der Nacht des vorigen Tages, als die Krieger einen Halt machten, mußte Aischa sich wegen eines menschlichen Bedürfnisses vom Halteplatz der Krieger entfernen. Dort verlor sie, ohne es zu merken, ihre teure Kette. Als sie zu ihrem Kamel zurückkam, bemerkte sie den Verlust der Kette und ging zurück, um sie zu suchen. Sie sammelte die verstreuten Perlen ein und ging zurück zum Halteplatz, aber die Karawane war nicht mehr zu sehen. Sie zog ihr Gewand um ihren Körper und hockte sich nieder in der Hoffnung, daß sie vermißt und gesucht würde. Während dessen kam Safwan zufällig vorbei (vorher hatte er nicht mit den anderen Männern übernachtet). Als er sie sah und erkannte, rief er laut: „Gewiß! Allahs sind wir, und zu Ihm kehren wir heim." Aischa sprach kein Wort zu ihm. Er ließ sie das Kamel reiten und eilte vor ihr her. Aischa ging es gesundheitlich nicht gut. Sie ging zu Bett, und keiner sprach mit ihr über das Gerücht. Sie erzählte dem Propheten alles, was geschehen war, und er glaubte ihr.

Die große Lüge des Juden Abdullah Ibn Abi Salul erreichte den Propheten durch Misstah. Der Prophet war betrübt und besuchte Aischa selber. Sie bat ihn, sie zu ihrer Mutter gehen zu lassen, damit sie sich um Aischa kümmere. Der Prophet erlaubte ihr dies. Sie blieb zwanzig Tage bei ihren Eltern, während derer er sie öfter besuchte. Er fragte nur, wie es ihr gehe.

In der Moschee aber sprach er zu den Anwesenden von seiner Kanzel:

„Ihr Leute! Weshalb sprechen manche Männer zu Unrecht schlecht von meinem Haus (d.h. von meiner Frau Aischa) und tun mir damit weh. Bei Gott! Ich bin sicher, daß meine Familie sauber, gut und fromm ist. Sie verdächtigen auch einen frommen guten Mann. Ich bin von seiner Unschuld überzeugt. Er besuchte keine meiner Frauen (wörtlich: keines meiner Häuser), außer mit mir zusammen."

Die Anwesenden schwiegen. Als er merkte, daß die Gerüchte nicht aufhörten, sagte er: „Solche Lügner sollten sich wegen der unschuldigen Aischa vor Gott fürchten. Bei Gott! Gabriel besuchte mich bei keiner, außer bei ihr."

In dieser harten Zeit bekam Muhammad keine Offenbarung durch Gabriel. Die Situation war unerträglich. Dann beschloß er, Aischa auszufragen (Dies ist auch Gottes Entscheidung, damit wir Menschen uns vergewissern und die betroffenen Personen direkt fragen, bevor wir urteilen; Anm. d. Üb.).

Erst während Aischa sich bei ihren Eltern gesund pflegen ließ, erfuhr sie eines Tages durch einen Zufall von der Sache. Sie war mit der Mutter von Misstah auf einem kleinen Spaziergang, als die Mutter stolperte. Wütend rief die Mutter: „Zugrunde sollte Misstah gehen!" Daraufhin sagte die ahnungslose Aischa zu ihr: „Welch ein böses Wort sagst du über einen frommen Kämpfer, welcher tapfer in der Schlacht von Badr teilgenommen hat." Die Mutter erwiderte: „Du verteidigst ihn noch? Weißt du nicht, Tochter des Abu Bakr, was er über dich erzählt?" Aischa sagte: „Was ist denn los?" Hier erzählte Umm Misstah ihr von der großen Lüge. Aischa wurde es sehr übel und sie kehrte weinend nach Hause zurück. Sie tadelte ihre Mutter, weil sie ihr nichts erzählt hatte. Die Mutter sagte zu ihr: „Aber Töchterchen! Nimm's nicht schwer und reg' dich nicht auf. Denn bei Allah, über jede verheiratete schöne Frau wird etwas Erfundenes gesagt (aus Neid oder Eifersucht oder Haß), wenn ihr Mann sie sehr liebt und neben ihr andere Frauen hat." Als Muhammad sie wie gewohnt, besuchte, traf er sie weinend an.

Er saß ihr gegenüber und sagte zu ihr: „Nun Aischa! Du hast gehört, was die Leute behaupten. Wenn du tatsächlich solch einen Fehler gemacht hast, dann bete zu Gott, daß Er dir verzeiht, denn Er ist der Allverzeihende Seinen reumütigen Dienern gegenüber."

Es herrschte ein drückendes Schweigen, bevor Aischa ihren Eltern sagte: „Wollt ihr nicht antworten?" Die Eltern sagten: „Bei Allah wissen wir nicht, was wir sagen sollen." Die weinende, betroffene Aischa erwiderte: „Bei Allah, ich bitte Ihn nicht um Verzeihung, denn ich habe nichts verbrochen. Ich weiß, daß ich vollkommen unschuldig bin. Wenn ich den Leuten den Gefallen tue und mich für schuldig erkläre, dann habe ich mich und Gott belogen. Wenn ich aber euch sage, die Leute lügen, glaubt man mir nicht. Es bleibt mir wahrlich nur zu wiederholen, was Jakob (zu den Brüdern Josefs, die ihn angelogen haben) geduldig sagte: „So hilft nur die schöne Geduld, jedoch Allah bitte ich um Hilfe wider das, was ihr erzählt;" 12:18.

Die islamischen Geschichtsschreiber betonen, daß kurz vor der siegreichen

Rückkehr des islamischen Feldzuges nach Madina sich Muslime von Mekka und Madina wegen des Trinkens von einem Brunnen stritten. Der Prophet ärgerte sich und sagte zu ihnen: „Handelt ihr wie die Ungläubigen vor dem Islam?" Er befahl, sofort aufzubrechen, ohne Wasser zu trinken. Das Heer mußte ununterbrochen 24 Stunden ziehen, ehe der Prophet erlaubte, einen Halt zu machen. Alle Muslime, die längst die Ursache des Streites durch die Müdigkeit und den Durst vergessen hatten, fielen in tiefen Schlaf. Aischa – wie wir vorher schon erzählt hatten, ging weit weg, um ihr Bedürfnis zu verrichten. Sie verlor ihre Kette, ohne es zu merken. Erst als sie zurückkam, entdeckte sie den Verlust. Sie ging noch einmal hin, wo sie gewesen war, um die teure Kette zu suchen. Als sie später mit der Kette zurückkam, war die Karawane schon fort.

Sie blieb sitzen und hoffte, daß man ihre Abwesenheit entdecken würde. Es war die Gewohnheit des Propheten, bei jedem Feldzug einen Mann namens Safwan zu schicken, damit er nachschaut, ob irgend ein Gegenstand vergessen wurde. Als dieser Safwan überraschend Aischa sitzen sah, wandte er seinen Blick aus Respekt von ihr und sagte: „Die Frau des Gesandten Allahs. Warum bist du nicht mit hingegangen? Und warum bist du nicht in deiner Sänfte?" Sie antwortete nicht. Er zog sich zurück, bis sie das Kamel ritt, dann führte er das Kamel zu Fuß nach Madina. Wie sich das Oberhaupt der Juden Ibn Abi Salul verhielt, weiß der Leser schon. Aischa war unschuldig. Allah offenbarte Muhammad durch Gabriel jene Koranverse, welche ihre Unschuld betonen sowie die Bestrafung der Lügner festlegen. So sprach Gott: „Gewiß sind diejenigen, welche die große Lüge vorbrachten, eine Bande unter euch. Denkt nicht, dies sei ein Übel für euch. Sicherlich ist dies euch zum Guten. Jeder von ihnen (der Lügner) wird für seine Sünde bestraft. Derjenige aber, der den Hauptteil daran hatte, wird eine schwere Strafe erleiden," (Sura 24:11).

Danach wurden die Verleumder ausgefragt und bestraft.

Und wie soll sich der Muslim heute verhalten, wenn über seine unschuldige Frau solche Gemeinheiten verbreitet werden? Wie soll sich eine unschuldige Frau heute verteidigen? Gabriel bringt keinem – nach dem Tode Muhammads – eine Offenbarung Gottes. Hier schreibt uns der Koran vor, wie wir urteilen sollen.

(Eine Anschuldigung ohne vier glaubhafte Zeugen ist endgültig. Erweist sich diese Anschuldigung als falsch, dann geißelt man den Verleumder mit achtzig Hieben; siehe Sura 24:4–9).

Dies sind Lehren, die wir aus dem Leben des Propheten mit seinen Frauen ziehen können. Diese Lehren waren nicht nur während seines Lebens, sondern auch nach seinem Tode zu ziehen; z. B. durch das Leben und Verhalten seiner Frauen bzw. seiner Witwen.

Der Tod der Frauen des Gesandten Gottes

Als der Prophet vor dem Tode krank darnieder lag, fragte er seine Frauen jeden Tag: „Bei welcher von euch bin ich heute?" Sie verstanden, daß er sich nach dem Tag bei Aischa sehnte, deshalb verzichtete jede freiwillig auf ihren Tag und gönnte ihm, sich bei Aischa auszuruhen. Er sagte zu ihnen: „Zu mir kommt als Erste diejenige von euch mit der längsten Hand." Die unschuldigen Frauen streckten ihre Hände aus, um zu sehen, welche von ihnen die längsten habe.

Am 8. Juni 632 starb der Prophet. Zehn Jahre später starb seine Witwe Zainab Bint Dschahsch (7. Frau) als Erste seiner Frauen nach ihm.

Da wußten die anderen, daß sie die Frau mit der längsten Hand war, denn sie gab den Armen immer, was sie verdiente. Es wird überliefert (laut Al-Isaba des Ibn Hasschar u.a.), daß der 2. Kalif Umar ihr ihren Anteil an Unterhalt von der Staatskasse, 12.000 Drachmen, schickte. Sie verteilte das ganze Geld unter den Armen und den Verwandten. Als Umar dies erfuhr, schickte er ihr noch eintausend, mit der Bitte, den Betrag für sich zu behalten; aber vergeblich. Sie gab diesen Betrag auch als Almosen aus.

Im Sterben sagte sie – wie der Leser schon weiß: „Ich habe mein Totentuch selbst gewebt, obwohl ich weiß, daß der Beherrscher der Gläubigen Umar mir extra ein Tuch schicken wird. Dann bitte gebt eines der beiden Tücher einer armen Person. Wenn es euch möglich ist, mein Kleid zu verschenken, dann tut dies auch."

Nach ihrem Tod beweinte Aischa sie, denn sie war lobenswert, fromm und Zuflucht der Waisen und der Witwen gewesen.

Maria – möge Allah Wohlgefallen an ihr haben

Nach dem Tode Ibrahims lebte sie allein. Sie traf sich kaum mit einem Menschen, außer ihrer Schwester Sirin, und besuchte niemanden, außer das Grab des Propheten in der Moschee oder ihres Kindes in Al-Baqi°.

Fünf Jahre nach dem Tod des Propheten, im Jahre 16 nach isl. Zeitrechnung (entspricht 637), starb Maria vor allen Frauen des Propheten. Sie wurde neben ihrem Sohn begraben. Der bekannte Gefährte Muhammads Ubada Ibn As-Samit ließ eine Moschee in ihrem Dorf in Oberägypten auf der Stelle ihres Hauses bauen. Noch dazu forderte Al-Hassan Ibn Ali – Enkel des Propheten – den Kalif Mu'awiya auf, kein Tribut von den Kopten des Dorfes Marias (Gafna) mehr zu nehmen, um Maria zu ehren.

Zainab Bint Khuzaima – möge Allah Wohlgefallen an ihr haben

Sie starb im Jahre 625. Sie war nur zwei oder drei Monate mit dem Propheten verheiratet. Sie war seine 5. Frau und die zweite nach Khadidscha, die in seinem Leben starb.

Umm Habiba Ramla – möge Allah Wohlgefallen an ihr haben

Sie starb im Jahre 44 nach isl. Zeitrechnung, 666 abendländischer Zeitrechnung. Bevor sie starb, ließ sie Aischa zu sich kommen und bat sie, die üblichen, früheren Streitereien zu verzeihen. Aischa verzieh ihr jene Sachen, dann sagte sie zu ihr: „Damit hast du mich glücklich gemacht, möge Allah dich dafür belohnen." Dasselbe tat sie auch mit Umm Salama (siehe Al-Isaba u.a.).

Sie überlieferte uns 65 Hadithe. Unter ihren Überlieferern waren ihre Tochter Habiba, der Sohn ihres Bruders Abdullah Ibn 'Utba Abi Sufyan, der Sohn ihrer Schwester Abu Sufyan Ibn Sa'ied Ibn Al-Mughiera, Urwa Ibn Hischam Ibn Al-Mughiera, Abu Salih As-Samman und Zainab Bint Abi Salama (Al-Isaba 8/85).

Hafsa Bint Omar – möge Allah Wohlgefallen an ihr haben

Sie war 28 Jahre alt, als der Prophet starb. Im Jahre 45 nach isl. Zeitrechnung, (entspricht 667) oder zwei Jahre später zur Zeit Mu'awiyas starb sie und wurde mit den anderen Frauen des Propheten in Al-Baqiᶜ begraben. Sie pflegte den Armen das meiste ihres Unterhaltes zu geben. Sie überlieferte uns viele Hadithe. Die größte ihrer Taten war die Aufbewahrung des Koran-Originales. Zur Zeit des Kalifen Usman – möge Allah Wohlgefallen an ihm haben – wurden Kopien von diesem Original angefertigt.

Safiyya – möge Allah Wohlgefallen an ihr haben

Diese aufrichtige, ehemalige Jüdin unterstützte den Kalifen Usman und versorgte ihn mit Lebensmitteln, als er von den Abtrünnigen belagert wurde.

Man erzählt, daß eine Sklavin von ihr dem Kalifen Umar sagte: „Safiyya hält den Sabbat und besucht die Juden." Sie meinte damit, daß sie eine scheinbare Muslimin war. Der Kalif fragte Safiyya, ob dies stimme. Sie erwiderte: „Ich halte den Sabbat nicht, seitdem mir Gott den Freitag gab. Die Juden besuche ich doch, denn unter ihnen leben meine Verwandten." Dann fragte sie die Sklavin: „Warum hast du gelogen?"

Die Sklavin sagte: „Der Satan verleitete mich." Safiyya sagte: „Dann geh! Du bist frei." Sie starb im Jahre 50 islamischer Zeitrechnung (entspricht 672).

Sie überlieferte uns einige Hadithe durch ihren Neffen, ihre Diener Kinana und Yazied Ibn Mut'ab, Al-Imam Zain Al-Abidin, Sohn des Hussein (Enkel des Propheten) und durch Muslim Ibn Safwan.

Sauda Bint Zam'a – möge Allah Wohlgefallen an ihr haben

Sie starb im Jahre 55 als hochbetagte Frau. Sie verließ nach dem Tode des Propheten nie ihr Haus, bis sie starb. Sie pflegte zu sagen: „Bei Allah, kein Verlangen bewegt mich, nach dem Tode des Propheten das Haus zu verlassen." Die Gelehrten pflegten sie zu besuchen, um von ihr über den Propheten zu hören.

Dschuwairiya Bint Al-Harith – möge Allah Wohlgefallen an ihr haben

Ihretwegen ließ der Prophet 100 jüdische gefangene Familienangehörige frei. Sie trat zum Islam über und wurde eine gute, fromme Muslimin. Sie verließ nachdem Tode des Propheten das Haus nicht und starb im Jahre 56 (= 678) im Alter von 70 Jahren. Marwan Ibn Al-Hakam, der Befehlshaber von Madina, verrichtete das Totengebet für ihre Seele.

Aischa – möge Allah Wohlgefallen an ihr haben

Als der Prophet starb, war sie erst 18 Jahre alt. Dies allein ist ein Trost für jede Frau, die jung Witwe wird oder die nicht heiraten kann. Es ist bekannt, daß sie uns über zweitausend Hadithe überlieferte. Sie nahm am wissenschaftlichen und politischen Leben teil, auch nach dem Tode des Propheten. Sie wurde mit den anderen Frauen des Propheten im Alter von 66 Jahren in Al-Baqi^c im Jahre 57 (679) begraben. Abu Huraira verrichtete das Totengebet für ihre Seele.

Umm Salama – möge Allah Wohlgefallen an ihr haben

Sie starb als letzte der Frauen des Propheten nach der Ermordung des Hussein, des Enkel des Propheten. Abu Huraira verrichtete das Totengebet für ihre Seele, und sie wurde mit den anderen Frauen in Al-Baqi^c begraben. Sie war nicht nur in der Überlieferung der Hadithe tätig, sondern auch im öffentlichen Leben vor und nach dem Tode des Propheten; jedoch waren ihre Aktivitäten nach dem Tode des Propheten viel geringer als vorher. Sie kritisierte ohne Angst den mächtigen zweiten Kalif Umar (siehe Al-Lu'lu'wal Mardschan 2/830 und Bint As-Sati Seite 326).

Noch heftiger war ihre Kritik gegenüber dem 3. Kalifen Usman. Man erzählte, sie habe ihm gesagt, als er herrschte: „Du Söhnchen! Warum sind die Menschen nicht für dich? Warum sind sie von dir weg? Verlasse nicht die Wege, die der Gesandte Allahs mochte. Und suche nicht Unterstützung, wo er nicht wollte. Und handle genau wie deine vorangegangenen Gefährten (d. h. der erste Kalif Abu Bakr und der zweite Kalif Umar), welche gerecht waren und alles unter Kontrolle hatten. Ich habe, als Mutter, meine Pflicht getan. Du, als Sohn, hast zu gehorchen". Daraufhin sagte Usman: „Wahrlich, als dann; du hast gesprochen und ich habe verstanden und du hast geraten und ich sehe dies ein."

Sie unterstützte Ali gegen Mu^cawiya und kritisierte Mu^cawiya und Aischa öffentlich. Als sie erfuhr, daß Aischa Mu^cawiya unterstützte, schrieb sie an Aischa: „Von Umm Salama an die Mutter der Gläubigen, Aischa: Gepriesen sei Allah, der Einzige. Als dann; du hast den Propheten verraten und seinen Anweisungen nicht gefolgt. Auch dem Quran hast du mit deinem Verhalten nicht gehorcht. Beherrsche dich und nimm dich zusammen. Hätte der Prophet gewollt, daß die Frauen solche Kämpfe ertragen können, hätte er dich damit beauftragt. Hast du vergessen, daß er dir die Übertreibung in der Sache der Religion verbot? Die Säule der Religion kann nicht durch die Frauen wieder gerade stehen, wenn diese Säule fällt. Die Risse der Religion können auch durch die Frauen nicht geflickt werden. Der dschihad (Kampf) der Frau beschränkt sich besser auf die Keuschheit, die Ehrlichkeit und das ordentliche Aussehen. Was hättest du Muhammad gesagt, wenn er dir begegnen würde? Warum nahmst du an diesem Kampf teil?

Gott, erbarme sich dieser islamischen Nation. Wenn ich zum Krieg gegangen wäre wie du, dann würde mir gesagt: „Geh jetzt ins Paradies!" Dann hätte ich mich geschämt, den Propheten zu sehen, nachdem ich seine Anweisung verletzte."

Zu Mu'awiya schickte sie einen Boten, als sie erfuhr, daß er den Predigern befahl, Ali zu verfluchen, um ihm zu sagen: „Von eurer Kanzel verflucht ihr nicht Ali, sondern Allah und Seinen Gesandten, denn ich bezeuge, daß Allah und Sein Gesandter Ali lieben."

Sie unterstützte Ali öffentlich und ließ ihren Sohn an der Seite Alis kämpfen. Es wurde überliefert, daß sie ihren Sohn zu Ali nahm und sagte: „Beherrscher der Gläubigen! Ich möchte nicht, daß ich Allah deinetwegen nicht gehorche und an deiner Seite kämpfe. Dies kazeptierst du sicherlich auch nicht. Aber hier hast du meinen Sohn Umar, welchen ich mehr als mich selbst liebe, als Kämpfer an deiner Seite."

Maimuna Bint Al-Harith – möge Allah Wohlgefallen an ihr haben

Im Alter von achtzig Jahren starb jene fromme, aufrichtige und letzte Frau des Propheten. Die Historiker sind sich jedoch nicht einig, wann sie starb (zwischen den Jahren 51 und 61 nach islam. Zeitrechnung). Sie wurde nicht mit den anderen Frauen begraben, sondern nach ihrem Wunsch in Saraf, wo der Gesandte Allahs sie zur Frau nahm.

Sie überlieferte uns 46 Hadithe und ließ uns lernen, den Wunsch der Verstorbenen zu respektieren. Gewiß umfaßten die Ehen des Propheten die verschiedenen Seiten der Beziehung zwischen Mann und Frau. Der Prophet war wie die Sonne, die von Sternen umgeben ist. Er war weder Frauenheld, noch heiratete er nach Lust und Laune, wie die Gegner ihn darstellen. Er heiratete 15 Frauen. Mit dreizehn von ihnen vollzog er die Ehe. Nur elf Frauen von ihnen lebten mit ihm. Als er starb, hatte er neun Ehefrauen bei sich gehabt. Darüber sagte er:

„Nicht von mir aus habe ich eine Frau geheiratet oder eine Tochter von mir (mit jemandem) verheiratet, ohne die Offenbarung von Gabriel; Friede Gottes sei über ihm."

Im Qur'ān steht:

„Wahrlich, ihr habt an dem Gesandten Allahs ein schönes Vorbild, für jeden, der auf Allah und den letzten (Jüngsten) Tag hofft und Allahs häufig gedenkt," Sura 33, Vers 21.

TEIL V:
ANHANG

Dieser Anhang ist in der Tat die Antwort des Herrn ᶜAbdul-Haliem Khafagy auf eine Studie der Journalistin Fawziyya Ad-Duraiᶜ, welche mit dem Titel „At-Tuffah = Der Apfel" in der kuwaitischen Zeitschrift (Usrati), Nummer 35–37 erschien. Dieser Anhang ist jene Antwort, welche in fünf Folgen in der erwähnten Zeitschrift erschien.

Polygamie

Die Muslime importieren aus dem Westen „Ersatzteile" für ihre gesellschaftlichen Probleme.

Bevor man Themen wie Polygamie behandelt, sollte man – um sachlich zu sein – sich wissenschaftlich gut informieren und sich der Geschichte und Statistik der Ehen in verschiedenen Gesellschaften und zu verschiedenen Zeiten bedienen.

Urteile, Schlußfolgerungen und Entscheidungen kann man erst nach solchen Studien und Vergleichen treffen.

Damit meine ich die bewundernswerte, ehrliche, fleißige und offene Journalistin, welche ihren oben erwähnten Artikel über die Probleme der zweiten Ehe schrieb.

Erstens: Was haben die Probleme der zweiten Ehe mit dem Islam zu tun. Es ist nicht richtig von der Journalistin, die heutigen Probleme als Probleme der islamischen Gesellschaft zu bezeichnen. Richtig wäre die Bezeichnung: Die Probleme der heutigen Gesellschaft. Gewiß sind viele Probleme heute vorhanden: z. B.: Probleme des Heiratens, des Brautgeldes, der Scheidung, des Unterhaltsgeldes, der Arbeit, der Zinsen der Wucherer, der Löhne, der Versicherungssysteme, der Regierungsformen, der Verwaltung des Gerichts, usw.

Dies sind Probleme des muslimischen Menschen in nichtmuslimischen Gesellschaften. Der Muslim heute ist ein Gefangener und ein Fremder in einer Welt, die dem Islam widerspricht. Der Islam behandelt jene erwähnten Probleme auf andere Art und Weise. Auf seinem islamischen Boden können solche Probleme nicht wachsen und gedeihen. Daher ist die Bezeichnung „Heutige Gesellschaft" treffend für die Gesellschaft heute. Dies gilt für alle Gesellschaften, sei die Mehrheit Muslime oder Anhänger anderer Glaubensrichtungen und Religionen oder Laien.

Zweitens: Viele Muslime finden keine vernünftige Lösung für ihre Probleme in der heutigen Gesellschaft in den islamischen Ländern, daher wandern sie in andere Länder aus, z. B. nach Deutschland, wo ca. 2 Millionen Muslime leben, nach England, wo ca. 3 Millionen Muslime leben, nach Frankreich, wo ca. 4 Millionen Muslime leben und nach anderen europäischen Ländern.

Gewiß suchen diese Muslime in diesen europäischen Ländern ein menschliches und vernünftiges Leben, wo sie in Freiheit und Würde ihren Lebensunterhalt bestreiten können (Sie müssen sogar viele Sachen in Kauf nehmen, wenn sie sich für das Leben in der Fremde entscheiden: Anm. d. Übersetzers.).

Die islamischen Länder selbst leiden heute darunter, daß sich viele islamische Kapazitäten für das Leben in der Fremde entscheiden.

Wie kann die Journalistin uns sonst die Abwanderung der Elite unserer Wissenschaftler erklären?

Der sogenannte Brain-Drain, die Abwanderung der Intelligenz, ist, meiner Meinung nach, ein schweigender Protest gegen unsere chaotische Lage auf allen Gebieten. Dieser schweigende Protest ist auf der Suche nach der islamischen Lösung. Er ist ein Kollektivprotest, welcher umfassender und tiefer als der Protest der einzelnen Personen in den islamischen Ländern ist.

Die Protestierenden in der Fremde haben andere Anschauungen, weil sie andere Erfahrungen haben. Sie haben das Glück gehabt, die Probleme und die Lebensweise zu Hause und in der Fremde zu erleben. Sie sind in der Fremde keine Touristen oder Besucher (Sie sind ein Teil des Lebens in der Fremde geworden, mit gewissen Teilen des Lebens im „ehemaligen" Zuhause: Anm. d. Üb.).

Drittens: Es gelang den Aufsehern und Bewahrern des Laizismus in unseren „islamischen" Ländern, die islamischen Gesetze (Schar'ia) zu zerstören bzw. zu zerstückeln. Nun entstand ein Ungeheuer statt der harmonischen, islamischen Gesellschaft. Dieses Ungeheuer versorgen sie ständig mit Ersatzteilen aus der „hochentwickelten" Welt des Westens. Dieses neue Geschöpf hat weder Wurzeln noch Boden in unserer islamischen Kultur.

Kein Wunder, daß man die importierten Gesetze der sogenannten Personenstandsangelegenheiten oder Familiengesetze immer wieder, unter Druck und Anordnung der profitierenden Machthaber, ändert. Diese Gesetze müssen sich den Maßstäben des säkularisierten Welt anpassen.

Diese neue Schöpfung hilft uns nicht. Sie ähnelt einer Ruine, welche man nicht bewohnen kann, oder einem Zweig, welchen man von einem Baum abtrennte. Er wird jeden Tag trockener und wird keine Früchte tragen.

Viertens: Die Bausteine der heutigen Gesellschaft sind die Menschen unserer Zeit. Dies dürfen wir nicht vergessen, bevor wir über die Polygamie sprechen. Das bedeutet, daß der einzelne Mensch unser Stoff für diese Studie ist. Der Mann ist genau wie die Frau: Eine Partei in jeder gesellschaftlichen Beziehung. Aber was und wer ist der Mensch? Ist er ein fester Körper wie ein Gegenstand?

210

Ist er ein Tier? Ist er ein Teufel? Ist er ein Engel? Ist er keines dieser Geschöpfe? Der Mensch kann sich zwischen allen diesen Stufen bewegen. Welche Stufe ist dann maßgebend für die Erlassung der Gesetze, welche seine Beziehungen regeln können? In welcher Lage bzw. Stufe befindet sich der heutige Mensch? Vielleicht können wir uns einigen, daß der heutige Mensch, in der ersten Linie, an die materiellen Vorteile, an die Erhöhung seines Lebensstandards und an die Erfüllung seiner Wünsche denkt.

Das Beten zu Gott, dem Erhabenen, die Reinigung oder die Sühne der Seele und die harte Arbeit für den Jüngsten Tag gelten im allgemeinen als eine Nebensächlichkeit.

Diese Denkweise des heutigen Menschen und seine Ziele unterscheiden sich gewaltig von der Denkweise und den Zielen des heutigen Gläubigen, welchen wir dringend brauchen, um eine echt islamische Gesellschaft zu bilden. Unser Urteil diesbezüglich gilt für die Mehrheit der heutigen Muslime und nicht nur für einzelne Fälle.

Fünftens: Der heutige Mensch leidet an vielen Krankheiten und Schmerzen, welche dem Arzt nicht bekannt sind, oder die erfolglos behandelt werden, weil die Heilmittel nicht wirken. Aber Gott, der Allwissende, der Allweise lehrte uns, daß die Körper der Menschen die Welt der Seelen verstecken. Die Seele ist die Wahrheit des Menschen oder sein Wesen.

Die Menschen, welche nur nach Reichtum und vergänglichen Zielen streben, bleiben an der Grenze des täglichen Lebens oder des Diesseits stehen. An das Jenseits können solche Menschen nicht denken. Der Koran beschreibt sie wie folgt:

„Und wenn du sie siehst, gefallen dir ihre Gestalten, und wenn sie sprechen, hörst du zu, als wären sie angelehnte Holzklötze. Sie glauben, jeder Schrei sei gegen sie gerichtet. Sie sind der wahre Feind, darum nimm dich vor ihnen in acht," 63:4.

Solche stehengebliebenen Menschen leiden an folgenden Krankaheiten, auch wenn sie es nicht wahr haben wollen:

1. Die Tyrannei und die Unterdrückung
   So sprach Gott: „Keineswegs! Der Mensch ist wirklich aufsässig, bloß weil er sich für unabhängig (selbstherrlich) hält," 96:6–7.
   Wohlgemerkt, Allah sagt: „der Mensch", damit wir zwischen dem Gläubigen und dem Mensch ohne Glauben unterscheiden können.

2. Die Ungeduld und die Bestürzung
   So sprach Gott: „Der Mensch ist von Natur ungeduldig (kleinmütig)," 70:19.

3. Die Beklemmung und die Mutlosigkeit
   „Kommt ein Unheil über ihn, ist er mutlos," 70:20.

4. Die Vernachlässigung der Mitmenschen
„Kommt das Gute zu ihm, dann enthält er es den Mitmenschen vor," 70:21.
Nicht zu dieser Sorte des Menschen gehören die Gläubigen, welche ihre
Gebete verrichten, an ihre Mitmenschen denken und Gott immer im Herzen
haben (siehe 70:22-27).

5. Die Unzufriedenheit und die Eitelkeit
Daher sprach Gott: „ Und wenn Wir dem Menschen Vermögen verleihen
(wörtlich: Wohltat erweisen), vergißt er (Uns = Gott) und wird eitel," 17:83.

6. Die Verzweiflung und die Depression
„Trifft ihn aber das Übel, dann verzweifelt er deprimiert," 17/83.

7. Die Verblendung und Selbsttäuschung
„Du Mensch! Was hat dich gegen deinen Gott, den Allerhabenden, ermutigt?"
82:6.

8. Die Ignoranz und die Torheit
„Wir boten das Vertrauenspfand dem Himmel und der Erde und den Bergen,
doch sie weigerten sich, es zu tragen und schreckten davor zurück. Der
Mensch aber nahm es auf sich. Gewiß, er ist sehr ungerecht, unwissend," 33:
72.

9. Die Übereile
„Der Mensch besteht aus Hast," 21:37.
„Der Mensch ist voreilig," 17:11.

10. Die Knauserei, der Geiz
So sprach Gott: „Der Mensch ist von Natur aus geizig," 17:100.

11. Die Schwäche
„Der Mensch ist von Natur aus schwach," 4:28.

12. Die Streitsucht
„Der Mensch ist von allen Geschöpfen am streitsüchtigsten," 18:54.

Diese Krankheiten führen zu der unheilbaren Krankheit, nämlich Blasphemie
bzw. Gottlosigkeit; deshalb sprach Gott – erhaben sei Er: „Verderben auf den
Menschen, welcher sehr undankbar (ungläubig) ist," 80:17.

Diese Krankheiten der Seele führen schnellstens zu den Krankheiten des Körpers und seinen Organen, sowie zu den Krankheiten der Gesellschaft und seinen
Organen.

Die Gesellschaft wird täglich mit diesem Prozeß der Entstellung (bzw. der Verleitung) geschlagen.

Frei von diesen Krankheiten der Seele bleibt jedoch der aufrichtige, gläubige
Mensch. Es handelt sich dann um andere Sorten Menschen, welche Gott im
Koran erwähnte: „Ausgenommen sind diejenien, die glauben und Wohltaten ver-
richten und Allahs häufig gedenken," 26:227.

„. . . ausgenommen sind diejenigen, die immer beten," 70:23.
Es sind die Gläubigen, welche Allah im folgenden Vers erwähnt: „Allah ist der Freund der Gläubigen. Er führt sie aus der Finsternis hinaus ins Licht. Die Ungläubigen aber haben die satanischen Verführer zu Freunden. Die bringen sie aus dem Lichte hinaus in die Finsternis," 2:257.

Sechstens: Diese Gesellschaft besteht im allgemeinen aus schwerkranken Menschen. Wie kann dann zwischen seinen Mitgliedern eine gesunde Beziehung in der Ehe entstehen? Was ist ihre Art? Was sind ihre Früchte? Was ist ihr Ende? Was sind ihre Ziele? Die Journalistin hat nun die Antwort auf diese Fragen in den westlichen, heutigen Gesellschaften, in denen wir leben, zu suchen. Es ist zu erwähnen, daß diese Gesellschaften ein Vorbild für viele unserer großen Schriftsteller und Denker sind. Solche wichtigen Persönlichkeiten schämen sich wegen der islamischen Gesetze und wissen nicht, wie sie sie abschaffen.

Die Ansässigen von uns in den westlichen Gesellschaften wissen folgendes:

1. Am Anfang werden sie durch die Sauberkeit, Ordnung und den technischen Fortschritt begeistert.

2. Danach fangen sie an, in die Sümpfe der Gesellschaft zu tauchen. Sie beginnen, unerhörte Sachen zu sehen und zu hören.

3. Sie stellen fest, daß die „sogenannte Familie", besser gesagt, daß jedes Mitglied der Familie, leidet. Diese Personen erleben das wahre Elend am Leibe.

Siebtens: Aus dem heutigen Menschen bildet sich die heutige Gesellschaft. Diese heutige Gesellschaft ist am meisten und deutlichsten vertreten in Europa und Amerika, aber auch in den Ländern der Muslime, mit ganz unterschiedlichen Graden.

Diese Unterschiede hängen ab von der übriggebliebenen Widerstandskraft im Körper bzw. in der Körperschaft der islamischen Gemeinde. Zwei Hauptmerkmale der heutigen Gesellschaft sind sicherlich die Angst und der Hunger. Sie waren auch Hauptmerkmale der Gesellschaft der Heiden, vor der Zeit des Propheten Muhammad, d. h. Zeit des vorislamischen Heidentums und der Barbarei.

So bezeichnete Gott – erhaben sei Er – die reiche, verdorbene Gesellschaft in Mekka vor dem Islam. Obwohl die Mekkaner Gottes Gnade und Wohltaten genossen, waren sie undankbar. Dienen sollten sie Gott, „der ihnen zu Essen gibt, so daß sie nicht hungern, und Der ihnen Sicherheit gewährt, so daß sie sich nicht zu fürchten brauchen," 106:4.

Diese zwei Übel beherrschen immer wieder das Leben der Menschen. Sie sind auch die wichtigsten zwei Säulen der Verdorbenheit.

Die Verdorbenheit ist aber ein Oberbegriff aller Krankheiten. Sie ist auch hinter der Zerrüttung der Familie bzw. aller gesellschaftlichen Beziehungen. Diese Verdorbenheit hat nichts mit dem Glauben zu tun; jedoch aber mit dem Unglauben. So sprach Gott: „Und wenn er die Macht ausübt, sorgt er dafür, daß alles verdirbt, und er verwüstet die Umwelt und vernichtet den Nachwuchs; aber Allah mag keine Verdorbenheit," 2:205.

„Sagt man ihm: „Fürchte Allah!" dann läßt sein Stolz ihn mehr übertreiben. Ihm kann nur die Hölle dann genügen und dies ist die übelste Ruhestätte," 2:205–206.

„Solche Vernichter und Unruhestifter können nie gläubig sein; sie zerreißen und zerschneiden, was Allah zu verbinden gebot und stiften Unfrieden auf Erden. Gewiß sind sie die echten Verlierer," 2:27.

Diese Verdorbenheit, Korruption und die Zerrüttung der „positiven" Beziehung sind Merkmale der heutigen Gesellschaft.

Dies gilt aber nicht für die aufrichtigen Gläubigen.

„Diejenige die glauben, und ihren Glauben nicht mit Frevel beschmutzen, werden sicherlich Frieden haben, und sie sind rechtgeleitet," 6:82.

Der Journalistin möchte ich aber sagen, daß sie von dem Glück der Frau in unseren Gesellschaften nichts weiß. Wüßte sie von dem Unglück der Frau in den westlichen Gesellschaften, dann wäre sie dankbar gewesen, daß sie nicht im Westen leben muß. Die Frau in unseren Gesellschaften hat es leichter als die Frau im Westen, dank der islamischen Erziehung der Männer, vor allem nach dem neuen Erwachen der islamischen Bewegung heute.

Es ist uns klar, daß der Islam einer gnadenlosen Herausforderung ausgesetzt ist. Es ist uns auch klar, daß die Probleme der islamischen Länder chronisch sind. Die Lösung dieser Probleme bietet aber der Islam, jedoch möchte ich der Journalistin zuerst einige Zahlen der offiziellen Statistiken aufzeigen:

1. Scheidungen z. B. in der BRD in der ersten Hälfte des Jahres 1984 waren dreimal so hoch wie die Zahl der Eheschließungen. Es gehört nicht zur Statistik, daß die Zahl der getrennt lebenden Eheleute viel höher ist als die Zahl der Scheidungen.

2. Vergewaltigungen in der BRD betragen 312 täglich. Dies ist aber die Zahl der polizeilich gemeldeten Fälle. Es ist bekannt, daß nicht alles gemeldet wird.

3. Zweidrittel der Männer in der BRD, welche über 35 Jahre alt sind, leiden an Impotenz. Viele versuchen von ihnen, ihre verlorene Kraft u. a. in Freudenhäusern zu erzwingen.

4. Die verbreiteten sexuellen Beziehungen zwischen den Angehörigen eines Geschlechts (die lesbische Liebe und die Homosexualität), die sich neuerdings politisch betätigen, wie z. B. die Rosa Liste in München.

5. Im Jahre 1982 betrug der Durchschnitt der Kinderzahl pro Familie 1,79, wobei der Durchschnitt im Jahr 1981 1,82 war. Das bedeutet, daß die Geburten zurückgegangen sind.

6. Die EG-Länder produzierten dieses Jahr 168 Milliarden Hektoliter Wein. Dies ist 34 Milliarden Hektoliter mehr als der Gebrauch dieser Länder. Es wird ein Markt gesucht. Hoffentlich spielt die arabische Ritterlichkeit hier die Rolle des Gentlemens, welcher diesen Überschuß nicht importiert.

7. Die höchsten Haushaltsgelder in Bayern gaben die Frauen zwischen 35 und 45 Jahren aus, wegen hohem Alkoholkonsum. Die meisten von ihnen trinken, damit sie von den Männern akzeptiert werden in den Männergesellschaften.

8. Die deutsche Zeitschrift T.V. Nummer 25/83 vom 25.6.1983 behauptet auf Seite 7, daß 10 Millionen Deutsche regelmäßig Medikamente nehmen. Drei Millionen von ihnen können nicht ohne Schlaf- oder Beruhigungsmittel leben.

9. Vor zehn Jahren waren die Arzneimittel für die Behandlung der psychischen Krankheiten an 10. Stelle aller Medikamente. Heute sind sie an der zweiten Stelle, vor allem weil die Anzahl der seelisch kranken Kinder und Jugendlichen ständig wächst.

10. In Hamburg allein beträgt die Zahl der Drogenabhängigen 200.000 zwischen 22 und 24 Jahren.

11. Im Jahre 1981 wurden 44.500.000 Rezepte an psychisch Kranke ausgestellt. Die Menge der gebrauchten Tabletten für Behandlungen jener Kranken zeigt, daß ca. 15–25 % des deutschen Volkes täglich Tabletten nehmen. Davon stellen die Frauen 65 % dar.

12. Die deutsche Zeitschrift T.V. Nummer 25/83 vom 25.6.83, Seite 28 behandelt das Thema Abtreibung. Sie interviewt die Mitglieder der SPD und der CDU Heidi Simons und Roswitha Verholdung. Die Erste sagt, daß viele Frauen die Abtreibung betrachten und betreiben, wie sie ihre Kleidung wechseln. Dies weist auf die Unruhe der psychisch kranken Seele hin. Die betroffenen Frauen brauchen sicherlich dann Behandlung, welche von der Krankenkasse bezahlt wird.

Die Krankenkasse bezahlt auch die Kosten der Behandlung des Lungenkrebses und anderer Krankheiten, welche der Mensch sich selbst einholt oder verschlimmert durch Rauchen, Trinken (Genuß von ärztlich verbotenen Speisen, wie z. B. Schweinefleisch; siehe das Büchlein von Dr. W. Reckeweg: Schweinefleisch und Gesundheit. Anm. d. Üb.).

Die Krankenkasse bezahlt auch die Kosten der Behandlung der Selbstmörder, obwohl die Religionen den Selbstmord verbieten.

Das Mitglied der CDU, Roswitha Verholdung, sagte, daß jährlich etwa 70.000 Abtreibungen stattfinden. Dies kostet der Krankenkasse ca. 200.000.000 DM jährlich. Dazu rechnet man nicht die privaten Abtreibungen der deutschen Frauen sowie die Abtreibungen im Ausland, welche dreimal so hoch wie die Abtreibungen im Inland sind.

Der Staat muß die Krankenkasse deshalb mit jährlich ca. 25.000.000 DM unterstützen.

Nun wollen wir die „neue" Krankheit bzw. Seuche „AIDS" hier kurz erwähnen. Das Geschriebene über diese Krankheit reicht, um eine Bibliothek zu gründen. Wir wollen uns aber mit der deutschen Zeitschrift „Der Spiegel" Nummer 45 vom 5.11.84 auf den Seite 100–120 begnügen, unter dem Titel: AIDS – die Zeitbombe: „AIDS (Acquired Immune Deficiency Syndrom) bedeutet der Mangel der Immunität des Körpers, welcher zum Tode führt, weil AIDS das körpereigene Abwehrsystem zerstört. Es ist bekannt, daß das Blut diese Krankheit überträgt. Das heißt, zur Ansteckung kommt es, wenn HIV in die Blutbahn gelangen. Nachgewiesen wurden sie bereits in Blut, Sperma, Vaginalsekret, Fruchtwasser, Muttermilch und in geringen Mengen auch im Speichel und Tränen."

„Homosexuelle und Drogenabhängige können schnell an AIDS erkranken, denn alle Formen des Sexualverkehrs, bei denen Samenflüssigkeit, Scheidensekret oder Blut durch Haut- oder Schleimhautverletzungen in den Körper eindringen können, gelten als mögliche Infektionswege. Es gelten auch Injektions-Spritzen und Nadeln, die Infizierte und Gesunde gemeinsam benutzen, als Infektionsmöglichkeit," (Infothek gesund, AOK, AIDS 19, Seite 6. Anm. d. Üb.).

Laut Bericht des „Spiegels" sind 35 % der Homosexuellen und 20 % der Drogenabhängigen – Männer und Frauen – in der BRD AIDS-Kranke. Man erwartet in der BRD, daß innerhalb der kommenden fünf Jahre 10.000 Bürger an AIDS sterben werden. Die Zahl der Kranken verdoppelt sich halbjährlich.

Es wird auch berichtet, daß im Jahre 1983 nur 10 % der Homosexuellen AIDS-krank waren. Im Jahre 1984 sind es schon 35 %.

Dr. Hans-Dieter Bohle vermutet, daß die Zahl der Kranken zwischen 100.000 und 200.000 liegen dürfte.

Manche, wie der amerikanische Dr. Robert Galls, behaupten, daß 98 % der AIDS-Kranken noch nicht registriert sind. Die amerikanischen Mediziner schätzen, daß 250.000 AIDS-Kranke in den USA leben.

Wöchentlich werden in den USA 130–150 AIDS-Kranke registriert. In San Francisco – Zentrum der Homosexuellen – sind schon 75 % erkrankt.

Die Zahl der Kranken unter den Drogenabhängigen erreichte 85 %, d. h. 10.000 Amerikaner werden bis Ende 1985 an dieser Krankheit sterben. Diagnosen der Krankheit sind viele vorhanden, jedoch keine Heilmittel. Diese Krankheit ist ein neues Kapitel, welches die irakische Journalistin nicht vergessen darf.

Dazu wissen wir, daß in den heutigen westlichen Gesellschaften Erscheinungen zu registrieren sind wie z. B.:

1. Das weibische Benehmen vieler Männer und das männliche Benehmen vieler Frauen.

2. Der Aberglaube und das Betreiben der schwarzen Kunst der Magie usw.
3. Die hohe Zahl der sogenannten Paradiese oder Altenhäuser oder Siechen-
heime.
4. Die alleinstehenden Mütter mit ehelichen und unehelichen Kindern.
5. Die in ihren Wohnungen vergessenen Alten.
6. Die Tiere, vor allem Hunde, welche meistens die Rolle des Partners spielen
müssen.

Diese und andere Erscheinungen lassen viele junge Leute ernsthaft Angst vor Heirat, vor Kindererzeugen und Erziehung haben.

Die Statistiker in Bayern registrierten, daß 40 % der deutschen Männer unter 25 Jahren, nicht daran denken, ihre sexuellen Beziehungen auf eine einzige Freundin zu beschränken, oder gar an Heirat. 52 % der Mädchen denken, weder ihre Beziehungen auf einen einzigen Mann zu beschränken, noch an die Notwendigkeit der Heirat und der Familie.

Ich bin der Meinung, daß allein die Angst hinter dieser Denkweise der deutschen Männer und Frauen steht

Die Konsequenzen und Erträge dieser Angst sind gefährlich. Neulich lasen wir in einer Zeitung, daß ein Engländer namens Roland H. seiner Tochter Evelyn 20 Schlaftabletten gab. Als sie schlief, trug er sie (6 Jahre alt) in ihrer Schuluniform, wickelte sie in seinen Mantel und warf sie von einer 130 Fuß hohen Brücke in die Themse, so daß sie starb. Der Polizei gestand er sein Verbrechen und erklärte, er habe dies getan, weil sie ein gutes unschuldiges Kind war, welches keine Zukunft in der grausamen Welt der Verbrecher und Vergewaltiger und der Atomwaffen zu suchen hat. Er erklärte, daß er seine Tochter sehr liebe, jedoch in dieser Welt sei kein Platz für Kinder. Ein britisches Gericht verurteilte den Vater zu einer siebenjährigen Haftstrafe.

Sehr geehrte Schwester Fauziyya Ad-Durai'!

Ich frage Sie jetzt: Wollen sie sagen, der Mann in der heutigen Gesellschaft will nur eine Frau heiraten? Wird diese Frau, welche selbst zugibt, mehrere Männer haben zu wollen, mit diesem einen Mann glücklich? Werden die Kinder solcher Menschen ein normales Familienleben genießen können? Die Zahl der unehelichen Kinder in den USA ist doppelt so hoch wie die Zahl der Ehelichen. Dies versichern die offiziellen Angaben des Amtes für Einwohnerstatistik.

Man kann also hier von keiner Gesellschaft der Gläubigen reden. Eher könnte man von Gesellschaften der Irregehenden reden; denn die Gläubigen in solchen (und in unseren) Gesellschaften bilden die Mehrheit.

Es ist meine Pflicht, geehrte Schwester, Ihnen einiges über die heutige Gesellschaft im Westen zusammenzufassen, bevor ich über die Frau in der islamischen Gesellschaft spreche, damit Sie sich vergewissern können, wovon ich rede.

Die Politiker und die Denker im Westen zerbrechen sich die Köpfe, um dieProbleme der heutigen Gesellschaft zu lösen. Sie gehen immer der Sache nach und versuchen, die Hauptgründe der Katastrophen im Leben des einzelnen Menschen und der Familie herauszufinden. Für mich ist ein Hauptgrund dieser Probleme die sogenannte sexuelle Freiheit, welche das heutige Gesetz sicherlich nicht ändern kann und will. Das Tor ist offen für die vorhandene, aber nicht gesetzlich anerkannte zweite, dritte oder vierte Eheschließung:

1. Das Zusammenleben einer Frau mit einem Mann ohne Heirat, aber wie Eheleute, mit oder ohne Kinder, ist die häufigste Form dieser Ehe. Man nennt sie manchmal Verlobung; denn der Mann im Westen kann sich nicht vorstellen, eine Frau zu heiraten, ohne mit ihr vor der Heirat genug Zeit verbracht zu haben. Das bedeutet, das Mädchen wird buchstäblich oft mit mehreren Männern nacheinander sexuelle Beziehungen haben, bevor sie den Richtigen findet. Sie – geehrte Schwester – können ihre Zeitschrift Ussrati, Nr. 34 – 19/1983, lesen, in der ein Bericht über den weltberühmten Künstler Eugene della Croix steht. Unter der Überschrift: „Frauen im Leben des Freiheitsliebhabers" schrieb Yves de Florève über jenen romantischen Künstler, welcher Dutzende von Frauen genoß und die Frau in hunderten Positionen malte: „Es waren Damen aus der Oberschicht, aus dem einfachen Volk, Persönlichkeiten, Angehörige der Bourgeoisie, Prinzessinnen und Herzoginnen, Angeberinnen, Künstlerinnen, Ehefrauen von hohen Beamten, Konservative, Verwöhnte, Frigide, schicke Arbeiterinnen, Leichtsinnige, Huren, Verschleierte, Pariserinnen, Engländerinnen, Russinnen, Polinnen, Orientalinnen, Spanierinnen. Er genoß jede Form, jede Größe, jede Farbe, jeden Geruch, sehr verschonte Jungfrauen, Verbrauchte, Schöne und Häßliche. Hauptsache, daß ein Hauch des Weibes vorhanden war. Dies betrieb er, gleichzeitig und nicht unbedingt der Reihe nach. Es war, als wollte er den Wunsch seines „Freundes" Lord Byron, welcher sagte: „Ich wünschte, alle Frauen verkörpern sich in einem Mund, den ich küsse und meine Ruhe finde", erfüllen.

(Lord Byron (1788–1824) war laut Goethe das größte Talent des Jahrhunderts. Er verherrlichte die Geschwisterliebe und wurde dehalb gesellschaftlich geächtet. Aber auch wegen der geschiedenen Ehe mit Annabella Milbanke, der strengen Puritanerin; Anm. d. Üb.).

Hier müssen wir aber betonen, daß jener „dieser Großen" offiziell nur mit einer Frau verheiratet war.

2. Tanzlokale und Tanzveranstaltungen

Meistens sollte sich der impotente Mann hier Appetit holen, gegessen werden soll aber zu Hause. Meistens ist man sehr gut bedient, so daß man nicht zu Hause essen möchte oder kann. Das sexuelle Verhalten, u. a. der Jugendlichen in der Öffentlichkeit, ist bemerkenswert. Sie küssen und umarmen sich sehr lange, dann gehen sie auseinander, als wären sie zwei Schauspieler, welche ihre Rolle gerade fertig gespielt haben.

Geschlechtsverkehr und Impotenz sind ernsthafte Probleme für viele heutige freie Menschen in der westlichen Gesellschaft.

3. Die Sekretärin: Oft hat sie eine intime Beziehung zu ihrem Chef. Sie spielt ohne weiteres die Rolle der zweiten Ehefrau.

4. Heute, in unserer ägyptischen Gesellschaft, steigt die weltliche Trauung, vor allem nach dem Erlaß des neuen Gesetzes für Personenstandsangelegenheiten, weil der Paragraph fünf dieses Gesetzes bestimmt, daß die geschiedene Mutter die eheliche Wohnung behält, bis ihr Sohn zehn Jahre und ihre Tochter zwölf Jahre alt ist, denn dem Vater werden die Kinder ab diesem Alter zugesprochen. Manche Männer heiraten weltlich, d. h. nicht nach dem islamischen Recht durch den Bevollmächtigten des Qadis.

Ein Grund für das Ansteigen der weltlichen Ehe ist das Recht des Mannes in solcher Ehe, der Frau keinen standesgemäßen (entspricht dem Einkommen) Unterhalt zahlen zu müssen.

Ein zweiter Grund ist die Geheimhaltung; denn das Gesetz verpflichtet den Mann in der offiziellen, gesetzlichen Ehe, der ersten Frau mitzuteilen, wenn er eine zweite Frau heiratet. In der weltlichen Ehe braucht der Mann die erste Frau nicht zu benachrichtigen.

Ein Grund für die verwitwete Frau, diese Ehe zu wollen, ist die Rente ihres verstorbenen oder gefallenen Mannes, welche sie verliert, wenn sie einen neuen Mann heiratet.

5. Manche können nicht heiraten wegen unheilbarer oder ansteckender Krankheiten, die sie sich selbst geholt haben, wie z. B. AIDS, Syphillis oder Tripper.

6. Die Dienerinnen in unseren arabischen und islamischen Gesellschaften übernehmen manchmal die Rolle der zweiten Ehefrau, jedoch aber heimlich.

Dies alles bedeutet, daß die zweite Ehefrau immer vorhanden war, ob es in den westlichen oder den orientalischen Gesellschaften ist. Sie existiert in der Realität, auch wenn das Gesetz sie nicht anerkennt. Das Gesetz – in den westlichen Ländern – verbietet die sexuelle Freiheit nicht, jedoch wird diese zweite Ehefrau nicht anerkannt.

Dieses Scheitern des Gesetzes und der Denker wird immer wieder deutlicher, wenn die Zahl der Frauen zunimmt und die Zahl der Männer übersteigt. Es ist bekannt, daß es in Rußland 20 Millionen mehr Frauen als Männer gibt. Man solle an die höhere Sterblichkeit der Männer, nicht zuletzt wegen der Kriege, denken (Es wird behauptet, daß man in Deutschland z. Zt. des zweiten Weltkrieges die Polygamie vorschreiben bzw. erlauben wollte: Anm. d. Üb.).

Spricht man über die BRD, dann findet man, daß die Zahl der Männer – laut

Statistik vom 30.6.83 – 29.036.400 betrug, während die Zahl der Frauen 32.057.300 betrug.

Das bedeutet, daß es 2.693.900 merh Frauen als Männer in der BRD gibt.

Warum erlaubt das Gesetz nur eine Ehefrau im Westen?

Dafür gibt es religiöse, moralische, wirtschaftliche Gründe.

(Dem Leser empfehle ich; „Frau und Religion" von Elisabeth Moltmann-Wendel, Fischer-Taschenbuch-Verlag, 1983 zu lesen: Anm. des Übersetzers.).

Die Ehe besteht, solange ein Teil der Eheleute den anderen brauchen, ausnutzen oder unterdrücken kann.

Rebelliert der Partner, dann kann die Ehe auseinanderbrechen.

Es ist selten, daß jemand sich für die Familie opfert, denn jeder denkt an sich und an seine Karriere.

In der BRD trennen sich 343 Frauen pro Tausend von ihren Männern, bevor ihre Ehe ein Jahr alt wird.

Laut der Statistik von 1982 sind diese Frauen Mütter von 56,683 Kindern.

Bei 340 Frauen dauert ihre Ehe 1–2 Jahre.

Laut jener Statistik sind sie Mütter von 8,189 Kindern. Diese Statistik behauptet, daß in jeden zehntausend Ehen nur 78,4 Ehen glücklich sind.

In der Bibel gibt es keine Stelle, die die Polygamie verbietet. Moses verbot nur, daß ein Mann zwei Schwestern gleichzeitig heiratet. Dasselbe verbietet der Islam (Sura 4, Vers 23).

Daß ein Mann mehrere Frauen heiraten durfte, kennen wir aus den Geschichten Davids und Salomons.

(Heute weiß man, daß manche christlichen Missionare in Afrika den Afrikanern, welche zum Christentum bekehrt werden, bis zu zehn Ehefrauen erlauben: Anm. d. Üb.).

Die Anfänge des Christentums kennen die Polygamie.

(Laut Matthäus 25:1–12 wird eine Geschichte erzählt, in der zehn Jungfrauen einen Mann heiraten sollten:

„Dann wird das Himmelreich gleich sein zehn Jungfrauen, die ihre Lampen nahmen und gingen aus, dem Bräutigam entgegen. Aber fünf von ihnen waren töricht und fünf waren klug. Die Törichten nahmen ihre Lampen, aber sie nahmen nicht Öl mit sich. Die Klugen aber nahmen Öl in ihren Gefäßen samt ihren Lampen. Da nun der Bräutigam verzog, wurden sie alle schläfrig und schliefen ein. Zur Mitternacht ward ein Geschrei; siehe der Bräutigam kommt, gehet aus, ihm entgegen. Da standen diese Jungfrauen alle auf und schmückten ihre Lampen. Die Törichten sprachen zu den Klugen: Gebt uns von eurem Öl, denn unsere Lampen verlöschen. Da antworteten die Klugen und sprachen: Nicht also, auf daß nicht euch und uns gebreche. Gehet aber hin zu den Krämern und kaufet für euch selbst. Und da sie hingingen zu kaufen, kam der Bräutigam, und die bereit waren (5 Jungfrauen) gingen mit ihm hinein zur Hochzeit, und die Tür ward verschlossen. Zuletzt kamen auch die anderen (5 Jungfrauen) und sprachen: Herr! Herr! tu uns auf! Er antwortete aber und sprach: „Wahrlich ich sage euch: Ich kenne euch nicht."

Ich weiß, daß die Geschichte etwas anderes symbolisch darstellen will. Aber trotz der Rhetorik bleibt es eine Tatsache: „Zehn Frauen – sogar gleichzeitig – werden Ehefrauen eines einzigen Mannes. Der Verstand der Menschen seinerzeit, hätte dieses Bild verabscheut, wenn es nicht tatsächlich vorhanden gewesen wäre. Die Geschichte der Könige im Alten Testament aber bestätigt die Polygamie; Kommentar d. Üb.).

Die wirtschaftlichen Gründe

Es ist eine Tatsache, daß der Mann in den westlichen Gesellschaften nicht zwei Familien gleichzeitig ernähren kann. Jede Frau will sicherlich ihre eigene Wohung haben, deshalb kann er nicht mit zwei Frauen unter einem Dach leben. Die großen Wohnungen in der BRD sind sehr selten im Vregleich zu den kleinen Wohnungen. Eine Ein- oder Zweizimmerwohnung ist einfacher zu finden.

Warum sollte der westliche Mann dann zwei Frauen heiraten?

Um seine sexuellen Wünsche zu erfüllen, braucht er nicht einmal gesetzlich zu heiraten. Er kann sogar mit einer verheirateten Frau seinen Spaß haben. Die Frau ist hier Opfer des Egoismus des Mannes. Trotzdem zeigen Filme, Romane und Presse des Westens die Frau in den sogenannten islamischen Ländern als Leidtragende, bloß weil die islamischen Länder Krisen erleben, so daß die Muslime in diesen Ländern leiden.

Dies hat mit dem Islam nichts zu tun, denn der Islam hat der Frau Rechte eingeräumt, welche ihr keine andere Religion einräumt.

Bevor ich über diese Rechte spreche, möchte ich erwähnen, was einige westliche Wissenschaftler über die Frau und über den Mann bezüglich der Sexualität schreiben. Laut dem großen Lexikon für Hygiene von 1980, Seite 233, heißt es:

Die sexuelle Potenz des Mannes erreicht ihren Höhepunkt zwischen dem 16. und dem 20. Lebensjahr. Durchschnittlich braucht der Mann den Geschlechtsverkehr 2,9 mal wöchentlich. Der hohe Punkt dieser sexuellen Potenz der Frau liegt zwischen dem 31. und dem 35. Lebensjahr. Sie braucht den Geschlechtsverkehr 1,9 mal wöchentlich, im Durchschnitt. Zwischen dem 56. und dem 60. Lebensjahr braucht der Mann diesen Verkehr 1,2 mal pro Woche, die Frau nur 0,5 mal. Diese Statistik wurde aufgrund der Befragung verheirateter Leute erstellt.

Diese Studie zeigt auch, daß das höchste Verlangen bei einem verheirateten

Man 3,7 mal wöchentlich erreicht, wobei das höchste Verlangen eines Junggesellen nur 0,7 mal wöchentlich beträgt.

Dieses Verlangen beträgt bei den Verheirateten 3,7 mal wöchentlich, wobei es bei der ledigen Frau nur 0,1 mal beträgt.

Diese Studie betont auch, daß der Mann sechs Frauen sexuell braucht, wobei die Frau nur einen einzigen Mann braucht.

Allerdings bevorzugt der Autor, daß er Mann sich zufrieden stellen kann oder soll durch die vorhandenen Möglichkeiten wie Bordelle, Homosexuelle oder die Onanie.

Frau Dr. Esther Vilar

Die amerikanische Autorin, geboren 1935 in Buenos Aires, studierte u. a. Medizin und Psychologie und arbeitete in verschiedenen Krankenhäusern in den USA und in der BRD (München). Sie veröffentlichte einige Bücher, welche für harte Diskussionen sorgten; z. b. „Der dressierte Mann" 1973 und das „polygame Geschlecht" 1976.

Sie betonte in diesem Buch, daß dem Mann das Recht auf zwei Frauen zugestanden werden muß.

Die Autorin geht hier nur von der biologischen und der psychologischen Notwendigkeit dieser Heirat aus

Sie betrachtete auch nicht die Soziallage, welche die Polygamie hervorruft.

Ihnen, geehrte muslimische Schwester, sagen wir: „Wenn diese Amerikanerin einsieht, daß dem Mann das Recht auf zwei Frauen eingestanden werden muß, warum lehnen Sie dies ab? Es ist an der Zeit, daß wir die Beziehung zwischen der Frau und dem Mann, gemäß der islamischen Rechtleitung, studieren und durchführen. Wir müssen uns Gedanken machen in der jetzigen „Übergangs"-Gesellschaft.

Es gibt viele Stolpersteine, welche die heutigen Muslime vom rechten Weg ableiten und verleiten können. Deshalb rate ich unserer Schwester Fawziya zur Vorsicht, bevor sie voreilig solche Thesen aufgestellt.

Wenn wir uns die islamische, starke Geselschaft vorstellen können, dann werden wir feststellen, daß sich die Beziehungen zwischen dem Mann und der Frau von der Beziehung in der heutigen Gesellschaft gewaltig unterscheiden.

1. Die Stabilität der Grundzellen jener islamischen Gesellschaft, körperlich und seelisch

Der Glaube schafft diese Stabilität, welche die Autorin Dr. Esther Vilar in ihrem neulich erschienenen Buch (Ende der Verhüllung) vermißte. Die religiöse Erziehung ist in der Lage, die Zerstreutheit der Gesellschaft wieder zu heilen. Sie verleiht der Gesellschaft neue positive Eigenschaften, welche zu reifer und gesunder Beziehung zwischen dem Mann und der Frau führen. Diese neue Beziehung schont vor allem die Frau vor der falschen Denkweise und Behandlung durch den Mann und seinen tierischen, unreifen Ansichten.

2. Die finanzielle und wirtschaftliche Stabilität des Staates, welche von großer Wichtigkeit für die Nation ist

Die Wichtigkeit der finanziellen Seite betonte der Islam immer wieder. Der Koran weist den Muslim an, die Gebete zu verrichten und die Pflichtsteuern an die Armen bzw. die Zuständigen zu zahlen. Das Entrichten der Zakat und das Verrichten der Gebete werden im Koran in insgesamt 30 Stellen erwähnt. Diese Wichtigkeit der finanziellen Seite veranlaßte den ersten Kalif Abu Bakr – möge Allah Wohlgefallen an ihm haben –, die Abtrünnigen zu bekämpfen. Er lehnte vollkommen ihre Bitte ab, die Pflichtsteuer nicht zu zahlen. Er meinte mit Recht, daß das Beten und das Verrichten der Pflichtsteuern beide eine Einheit bilden, welche man nicht trennen darf. Daher wundere ich mich heute, wenn die Leute die Ehe im Islam kritisieren, obwohl dem heutigen Menschen die Stabilität fehlt; weder seine religiöse, noch die finanzielle Seite ist in Ordnung.

Die Stabilität der finanziellen Seite, wie Allah sie festlegte, läßt in der Gesellschaft weder Bedürftige noch Wucherer übrig. In solcher Gesellschaft herrschen Genugtuung, Gerechtigkeit und Zufriedenheit. In aller Kürze erklären wir dem Leser diesen Punkt. Jeder Ort, jedes Dort bzw. jede Stadt oder Bezirk ist in Kreise (wie z.B. die Wahlkreise) zu teilen. Jeder Kreis muß sein Nettoeinkommen berechnen und die erforderliche kapitalabhängige Pflichtsteuer bezahlen. Mit den vorhandenen Steuergeldern werden Projekte, Einrichtungen, Anlagen u.a. finanziert.

Die Gemeinde in jedem Ort wird dadurch motiviert. Die Menschen gestalten ihr Leben dann positiv. In diesem System ist der Mann und die Frau richtig vertreten. Dieses System kann das Finanzamt als Alternative ersetzen. Jeder Mensch in dieser starken, islamischen Gesellschaft trägt die Verantwortung. Seine Meinung zählt, und seine Entscheidung entspricht der Meinung der Mehrheit.

Solche Menschen mit gesundem Verstand braucht die islamische Gesellschaft.

3. Die sauberen Motive und Ziele der Ehe

Diese Motive und Ziele sollten maßgebende Merkmale einer gesunden, islamischen Gesellschaft sein. Sex allein darf weder Hauptmotiv noch Ziel sein. Sex ist in der islamischen Ehe nicht Kern des Problems, trotz seiner unbestrittenen Wichtigkeit. Wir sind nicht der Meinung unserer Schwester Fawziyya Ad-Durai', welche den Sex als Achse und Kernpunkt der ersten, der zweiten, der dritten und vierten gescheiterten Ehe darstellt.

Wären wir islamisch erzogen, dann hätten wir andere Maßstäbe, Motive und Ziele vor den Augen gehabt, wenn wir heiraten.

Gott sagt zu uns:

„Und heirate nicht Polytheistinnen, solang sie nicht gläubig werden! Eine gläubige Sklavin ist besser als eine heidnische Frau, auch wenn diese euch besser gefällt. Und gebt nicht den Polytheisten (Musliminnen) zu Frauen, erst wenn sie gläubig werden! Ein gläubiger Sklave ist besser als ein Polytheist, auch wenn dieser euch besser gefallen sollte. Denn jene (Polytheisten) verleiten euch (wörtlich: rufen zum Höllenfeuer), Gott aber ruft zum Paradies und zur Vergebung durch seine Gnade," 2:22.

Die Betreuung und Fürsorge der Waisen sind Motive zur Heirat; deshalb spricht Gott zu uns: „Und wenn ihr (Männer) fürchtet, nicht zurecht zu kommen mit den Waisen (d. h. mit euren Kindern von verstorbenen Frauen), dann heiratet, welche ihr gut geeignet findet, zwei oder drei oder vier, solange ihr jeder Frau gegenüber gerecht bleibt. Wenn ihr fürchtet, sie nicht gerecht zu behandeln, dann heiratet nur eine Frau oder begnügt euch mit euren Sklavinnen! So könnt ihr eher vermeiden, unrecht zu tun," 4:3.

Maßgebend in der Suche nach der geeigneten Frau ist die Keuschheit bzw. die Frömmigkeit. Dies lehrte uns Muhammad, indem er sagte: „Will ein Mann heiraten, dann wählt er eine Frau wegen ihres Geldes oder wegen ihrer edlen Abkunft oder wegen ihrer Schönheit oder wegen ihrer Frömmigkeit. Du (d. h. der Muslim) solltest die Fromme aber gewinnen, sonst bist du arm dran."

Er sagte uns sogar, daß eine häßliche und ungeschickte, aber fromme Sklavin besser ist, als jene, die nicht fromm sind.

Deshalb heiratete er persönlich nach dem Tode der reichen, geachteten, vornehmen, ersten Frau Khadischa, die 55jährige, ungeschickte, nicht schöne Witwe Sauda Bint Zam'a, als Mutterersatz für seine Töchter. Wegen dieser Frömmigkeit der Tochter und des Vaters gleichzeitig heiratete er seine vierte Frau, die Witwe Hafsa (Tochter des späteren, zweiten Kalifen), obwohl er sie nicht liebte, laut den Worten ihres Vaters selbst.

Es ist aber nicht gesagt, daß der Mann auf Kosten seiner Gefühle oder gegen seinen Willen heiraten soll. Er kann einer Frau sein Herz schenken. Die anderen Frauen sollen deswegen aber nicht zu kurz kommen. Eine gewisse Neigung muß mindestens da sein.

Wenn der Prophet jedoch den Armeeführern empfahl, die Töchter der Stammesväter (Oberhäupter) der Gegner zu heiraten, dann war dies eine Aufgabe, welche meistens nur Frieden und gute Früchte brachte.

Diese Heirat ist auf keinen Fall mit dem Verkauf der Frauen – in den heutigen entwickelten Gesellschaften – an Spione, hohe Gäste und Persönlichkeiten zu vergleichen.

Der Sex ist doch nicht die Achse der Ehe, wie die geehrte Journalistin dies darstellt. Sie müßte eigentlich wissen, daß viele Frauen wissen, daß ihre Männer, die Mudschahidien – die Kämpfer –, jeden Tag fallen könnten. Einige von diesen Frauen verabschieden sich sogar von ihren Männern mit den Worten: „Auf Wiedersehen im Paradies, so Gott will."

Einige dieser Frauen – sogar Männer – weigern sich zu heiraten, weil sie Angst haben, der neue Partner wird abgelehnt oder die Waisenkinder könnten leiden.

Einige dieser Frauen – welche ich persönlich kenne – empfehlen ihren Männern, noch eine bestimmte Freundin zu heiraten, wie seinerzeit früher.

4. Jeder Frau muß die Möglichkeit eingeräumt werden zu heiraten. Diese Möglichkeit soll ein Merkmal der islamischen Gesellschaft sein. Jede unverheiratete Frau, in jedem Alter, soll die Möglichkeit haben, heiraten zu können, wen sie will.

Das läßt sich machen, wenn wir die Geschichtsbücher lesen. Es wird überliefert, daß alle Frauen z. Zt. des früheren Islams verheiratet waren. Es blieb keine Frau ohne Heirat. Freiwillig heiratete sie verheiratete Männer, um nicht allein sein zu müssen.

Gott befiehlt uns, das Beste zu tun, damit niemand unverheiratet bleibt: „Und verheiratet diejenigen von euch, die nicht verheiratet sind, und die Rechtschaffenden von euren Sklaven und Sklavinnen. Sind sie arm (um zu heiraten), dann wird Gott sie durch seine Güte bereichern," 24:32.

Er sagt auch: „Hindert sie nicht (d. h. die geschiedenen Frauen) durch Zwangsmaßnahmen daran, sich mit ihren (bisherigen) Gatten (wieder) zu verheiraten, falls sie sich wieder gefunden haben. Dies ist eine Ermahnung an diejenigen von euch, die an Gott und an den Jüngsten Tag glauben. Auf diese Weise haltet ihr euch am ehesten sittlich und rein – Gott weiß, ihr aber wisset nicht," 2:232.

Sicherlich wundern sich viele Menschen, warum Muhammad auch Frauen heiratete, welche über 60 Jahre alt waren, vor allem weil er später wieder Frauen unter 20 Jahren heiratete.

Die Antwort, daß er uns lehren wollte, daß der Mensch in jedem Alter heiraten kann, abgesehen vom sexuellen Trieb, würde manche Menschen nicht überzeugen.

Zu diesen Leuten, aber auch zu der Schwester Fawziyya Ad-Durai', sagen wir, daß die Frau im Westen bis ins sehr hohe Alter auf der Suche nach dem Mann ist, obwohl sie wirtschaftlich unabhängig ist von ihm.

Ihnen, Schwester Fawziyya, einige Heiratsanzeigen aus dem Kölner Stadtanzeiger vom 10.–11. März 1984, mit der Berücksichtigung, daß acht Millionen Men-

schen im Alter von über 60 Jahren in der BRD leben, welche das Recht auf menschliches Leben – auch sexuelles Leben – haben:
- 65jährige Blondine, 156 cm groß sucht . . .
- 54jährige Katholikin, pensioniert, stark, ohne Verwandte, sucht einen – bitte Nichttrinker – zu heiraten.
- Witwe, 70 Jahre alt, 160 cm, mit Auto, sucht . . .
- Architekt, 77 Jahre alt, Witwer, lebhaft, sucht . . .
- Ehemalige Angestellte, 66 Jahre alt, sucht . . .
- 61jährige liebevolle Witwe, einsam, sucht . . .
- 64jährige Elegante ohne Verwandte, sucht . . .

Jeder im Westen weiß, wo er solche Anzeigen findet. Jeder weiß aber auch, daß nicht unbedingt Sex hinter solchen Anzeigen steht. Das Zusammensein – glauben wir – ist der Hauptgrund hinter jenen Anzeigen. Diese Denkweise bezeichnen wir als kultiviert. Ist das Wechseln der sozialen Lage nun kultiviert, bloß weil der „hochkultivierte" Mensch im Westen diese Denkweise heute vertritt?

Der Islam lehnt das erfundene Mönchtum ab, weil dies unnatürlich ist. Biologisch, gesellschaftlich, psychisch und sogar religiös gesehen, braucht der gesunde Mann die Frau und umgekehrt.

Nun wissen wir auch, daß die frühere islamische Gesellschaft uns Musterbeziehungen zwischen der Frau und dem Mann im Rahmen der Ehe zeigt. Die Frau war seinerzeit materiell nicht abhängig vom Mann, denn es gab die soziale gemeinschaftliche Verantwortlichkeit bzw. Solidarität, das gerechte Verteilen der Pflichtsteuern und vieles mehr. Keine Frau war gezwungen, einen Mann – gegen ihren Willen – zu heiraten. Dasselbe galt für den Mann. Jede der beiden Parteien konnte sich – bis heute – scheiden lassen (wobei die Scheidung nicht so kompliziert ist wie in den westlichen Ländern; Anm. d. Üb.).

In jener islamischen, solidarischen Gesellschaft kannte jedes Mitglied seine Pflichten und Rechte.

Der Prophet sagte den Muslimen: „Wer auch immer von euch Übel sieht, soll es mit eigener Hand ändern; wenn er nicht die Kraft hat es zu ändern, soll er es durch das Wort ändern."

Er sagte: „Der Beste unter euch ist derjenige, der seine Frau am Besten behandelt, und ich bin ein Vorbild in der Behandlung meiner Familie."

Dieses gesunde soziale Verhalten zeichnete die islamische Gesellschaft aus. Selbst im Krieg mußten die Muslime die Befehle des Propheten durchführen. Er sagte:

„Geht im Namen Gottes! Seid nicht unehrenhaft! Brecht nicht den Vertrag mit dem Feind! Schändet nicht die Gefallenen! Tötet weder Kinder, noch Frauen!" Mit diesen Worten pflegte er die Anführer der Kampfgruppen zu verabschieden.

Unter dem Schatten dieser islamischen Erziehung marschierten die Männer des neugeborenen islamischen Reiches und besiegten die erfahrenen Krieger von Byzanz und Persien.

Die islamische Gesellschaft verlor viele Männer, jedoch nicht ihr Gleichgewicht. Alle Witwen der Gefallenen und ihre Kinder fanden Platz und Anerkennung im Herzen jeder Familie. Nach Beendigung der islamischen Wartefrist nach dem Tode des Ehemannes baten viele Freier um die Hand jeder Witwe. Die Ehefrauen sahen in den neuen Frauen keine Rivalinnen, sondern Schwestern, denen jeder helfen muß.

Wir wissen, daß die Al-Qadissiyya-Schlacht den Stamm Bangila 1000 Witwen kostete. Die Witwen des Stammes An-Mach' betrugen 700, jedoch all jene Witwen haben Ehemänner gefunden, welche ihnen und ihren Kindern Geborgenheit anboten.

Dies sind alte islamische Prinzipien, welche wieder herrschen sollten, weil sie die beste Lösung vieler Probleme sind.

Keine Frau heute – außer sehr wenigen – schlägt ihrem Mann vor, eine zweite Frau neben ihr zu heiraten. Wir wissen aber, daß die Ehefrau des Kalifen Abd-Al-Malik ihm eine Konkubine – namens Hubaba – schenkte, weil er von ihrer Schönheit und ihrem schönen Gesang immer schwärmte.

Wir wissen auch, daß Al-Muthanna Ibn Haritha, Anführer der islamischen Armee, vor der Schlacht gegen die Perser seinem Stellvertreter Saad Ibn Abi Waqqass riet, seine Frau zu heiraten im Falle seines Todes, weil sie eine Frau mit Charakter war.

Wir wissen auch, daß der Gelehrte Asch-Schafi'i (Begründer einer der vier orthodoxen islamischen Rechtschulen) einen Schüler des Gelehrten Abu Hanifa (Begründer der hanafitischen Schule) mit seiner Mutter verheiratet hatte.

Es war nicht merkwürdig, daß Umm Multhum, die Witwe des zweiten Kalifen Umar Ibn Al-Khattab – möge Allah Wohlgefallen an ihm haben – nach seiner Ermordung mehrere Männer nacheinander heiratete.

In der Tat leben wir heute nicht nach den Maßstäben des Islams, welche der Quran und die Sunna des Propheten uns deutlich erklären. Als diese Maßstäbe das Leben der Muslime beherrschten, verlief alles harmonisch. Die Ehen waren glücklicher. Es war weder ein Problem noch sonderlich, daß ein Mann mit zwei, drei, ja sogar vier Frauen verheiratet war.

Lebte der Mann nach den Vorschriften des Islams und konnte er seine Frauen materiell und ideel zufriedenstellen, dann erreichte die Gesellschaft die gewünschten Ziele.

Die Beziehung zwischen dem Mann und der Frau oder zwischen männlich und weiblich ist ein Gesetz Gottes, welches das Leben bestimmt. Selbst die

Atome sind diesem Gesetz unterworfen. Das Zusammensein der Atome oder die Trennung der Elektronen und der Neutronen, hängt von diesem Gesetz ab. Das harmonische Zusammensein ist wie die harmonische Ehe. Zerstört man dieses Zusammensein, dann sind die Folgen gefährlich; z. B. das Salz, welches wir täglich brauchen, besteht einfach aus zwei Atomen, welche zusammen ein Teilchen bilden. Wenn wir sie trennen würden, z. B. durch den elektrischen Strom, dann würden wir zwei Elemente erhalten, die für sich genommen wie folgt wirken: Natriumchlorid (NaCl) verwandelt sich in das sehr giftige Chlor-Gas und in das Natrium (Na). Das Speisesalz unterscheidet sich gewaltig von diesen vereinzelten Elementen. Dasselbe gilt für das Wasser, welches notwendig für das Leben ist.

Diese aus einer Wasserstoff-Sauerstoff-Verbindung bestehende Flüssigkeit (Hydrogen und Oxygen) wird gefährlich, wenn man ihre Bestandteile auseinandertrennt. Sind sie verbunden, dann hat man das für das Leben notwendige Wasser. Diese Verbundenheit ist eine „Ehe" der Stoffe. Dasselbe gilt für die Verbindungen zwischen Atomen oder den kleinsten Teilchen der chemischen Elemente; z. B. 1 Teilchen Nitrogen + 3 Teilchen Amoniak oder 1 Teilchen Carbon + 4 Teilchen Hydrogen = Methan, usw.

Diese Verbindungen der Atome und die Grundstoffe (die alleinstehend bzw. Junggesellen bleiben) wie das Erdgas Radon oder das Neon haben Beziehungen zueinander, weil sie – wie wir Menschen – dem Gesetz der Schöpfung unterworfen sind, ob man will oder nicht.

So spricht Gott – erhaben sei Er – im Koran: „Wünschen sie sich denn etwa eine andere Religion als die Religion Gottes, wo sich doch Ihm ergibt, wer in den Himmel und auf Erden ist, freiwillig oder widerwillig, und zu Ihm müssen sie zurückkehren?" 3:83.

Wenn das Gesetz Gottes diese Verbindungen erlaubt, und wenn sie sich gegenseitig bereichern können, dann wissen wir, warum die früheren Ehen nicht unter der krankhaften, tödlichen Eifersucht litten. Das Verhalten oder der Charakter des Mannes ist hier ausschlaggebend. Das bedeutet nicht, daß die Frau nicht verantwortlich ist, sondern, daß der Mann mehr Verantwortung trägt. Ausgeschossen sind die dummen Männer oder die, welche unzurechnungsfähig sind.

Solche Männer sollten nicht das Recht haben (oder die Freiheit haben), Frauen zu heiraten. Selbst ihr eigenes Geld dürfen sie nicht in die Hand nehmen. Gott sprach: „Und gebt den Schwachsinnigen nicht eure Gelder, welche Allah euch zum Unterhalt anvertraut; sondern nährt sie und kleidet sie davon und sprecht zu ihnen freundlich," 4:5.

Es wäre Unsinn, wenn man solchen Kranken erlaubt, mehr als eine Frau zu heiraten. Die Torheit eines Mannes ist sehr gefährlich. Noch gefährlicher ist die

Torheit einer Gesellschaft. Schwachsinn, Torheit und Unzurechnungsfähigkeit sind am schlimmsten, wenn sie in einer armen Gesellschaft herrschen. In solch einer Gesellschaft leben wir in vielen unserer arabischen Länder. Gewiß häufen sich dann chronische und neue Probleme und Krankheiten. Die Lösung dieser Probleme sind jedoch nicht die aus dem Westen importierten Gesetze und Anordnungen wie z. B. das neue Gesetz der Personenstandsangelegenheiten in Ägypten. Wir denken, wir machen Fortschritte, jedoch marschieren wir rückwärts.

Die Übergangsgesellschaft

Die beste Bezeichnung unserer heutigen Gesellschaften ist, daß sie sich in einer Übergangsperiode befinden. Nach der scheinbaren Unabhängigkeit unserer Länder müssen wir uns (politisch, wissenschaftlich, wirtschaftlich und kulturell) durchsetzen.

Unser fester Boden ist der Islam. Wir sind aber keine islamische Gesellschaft im Sinne des Islams, welcher der Koran uns lehrte. Die echten Muslime unter uns sind heute fremd in ihren eigenen Ländern.

Die Mehrheit unserer Muslime macht den Nichtmuslimen alles nach. Reichtum, das Hängen am Leben mit Leib und Seele und die krankhafte Angst vor dem Tode sind keine Merkmale einer echt islamischen Gesellschaft. Von diesen Gefahren, welche die Gesellschaft gnadenlos zerstören können, warnte uns der Gesandte Gottes, indem er sagte: „Unter euch wird es Leute geben, die dem Schaum einer Wasserflut ähneln. Schwäche bewohnt ihre Herzen, denn sie lieben das Diesseits und hassen das Jenseits. Sie werden sich verleiten lassen und machen die gleichen Fehler der Juden und der Christen (nach ihrer Verleitung). Was würdet ihr wohl tun, wenn eure Jugendlichen verderben und wenn eure Frauen tyrannisch und unverschämt jedes Maß überschreiten.?" Die Anwesenden fragten ihn: „Du Gesandter Allahs! Wird dies vorkommen?" Daraufhin sagte er: „Bei dem Allmächtigen, der über mein Leben und meinen Tod entscheidet. Dies und noch Schlimmeres wird vorkommen."

Zeittafel:

ca. 570	Geburt Muhammads
ca. 595	Heirat mit Khadidscha
ca. 610	Sendung (606 Geburt Fatimas, Tochter Muhammads)
613	Öffentliche Aufforderung der Mitmenschen zum Islam
615	Erste Auswanderung einiger Muslime nach Äthiopien
615	Usman und Umar treten zum Islam über.
619	Boykottieren des Hauses Haschim (Stamm des Propheten) Al-Israa: Nachtreise zur Aqsa-Moschee in Jerusalem. Die Karawanen benötigten dafür ca. vierzig Tage. Durch Gottes Entscheidung brauchte Muhammad dafür nur einen Teil einer Nacht. Im selben Jahr stirbt Khadidscha. Abu Talib (Onkel und Stütze Muhammads) stirbt.
621	Erster Treueid von Al-Aqaba
622	Zweiter Treueid von Al-Aqaba
24.9.622	Ankunft in Madina bzw. Beginn der islamischen Zeitrechnung
622	Heirat mit Aischa
März 625	Schlacht von Badr
Aug. 625	Vertreibung des jüdischen Stammes des Banu An-Nadier
626	Schlacht am Berge Uhud
627	April: Grabenkrieg, in dem Abu Sufyan und seine Partei Madina erfolglos belagerten
Mai 627	Vertreibung des jüdischen Stammes des Banu Quraiza
März 628	Al-Hudaibia-Abkommen
628	Ermordung des Persers Khusrus Parwiz und Ende des Byzantinisch-Persischen Krieges
628	Mai-Juni: Eroberung der jüdischen Siedlung Khaibar
629	Vollzogene Pilgerfahrt (im März) (nur „Umra", weil sie nicht im 12. Monat des islam. Kalender stattfand)
629	Mu'ta-Schlacht
629	Boten Muhammads an Heraklius (Kaiser von Byzanz 620–641), nach China, Persien und Ägypten
Jan. 630	Eroberung Mekkas ohne Kampf und das Reinigen der Kaᶜba von den Götzen(bildern); dann Rückkehr nach Madina
630	Schlacht von Hunain
Feb. 630	Zug nach Ta-'if
Okt./Dez. 630	Zu nach Tabuk
630/31	Jahr der Delegationen

März 632	Abschiedswallfahrt
8.6.632	Tod Muhammads
632–634	Abu Bakr; Erster Kalif (= Khalifa: Nachfolger bzw. Stellvertreter)
20.8.634	Vernichtende Niederlage der Byzantiner am See Genezareth
634–644	Umar: Zweiter Kalif nach dem Tode des Abu Bakr. Unter ihm eroberten die Muslime die gesamte Arabische Halbinsel, Syrien (Damaskus 635), Palästina (637), Jerusalem, Teile von Ägypten und Libyen
636/7	Persien wird islamisch nach der Schlacht bei Qadissiyya
641	Die Araber erobern Alexandria: (K.G. Simon sagt auf Seite 349: „Daß dabei die berühmte Bibliothek vernichtet wurde, ist ein christliches Märchen: Teile dieses größten Schatzes antiken Wissens verbrannten bereits während der Belagerung durch Cäsar (48 vor Chr.); den Rest überlieferte der Patriarch Theophilos den Flammen, um das „heidnische" Wissen zu zerstören (391). Gerade die Araber sind es, die antike Wissenschaft und Kultur übernehmen, pflegen und später nach Europa vermitteln." S. Islam, GEO-Hamburg, 1988).
3.11.644	Ermordung des 2. Kalifen Umar durch den Perser Lu'lu'a
644–656	Usman, Dritter Kalif
17.1.656	Usman wird ermordet.
Jan. 656	Ali der vierte Kalif
Jan. 657	Ali mußte gegen Mu'awiya, Gouverneur von Damaskus, kämpfen, da er Ali als Kalif nicht anerkannte; Kamelschlacht, an der Aischa teilnahm und Ali bekämpfte. Damit begann der Bürgerkrieg zwischen Ali und Mu'awiya.
24.1.661	Ali wird ermordet.
678	Aischa stirbt.
661–680	Mu'awiya als Kalif in Damaskus. Damit beginnt die Umayyaden-Dynastie (661–750).
10.10.680	In der Schlacht bei Karbela (Iraq) zwischen den Anhängern Alis (Schiiten) und den Umayyaden läßt Yazied I., Sohn Mu'awiyas, Al-Hussain, Sohn des Alis erschlagen.
700	Araber erobern Karthago, Algerien und Marokko.
711	Unter Mussa Ibn Nussair und Tariq Ibn Ziyad erobern die Araber das westgotische Spanien.
732	Der Franke Karl Martell besiegt arabische Truppen bei Tours und Poitiers.
750–1258	Abbassieden kommen an die Macht. Bagdad wird Hauptstadt. Abd Ar-Rahmaan Ad-Daachil flieht nach Spanien und gründet das Emirat von Qurtuba (Cordoba).

1095   Papst Urban II. ruft zum 1. Kreuzzug auf, um die Macht des Islam zu brechen.